◆智能财务研究系列丛书◆ 影响中国会计从业人员的十大信息技术

Acctech 会计科技：
助力会计应对不确定性挑战

刘勤 吕晓雷 等著

图书在版编目(CIP)数据

Acctech 会计科技：助力会计应对不确定性挑战 / 刘勤等著. —上海：立信会计出版社，2023.4
（智能财务研究系列丛书）
ISBN 978-7-5429-7184-5

Ⅰ.①A… Ⅱ.①刘… Ⅲ.①信息技术—应用—会计—研究 Ⅳ.①F232

中国版本图书馆 CIP 数据核字（2022）第 223077 号

策划编辑	张巧玲
责任编辑	张巧玲　胡　越
助理编辑	倪丹燕

Acctech 会计科技：助力会计应对不确定性挑战
Acctech KUAIJI KEJI ZHULI KUAIJI YINGDUI BUQUEDINGXING TIAOZHAN

出版发行	立信会计出版社			
地　　址	上海市中山西路 2230 号	邮政编码	200235	
电　　话	(021)64411389	传　真	(021)64411325	
网　　址	www.lixinaph.com	电子邮箱	lixinaph2019@126.com	
网上书店	http://lixin.jd.com	http://lxkjcbs.tmall.com		
经　　销	各地新华书店			
印　　刷	常熟市人民印刷有限公司			
开　　本	787 毫米×1092 毫米	1/16		
印　　张	15.25	插　页	5	
字　　数	243 千字			
版　　次	2023 年 4 月第 1 版			
印　　次	2023 年 4 月第 1 次			
书　　号	ISBN 978-7-5429-7184-5/F			
定　　价	68.00 元			

如有印订差错，请与本社联系调换

编辑委员会

主任 刘 勤

委员 （按姓氏拼音排序）

陈东升　陈 耿　董广玉　韩 敏　何贤杰
季伟伟　金 源　李 彤　刘红建　刘梅玲
吕晓雷　孟得胜　莫小娟　沈雁冰　汪苇杭
吴忠生　徐晓音　杨 川　杨 寅　尹成彦
张鄂豫　张 苏　张 伟　张亚东　赵 健
郑开颜　钟如玉　周海平　邹 欢

前　　言

2021年习近平总书记在两院院士大会上指出："科技创新速度显著加快，以信息技术、人工智能为代表的新兴科技快速发展，大大拓展了时间、空间和人们认知范围，人类正在进入一个'人机物'三元融合的万物智能互联时代。"财政部在《会计改革与发展"十四五"规划纲要》中也就"切实加快会计审计数字化转型步伐"进行了详细阐述。毫无疑问，中国企业数字化转型发展的趋势日渐明显，会计信息化已成为会计界越来越关注的重点内容。

近年来，信息技术对会计的影响已引发了很多新的思考：信息技术对传统会计理论产生了哪些影响？哪些信息技术正在以怎样的方式影响我们会计从业人员的哪些工作？怎样的教育方式才能培养出市场急需的会计人才？企业如何构建包括会计信息系统在内的整体信息系统体系？财务负责人如何才能有效地驾驭越来越复杂的信息系统？在企业管理中，信息技术之间又存在着哪些相互影响？监管机构如何才能识别和防范具有高科技特征的会计舞弊……

面对信息技术驱动会计行业变革中不断产生的新问题，会计界正在从不同的角度去寻找理想的答案，在这种大背景下，上海国家会计学院聚焦"信息技术＋会计"这个独特的视角，帮助广大会计从业人员解读当前这些热点问题。从2017年起，上海国家会计学院联合业内多家机构，在中国会计学会会计信息化专业委员会的指导下，开展了"影响中国会计从业人员的十大信息技术"评选活动，期望用这种方式来跟踪信息技术的发展，揭示信息技术对会计产生的多方面影响，了解中国会计信息化的最新应用情况，并进一步通过专家的分析展现会计这个古老的职业在新的历史发展阶段所迸发出的新活力。

在积累了多次评选活动经验的基础上，2022年，上海国家会计学院联合金蝶软件（中国）有限公司、中兴新云服务有限公司、用友网络科技股份有限公司、元年科技股份有限公司、浪潮集团有限公司等多家知名机构，在中国会计学会会计信息化专业委员会的指导下，共同组织了"2022年影响中国会计从业人员的十大信息技术"评选活动，并邀请了来自高校、研究机构、企业、事务所、软件厂商等198位专家代表，充分讨论后推出35项正式候选技术，结合来自全国各省市自治区高端会计人才、总会计师、财务负责人等为主体的6 769份公众投票，形成最终的评选结果。

2022年7月30日，在各方的共同努力下，在来自学术界、实务界、软件厂商、专业机构的专家们大力支持下，"会计科技Acctech应对不确定性挑战"高峰论坛暨2022年影响中国会计从业人员的十大信息技术评选结果发布会在上海国家会计学院成功举办。针对"十大信息技术"在特定场景的具体应用，以及对"五大潜在信息技术"的解读，与会专家高质量的演讲给数以万计的云端参会的人士以深刻的启迪。

为了让更多人从本次评选和论坛中受益，我们组建了写作团队，以论坛演讲稿为基础，针对影响会计从业人员的各项信息技术，从行业应用、实现场景、影响方式、学习建议等多个方面进行充分的解读并形成了本书的书稿。我们希望本书的内容能够有利于会计人的职业发展、信息技术在不同行业会计工作中的应用、会计人才能力培养、会计软件产品开发，并在某种程度上推动我国信息技术与会计融合的理论和政策的发展。

本书适合所有对信息技术在会计中应用感兴趣的读者阅读，包括政府和企事业单位的会计从业人员，监管机构、会计中介机构、软件厂商、高校和研究机构的相关人员以及会计专业的学生等。

由于作者研究水平有限，本书内容存在的不足和局限，敬请读者在阅读时给予批评与指正!

"影响中国会计从业人员的十大信息技术"评选自开展以来,已经取得了一定的成果,引起会计界的广泛关注,我们相信还将取得更为丰硕的成果。信息技术在不断发展,需要会计界做出更积极的努力和探索。我们期待与各界的朋友一起,积极探索信息技术对会计人员的影响以及与会计工作的融合,致力于指导会计人员更好的发展,共创会计人员的美好未来。

特别感谢

中国会计学会会计信息化专业委员会的各位委员们多年来对这项活动的专业指导;

金蝶软件(中国)有限公司赵燕锡执行副总裁、中兴新云服务有限公司陈虎总裁、用友网络科技股份有限公司付建华副总裁、元年科技股份有限公司韩向东总裁、浪潮集团有限公司魏代森副总裁对活动的大力推动和积极参与;

新华社、人民日报、中央人民广播电台、中新社、光明日报、中国青年报、新华日报、解放日报、经济日报、证券日报、第一财经、澎湃新闻、财务与会计、财会通讯、新理财、中国会计报等百余家媒体多年来持续关注和深入报道我们的评选活动;

参与本次活动的卞敏娜、操礼庆、柴寅初、车桂娟、陈传亮、陈耿、陈虎、陈剑、陈静(未来金融科技集团)、陈静(中移动)、陈丽娜、陈琳、陈璘、陈灵国、陈沛、陈崧、陈宋生、陈文龙、陈旭、陈绪龙、陈震晗、陈志斌、成进、程鹏、程平、邸慧清、董皓、董军、杜美杰、范松林、冯兴登、付建华、傅怀全、甘卓霞、葛雷、葛巍、谷峰、桂友泉、郭晓梅、韩海晏、韩敏、韩向东、郝雪梅、郝宇晓、何贤杰、胡尔纲、胡嘉、胡靖、胡列类、胡小丰、胡咏华、胡志刚、黄国敏、黄融、黄长胤、季丰、蒋占华、金彬、金磊、金源、靳庆鲁、荆宝森、李丹、李德宏、李国范、李纪建、李建维、李美平、李闻一、李秀丽、李滢、李志刚、李志杰、李卓洋、梁芳斌、梁浩东、林凯、刘东进、刘国华、刘红建、刘宏伟、刘军、刘勤、刘庆华、刘长波、卢闯、罗芳、吕晓梅、马鸿瀚、马莹、马永强、玛天梅、梅瑜、孟高栋、孟祥云、穆秀平、潘莉莉、漆颖斌、钱剑虹、钱毓益、屈伊春、曲洪坤、饶艳超、任晓慧、任永平、邵光兴、沈雁冰、施伟忠、石磊、石林、舒彬、宋永豪、苏获、苏南、孙彦丛、孙彦永、孙玉甫、谭介辉、汤若玲、唐华、唐华翠、唐琦松、田高良、涂军、王博文、王春焱、王海林、王宏星、王纪平、王健、王军、王立彦、王明东、王文章、王学嘉、王彦超、王亦东、王玥、魏代森、吴江龙、吴忠生、伍剑锋、肖静华、谢峰、谢昆蓉、谢维青、徐东升、徐兴周、续慧泓、薛贵、薛军利、严励、颜凡清、颜乾、杨川、杨菁、杨珊华、杨寅、叶向阳、殷国炜、袁磊、张波、张鄂豫、张锋、张海亮、张华、张剑虹、张克慧、张立纲、张敏、张启国、张苏、张万萍、张言国、张永刚、章帆、赵松泉、赵燕锡、赵昱锋、郑开颜、郑萍、郑耀祥、郑永强、钟贺福、周崇沂、周海平、周吉申、周建军、朱保成、朱灏、朱会俊、朱江、朱亮、朱庆锋、朱晟玥、朱书红、朱轩、诸凡等 198 位来自各界的专家学者的专业贡献；

尹成彦、赵健、杨寅、吴忠生、胡晓栋、曹巧波、刘莉、付博、李春影、路艳、朱津萱等评选工作团队所做的大量细致而卓有成效的工作；

6 769 位来自中国各行各业的专业投票者的积极参与；

立信会计出版社陆盛强总编辑、张巧玲副总编辑等为本书出版付出的艰苦努力。

2023 年 1 月

目 录

第一篇 影响中国会计从业人员的十大信息技术评选活动介绍

影响中国会计从业人员的十大信息技术评选活动 ………… 3

第二篇 影响中国会计从业人员的十大信息技术在具体场景中的应用

十大信息技术在资金管理中的应用 ………… 27
十大信息技术在企业绩效管理中的应用 ………… 43
十大信息技术在管理会计报告中的应用 ………… 61
十大信息技术在会计核算服务中的应用 ………… 79
十大信息技术背景下信息安全技术对会计工作的影响 ………… 93

第三篇 潜在影响中国会计从业人员的五大信息技术应用解读

大数据多维引擎与增强分析 ………… 111
业财税融合与数据编制 ………… 131
超级自动化让会计更智能 ………… 148
分布式记账与区块链审计 ………… 174
金税四期与大数据税收征管 ………… 189

第四篇　影响会计从业人员的信息技术专家解读

2022 年影响会计从业人员的信息技术专家解读 ·················· 207

主要参考文献 ··· 230

第一篇

影响中国会计从业人员的十大信息技术评选活动介绍

影响中国会计从业人员的十大信息技术评选活动

刘勤、吕晓雷、赵健、尹成彦、杨寅、吴忠生，上海国家会计学院

一、影响中国会计从业人员的十大信息技术评选背景与意义

数字经济时代，信息技术加速创新与应用落地，将会促进更多的信息技术帮助会计从业人员解决不同的应用场景。2021年11月，财政部印发了《会计改革与发展"十四五"规划纲要》，明确提出大力推动会计职能对内对外拓展；同年12月，财政部印发的《会计信息化发展规划（2021—2025年）》，也明确指出以新技术为支撑，推动会计工作数字化转型，实现会计职能拓展升级。

经济社会已经全面开启数字化转型之路，会计数字化在帮助会计职能对内对外拓展的基础上，利用信息技术帮助会计从业人员服务业务经营和支撑管理创新，从而实现会计为企事业单位内外部创造价值的高质量发展。信息技术贯穿于企事业单位经营管理的全过程，会计从业人员将各种信息技术应用到会计工作的诸多场景，如会计核算、财务报告、费用报销、管理会计等，而信息技术的创新迭代，加速了会计工作应用场景的趋势变化，为会计从业人员带来了诸多便利与新的思考。

在信息技术助力会计发展上，业界形成了广泛的共识。从发展趋势看，金蝶中国执行副总裁赵燕锡认为，新一代数字化技术是先进生产力，是中国企业建立世界一流的财务管理体系的重要驱动力。从应用领域看，浪潮集团副总裁魏代森认为，财务数字化转型的本质是以数字技术驱

动价值创造,包括精益管理价值、业务创新价值、企业生态建设中的乘数价值,是推动企业数字化转型的重要抓手。从关联逻辑来看,元年科技总裁韩向东认为,数据驱动是企业数字化转型的主线,而数据驱动离不开新一代信息技术的应用,技术的加持使得数据价值得到充分挖掘,这将更好地支撑企业财务工作,实现数据赋能业务、赋能经营管理。从会计工作的变化上看,中兴新云总裁陈虎认为,财务将通过应用大数据分析与处理技术,扩大财务采集数据的范围、提升财务处理数据的能力,进而挖掘数据中的有效信息和潜藏价值,实现以数据为内核的财务数字化转型。

从对会计的具体影响来看,用友公司副总裁付建华分析,信息技术发展到今天对会计的影响已经深入如下三个层面:

第一,信息技术在提升会计工作效率、数据处理能力和提高会计工作质量方面发挥重要作用,如电子会计凭证、会计数据的自动采集和智能核算处理、机器人流程自动化、智能流程自动化技术的应用等。

第二,对会计工作模式和会计体系变革的影响,如基于财务云、财务中台的财务共享模式的会计核算体系重构。

第三,新一代数字技术智能技术将深刻影响财务管理职能转型,并借助数据中台、机器学习、数字孪生、低代码开发技术等建立的财务数据资产和数据能力使业务和财务管理进入数据驱动、数据赋能的数字化管理时代。

从对软件行业的影响来看,本次评选专家、Infor北亚区财务总监金磊从三个层面进行了分析。首先,他以有些国际专业机构会发布的调研报告为例,如"顶级财务战略技术趋势",其研究范围和"影响中国会计从业人员的十大信息技术评选"类似,其提到的一大趋势是"超级自动化(hyperautomation)"。所谓超级自动化是一套先进的技术和框架,用于在企业中扩展自动化,其最终目标是开发一套对企业自动化过程进行自动化的流程。除了机器人流程自动化(RPA)、人工智能(AI)、机器学习(ML)、集成平台即服务(iPaaS)、低代码工具等都是超级自动化的工具。国际应用软件公司已经使用或计划使用其中相当部分的技术,非常希望有更多的会计从业者了解并接受这些概念。"影响中国会计从业人员的十大信息技术评选"与国际通行的做法是较为一致的,很多技术概念已列入候选。由于参加评选的主体来源广泛,它反映了中国会计学术界、实务界以及广大的会计从业人员的共识。在形成共识的过程中,客观上这些信息技术的概念得到了普及推广。

其次,"影响中国会计从业人员的十大信息技术评选"有助于国际公司了解中国市场的动向,作为其发展战略的参考。评选结果在反映信息技术在会计领域的共同趋势的同时,也有中国的自身特点,对国际公司产品的本土化设计有其特殊意义。比如,电子发票,其在中国范围内的迅速推广,值得有关国际公司考虑是否进一步加大相关的研发投入。

最后,对于本土企业应用软件公司来说,"影响中国会计从业人员的十大信息技术评选"是一次了解市场趋势和客户新需求的机会。如果能凭借对中国市场的深入了解做出迅捷反应,在较短的开发周期内作出有针对性的调整,对增加其产品竞争力无疑是很有帮助的。金磊强调,在软件公司和其潜在客户的沟通中,后者需要表达"我需要什么",而前者需回答"我可以提供什么"的问题。"影响中国会计从业人员的十大信息技术评选"作为大家共同认可并具有一定权威性的第三方,可以为沟通提供桥梁。

基于此,"影响中国会计从业人员的十大信息技术"的评选,对财务数字化转型的引领和促进作用越来越突出,让更多人了解、关注、使用、分享信息技术与会计融合的成果,推动中国会计科技(Acctech)的进步。评选既是凝结了会计从业人员在推进我国财务数字化转型方面的宝贵思索和实践,也是在数字经济的大背景下从财务视角去观察,如何用人工智能、大数据等新一代数字技术推动企业数字化转型,助力世界一流企业建设,为进一步探讨会计科技的未来可能提供有益参考。

从历年的评选结果中,可以窥见影响会计从业人员的信息技术的变化及趋势,对相关研究和教学有着积极的影响,也对广大会计从业人员的职业规划、学习培训等方面起到重要的参考意义,对相关的产业布局也是有参考价值的。经过6年的持续评选及发布,"影响中国会计从业人员的十大信息技术"已成为中国财务领域的风向标。

二、2022年影响中国会计从业人员的十大信息技术评选过程与结果

2022年影响中国会计从业人员的十大信息技术评选过程采取了五个

环节。

第一个环节是组织评选机构。评选机构由上海国家会计学院发起,联合金蝶软件(中国)有限公司、中兴新云服务有限公司、用友网络科技股份有限公司、元年科技股份有限公司、浪潮通用软件有限公司等共同组建。

第二个环节是遴选专家团队。一共有198位来自各领域(高校、国企、民企、会计师事务所、软件厂商)的专家加入专家团队,组委会还邀请部分位于上海的专家进行座谈,在总结往届经验基础上,对2022年的评选各环节工作提出建议,并线上征询了三十多位专家的建议,为评选奠定了坚实基础。

第三个环节是提名候选技术。判断标准是"已经有成熟的应用产品和应用场景,与广义的会计从业人员工作相关,相互不交叉及外延相对独立"。每位专家在组委会提供的45项候选信息技术中选择5项提名作为十大信息技术投票的候选项,也可以在此之外提名其他信息技术。每位专家自由提名不超过3项信息技术作为五大潜在信息技术投票的候选项。由全体专家进行投票确定了35个正式候选技术。

第四个环节是正式投票。专家和大众评委都是在35个技术里面选择5~10项,各占比50%。

第五个环节是分析整理。梳理统计出198位专家投票和6 769份有效大众投票信息,计算出2022年影响中国会计从业人员的十大信息技术评选结果(表1-1-1)。

表1-1-1　2022年影响中国会计从业人员的十大信息技术

排序	技术名称	综合得票率	大众百分比	专家百分比
1	财务云	52.59%	52.65%	52.53%
2	会计大数据分析与处理技术	51.28%	52.56%	50.00%
3	流程自动化(RPA和IPA)	48.10%	34.08%	62.12%
4	中台技术(数据中台、业务中台、财务中台等)	47.12%	36.15%	58.08%
5	电子会计档案	46.96%	46.95%	46.97%
6	电子发票	45.42%	44.38%	46.46%
7	在线审计与远程审计	38.97%	35.01%	42.93%
8	新一代ERP	35.16%	39.02%	31.31%
9	在线与远程办公	31.73%	38.20%	25.25%
10	商业智能(BI)	27.64%	22.96%	32.32%

2022年影响中国会计从业人员的十大信息技术结果评选,具有如下四方面的变化:

一是对与疫情常态化相关的技术关注度的持续升高。如在线或远程办公、在线或远程审计、财务流程自动化等技术,这些都是在新冠疫情时,会计从业人员在居家隔离办公期间可以经常使用的信息技术和系统。一些案例表明,正是因为近年来国家大力引导和鼓励企业数字化转型工作,很多企业才能在新冠疫情期间较顺利地度过艰难时刻。

二是会计从业人员对数据中台、业务中台、财务中台等中台技术关注度的提高。这类技术的特点是可以打破不同系统间的信息壁垒,实现信息高度共享,并能借助低代码、微服务等技术,应对不断变化的前端应用需求。针对市场的快速变化,一些前端功能相对固定的信息系统已难以满足企业业务迅速发展的需要,企业更需要类似中台技术实现快速、灵活配置的系统平台。

三是前几年比较热门的一些技术,如移动支付技术等,2022年未能再次进入十大信息技术的榜单;有的即便进入榜单,排名也有所下降,如电子发票技术。这说明一些信息技术如果已成为会计从业人员日常工作和生活中不可分割的一部分,它就有可能不再被列入特别关注的内容,像互联网、二维码、笔记本电脑、扫描仪、数据库等相关技术便是如此。

四是专家投票的结果与公众投票的结果具有较大的差异。比如,专家认为的前两项最有影响的技术是流程自动化和中台技术,而大众认为的前两项技术则是财务云和会计大数据分析与处理技术。部分信息技术是由专家或大众的力挺而入选的。

为了更多维度展示不同群体所关注的十大信息技术,专家根据所在领域将其分为学术界、实务界、软件厂商、专业机构四个不同类别(表1-1-2)。

表1-1-2 不同类别专家选出的十大信息技术

排名	学术界		实务界		软件厂商		专业机构	
	名称	比重	名称	比重	名称	比重	名称	比重
1	流程自动化(RPA和IPA)	62.50%	流程自动化(RPA和IPA)	64.93%	中台技术(数据中台、业务中台、财务中台等)	88.89%	在线审计与远程审计	78.57%

(续表)

排名	学术界		实务界		软件厂商		专业机构	
	名称	比重	名称	比重	名称	比重	名称	比重
2	电子会计档案	50.00%	中台技术(数据中台、业务中台、财务中台等)	56.72%	电子发票	61.11%	流程自动化(RPA和IPA)	64.29%
3	会计大数据分析与处理技术	50.00%	财务云	55.22%	会计大数据分析与处理技术	55.56%	会计大数据分析与处理技术	57.14%
4	在线审计与远程审计	50.00%	电子会计档案	50.00%	机器学习	50.00%	数据治理	57.14%
5	中台技术(数据中台、业务中台、财务中台等)	50.00%	会计大数据分析与处理技术	48.51%	财务云	44.44%	财务云	50.00%
6	财务云	46.88%	电子发票	47.76%	数据挖掘与流程挖掘	44.44%	数据挖掘与流程挖掘	50.00%
7	可视化技术	37.50%	在线审计与远程审计	42.54%	电子会计档案	38.89%	中台技术(数据中台、业务中台、财务中台等)	50.00%
8	电子发票	34.38%	商业智能(BI)	36.57%	流程自动化(RPA和IPA)	38.89%	电子发票	42.86%
9	数据挖掘与流程挖掘	34.38%	新一代ERP	34.33%	低代码技术	33.33%	机器学习	42.86%
10	知识图谱	31.25%	在线与远程办公	30.60%	数据治理	33.33%	银行电子函证	42.86%

连续多年担任评选专家的嘉楠科技CFO成进对评选的结果有三个直观的感受:

(1) 更加务实,贴近实际操作,好多技术大家都在使用,而不是虚无缥缈的设想。

(2) 业务导向更加明确,无论是财务云、会计大数据分析与处理技术,还是中台技术,都更加体现出会计技术为业务服务,为决策服务的要求,参与评选的很多评委们都有丰富的实际操作经验。

(3) 与防疫、抗疫的社会环境相关性强,体现在在线审计、在线办公的上榜,会计审计工作实现云端化。

成进认为，可以明显看到学术界、实务界、软件厂商、专业机构专家的意见既有相同也有不同的方面。

相同的方面，流程自动化（RPA和IPA）和中台技术（数据中台、业务中台、财务中台等）已经是大家都认可的技术，除了厂商各有自研的技术方向，学术界、实务界、专业机构都一致认为流程自动化（RPA和IPA）、中台技术（数据中台、业务中台、财务中台等）是选项。五年之前还是专家讨论中的话题，而五年之后行业都已经在实际应用感受非常明显。作为公司的流程自动化（RPA）牵头人，成进还记得第一次应用RPA解决发票核对的问题，晚上下班熄灯后，电脑屏幕上变幻的RPA机器人自动操作，让人有非常不一样的未来感。

有些不同也非常有趣，学术界、软件厂商专家对"商业智能（BI）"并不太感兴趣，但实务界专家却深知CEO、业务线总经理这样的业务领导的需求，普通的分析手段取数据、整理数据都很麻烦，"商业智能（BI）"的兴起可能代表着很多财务分析师通过商业智能（BI）工具，拆传统会计三张表的"果"去找到业务本质的"增长驱动因子"，与业务进行业财融合对话的场景。

反过来看，学术界专家认为"数据挖掘与流程挖掘""可视化技术"以及"知识图谱"会比较重要，而由于只有少量成熟的产品应用，实务界专家对这些技术的关注度还不高，也反应了理论在引领、更新会计技术的发展，但中间应用产品的脱节使得实务界尚无强烈感触。

三、2017—2022年影响中国会计从业人员的十大信息技术评选结果趋势

从大类来看，6年来的评选结果（表1-1-3）基本属于"大智移云物区"的技术范畴或是其子技术或是这几大类技术的交叉综合技术，主要有如下原因：

第一，由于信息技术所具有的生命周期特点，一些热门信息技术如财务云、电子发票、会计大数据分析与处理技术等，得以连续数年高居十大信息技术的前几位。

表 1-1-3　2017—2022 年影响中国会计从业人员的十大信息技术评选结果

排序	2022 年 技术名称	得票率	2021 年 技术名称	得票率	2020 年 技术名称	得票率
1	财务云	52.59%	财务云	56.02%	财务云	73.14%
2	会计大数据分析与处理技术	51.28%	电子发票	55.46%	电子发票	66.33%
3	流程自动化（RPA 和 IPA）	48.10%	会计大数据分析与处理技术	52.19%	会计大数据技术	62.44%
4	中台技术（数据中台、业务中台、财务中台等）	47.12%	电子会计档案	47.69%	电子档案	50.56%
5	电子会计档案	46.96%	机器人流程自动化（RPA）	41.58%	机器人流程自动化（RPA）	48.41%
6	电子发票	45.42%	新一代 ERP	33.66%	新一代 ERP	47.91%
7	在线审计与远程审计	38.97%	移动支付	33.38%	区块链技术	45.73%
8	新一代 ERP	35.16%	数据中台	31.77%	移动支付	43.00%
9	在线与远程办公	31.73%	数据挖掘	31.03%	数据挖掘	42.77%
10	商业智能（BI）	27.64%	智能流程自动化（IPA）	29.32%	在线审计	42.74%

排序	2019 年 技术名称	得票率	2018 年 技术名称	得票率	2017 年 技术名称	得票率
1	财务云	72.10%	财务云	90.22%	大数据	88.68%
2	电子发票	69.50%	电子发票	81.15%	电子发票	81.12%
3	移动支付	50.70%	移动支付	66.49%	云计算	71.26%
4	数据挖掘	46.90%	电子档案	62.25%	数据挖掘	58.26%
5	数字签名	44.50%	在线审计	62.19%	移动支付	54.69%
6	电子档案	43.10%	数据挖掘	54.77%	机器学习	50.27%
7	在线审计	41.40%	数字签名	54.06%	移动互联	49.28%
8	区块链发票	41.10%	财务专家系统	53.30%	图像识别	47.48%
9	移动互联网	39.60%	移动互联网	48.41%	区块链	46.22%
10	财务专家系统	37.70%	身份认证	47.70%	数据安全技术	45.01%

注：近 6 年的评选规则略有不同：2022 年从 35 个候选技术中选择 5~10 个，2021 年、2019 年从 30 个候选技术中选不超过 10 个；2020 年从 30 个候选技术中选 10 个；2017 年、2018 年从 24 个候选技术选 10 个。每年的候选技术在名称上也可能有细微的区别。

第二，由于疫情给会计工作带来持续的影响，对部分以在线办公为主的信息技术产生明显的影响。

第三，信息技术在发展中出现不同的演化结果，有的进行了分拆，有的则与其他信息技术进行了合并，从而展现出新的活力。

本次评选专家、中国联通财务部副总经理陈沛认为，从近六年发布"影响中国会计从业人员的十大信息技术"评选结果来看，在会计信息技术领域，有几个宏观趋势已经形成：

第一，财务云这种信息技术共享的高效形态已经被广泛认同。财务云近五年排名第一，已经充分说明了这一点。

第二，财务数据的生产要素化、数据价值挖掘的重要性越来越得到重视。业财协同、智能核算、精细成本管理等领先财务管理模式为企业财务领域带来海量的数据。而财务类数据的全面、严谨、精细、可量化等特征都为企业高效运营、智慧决策带来更加强有力地支撑。大数据分析、数据中台、商业智能持续多年占据前十的位置，也充分说明了这个趋势。

第三，智能技术在会计信息领域发挥越来越重要的作用。智能算法、RPA、IPA等智能化技术，辅以大数据技术，能够为财务业务提供例如发票识别、智能填写、智能审核、智能税务管理、财务资源最优分配等智慧财务管理场景解决方案。

第四，中国财务信息化的标准更高、专业性更强的趋势越来越明显。国务院国资委2022年3月2日发布的《关于中央企业加快建设世界一流财务管理体系的指导意见》，明确对央企提出更高要求，提及需要在税务、核算、资金、预算、风控等专业领域，构建世界一流的财务管理体系和财务数智体系。

四、2022年影响中国会计从业人员的十大信息技术应用场景与用户画像

2022年的评选除了对大众、专家进行多维度分析外，每项信息技术新增了会计核算、财务报告等15项应用场景调查，以明确各信息技术的应

用范围,其中会计核算、费用报销、财务报告应用场景位列前三。综合上述维度,十大信息技术典型用户的画像描绘如表1-1-4所示。

表1-1-4 2022年影响会计从业人员的十大信息技术典型用户画像

排名	技术名称	专家类别	用户职级	用户岗位	企业规模	企业所有制	单位类型	应用场景
1	财务云	实务界	中层	CPA审计	小微企业	国企	行政事业单位	会计核算
2	会计大数据分析与处理技术	学术界	高层	教育岗位	小微企业	国企/民企	行政事业单位	财务报告
3	流程自动化(RPA和IPA)	学术界/实务界	高层	信息技术	小微企业	外企	企业	会计核算
4	中台技术(数据中台、业务中台、财务中台等)	软件厂商	基层	信息技术	大型企业	国企	企业	会计核算
5	电子会计档案	学术界/实务界	普通工作人员	财务会计	大型企业	国企	企业	会计核算
6	电子发票	专业机构	基层	税务	小微企业	国企	行政事业单位	费用报销
7	在线审计与远程审计	实务界/软件厂商	学生	CPA审计	超大型企业	国企	会计所	内部审计
8	新一代ERP	实务界	普通工作人员	财务会计	小微企业	国企	企业	会计核算
9	在线与远程办公	实务界	普通工作人员	财务会计	小微企业	国企	企业	会计核算
10	商业智能(BI)	实务界		信息技术		外企		管理会计报告

作为本次评选专家,中国中煤能源集团有限公司审计部总经理王文章对表1-1-4呈现出来的信息从以下三个方面进行了解读:

第一,财务数字化转型已深入财务工作的各个领域。如流程自动化(RPA和IPA)、电子发票、电子会计档案等大幅增强了传统基础核算工作的时效性,利用线上流程化处理手段,将日常重复性、机械性工作赋予规则和流程,协助财务人员从繁复单一的工作中解脱出来,提高了劳动生产率。

第二,财务数据是由前端不同业务、不同系统最终汇聚形成,这就对财务分析人员增加了深入分析的难度。而会计大数据分析与处理技术、中台技术（数据中台、业务中台、财务中台等）等革命性发展，则解决了这一难题，促进了财务人员对数据分析能力和跨系统取数、业务分析能力的提升。通过各系统间的串联，实现了统一数据语言、统一管理平台、统一取数口径，让分析人员通过一个数据能看全所有来源。

第三，新冠疫情形势下，诞生了各种远程办公系统。传统的内外审计、检查形式也势必要做出变革。在线与远程办公、在线审计与远程审计等将传统模式与创新模式相融合，通过系统组成一个个审计小组，同步发送同批次、同种类审计、检查信息，审计、检查流程通过不同组织间权限进行流转，反馈信息可实时在系统中调阅，将审计、检查工作标准化、流程化，有利于财务信息的同步与监督。

五、2022年潜在影响中国会计从业人员的五大信息技术评选过程与结果

根据专家提名，组委会整理筛选出16项候选信息技术，每位专家投票选出5项，最终得出潜在影响中国会计从业人员的五大信息技术。2020—2022年的评选结果如表1-1-5所示。

表1-1-5 2020—2022年潜在影响中国会计从业人员的五大信息技术

排名	2022年 名称	百分比	2021年 名称	百分比	2020年 名称	百分比
1	金税四期与大数据税收征管	47.47%	深度学习与智能决策	38.83%	区块链电子发票	53.55%
2	业财税融合与数据编织	42.93%	基于法定数字货币的智能支付与结算	34.04%	数字货币	47.74%
3	大数据多维引擎与增强分析	41.92%	数据中台、业务中台与管理中台	34.04%	物联网与自动化物件	43.23%
4	机器人任务挖掘与智能超级自动化	36.36%	分布式记账与区块链审计	30.32%	第五代移动通信技术(5G)	37.42%
5	分布式记账与区块链审计	35.86%	数据治理和数据资产的管理与应用	28.72%	分布式账本(distributed ledger)	34.19%

潜在影响的信息技术是用来预测未来三到五年内可能对会计从业人员有较大影响的信息技术，而这类技术目前在会计行业内并没有成熟的产品和应用场景，但是代表着行业趋势。2022年评选出的潜在信息技术和前一年的技术相似度不是很高，一方面呈现出潜在技术的集成性、稳定性不够，另一方面也代表了专家对潜在技术认识的模糊性或者不确定性，缺乏相对一致的判断。

以位居第一的"金税四期与大数据税收征管"为例，金税四期是金税三期的升级版，金税三期成功实现了全国国税和地税的联网，消除了各省税务信息系统间的"鸿沟"，以票控税，方便地追查同一税号下进项发票和销项发票信息不一致的现象，基本解决了诸如虚开发票和开具阴阳票等违法的事件。

金税四期在三期的基础上，打通了税务系统与各部委、中国人民银行、各商业银行等机构间的信息系统联系，采取以数控税的策略，增加了对非税业务的管控，税务稽查的范围得到了极大扩展。金税四期可以利用大数据和人工智能技术实现智慧税务和智慧监管，可以对企业收入、成本费用、利润、库存、银行账户、社保等信息实现实时稽查，可以快速识别一些企业利用私人账户、微信、支付宝等账户收取货款以达到隐匿收入、私户避税的问题，也可以识别企业虚假开户、空壳企业、收入成本严重不匹配、少交税款或社保等问题。

因此，金税四期对会计工作的合法、合规性提出更高的要求。这意味着会计从业人员必须谨慎处理企业的涉税事项、控制好涉税风险，为此必须不断地更新专业知识。

会计从业人员应该时刻关注列入前五位的信息技术以及发展动向，还应关注与数字人民币相关的智能支付、会计数据标准化技术、人机共生的协同和管控技术等候选技术的发展动向。这些技术很有可能在不远的将来对会计行业产生深远的影响。

六、总结与思考

十大信息技术的评选结果是基于部分专家和大众的投票而统计出的结

果，基本代表了当前中国会计群体对相关信息技术的认知。但是如果从更宽泛的视角来看，这些结果未必包含与会计行业密切相关的所有技术。

元年科技高级副总裁李彤博士认为，在线化、自动化、数据处理类的信息技术得到了足够的重视，与人工智能相关的信息技术未得到足够的重视，目前存在落地难度高的问题。

在近两年企业数据泄露事件频发，在《中华人民共和国网络安全法》《中华人民共和国数据安全法》《中华人民共和国个人信息保护法》等法律法规相继出台的背景下，信息安全问题仍然未能得到应有的重视。在候选技术中，代表信息安全的数字签名、数据治理、信息安全与隐私保护等相关选项都没能登上前十的榜单。

同时，会计行业管理者最关心的与会计信息标准相关的技术，也未进入十大技术的榜单。在2022年的评选结果中，与此相关的"可扩展商业报告语言XBRL技术"仅获得了第32名，位列全部35项候选技术的倒数第四名。

在当前具有影响的信息技术中，需特别关注位于前十位的会计大数据分析与处理技术、中台技术、电子会计档案、电子发票以及未能进入前十位的数据挖掘与流程挖掘、数据湖、数据治理等数据相关的技术，这些都是"十四五"期间企业数字化转型密切相关的信息技术。

此外，我们还需关注位于前十位的流程自动化、商业智能，以及未能进入前十的机器学习、超级自动化、知识图谱、自然语言处理与理解等智能化技术，这些技术是智能财务的核心技术，未来会有较大的发展空间。

对于业界而言，除了关注相关信息技术本身的发展，我们还可对企业会计数字化转型的机理、业财融合与新一代信息技术发展的关系、会计数据的核心要素、会计数据安全风险管控的制度和标准、会计信息化人才的培养以及会计智能化发展中引发的伦理问题等开展深入研究。

对于信息技术，本次评选专家、蜂巢能源科技股份有限公司联席首席运营官张锋建议会计从业人员从如下三方面来学习：

第一，要时刻关注信息技术变化。秉持开放包容的心态，敏锐捕捉信息技术的发展与变化，跟上"大智移云物区"时代的技术发展，未来已来，向智而生。

第二，要寻找落地场景。会计从业人员的优势在于对日常财会工作的穿透性理解和实际操作的体验，要在各自的专业领域内，不断反思、挑战固有的工作模式、工作流程和工作处理方法，跳出财务看财务，结合对信息技术的敏锐把握，及时找到工作的痛点、难点，结合信息化、智能化手段加以解决。

第三，要坚持业财融合。会计工作不是孤立存在于企业的日常经营管理工作中的，而会计工作本身的数据穿透性、流程衔接性，又使得"财务一根针"可以将企业内外"千头万绪"的管理线条做到集中体现。因此，必须坚持"开门办财务"的理念，在将 Acctech 引入财务工作的基础上，进一步助推整个企业的从数字化向智能化的转型。

附录　候选信息技术介绍

"2022年影响中国会计从业人员的十大信息技术"35项候选信息技术，如附表1所示。

附表1　2022年影响中国会计从业人员信息技术的候选技术

序号	候选信息技术	简介
1	Python及爬虫技术	Python是一种跨平台的计算机程序设计语言，结合了解释性、编译性、互动性和面向对象的脚本语言。最初被设计用于编写自动化脚本（shell），随着版本的不断更新和语言新功能的添加，越多被用于独立的、大型项目的开发。爬虫技术是互联网上进行信息采集的通用手段，在互联网的各个专业方向上都是不可或缺的底层技术支撑
2	财务云	财务云是将集团企业财务共享管理模式与云计算、移动互联网、大数据等计算机技术有效融合，实现财务共享服务、财务管理、资金管理三中心合一，建立集中、统一的企业财务云中心，支持多终端接入模式，实现"核算、报账、资金、决策"在全集团内的协同应用
3	产业互联网与工业互联网	产业互联网是基于互联网技术和生态，对各个垂直产业的产业链和内部的价值链进行重塑和改造，从而形成的互联网生态和形态。产业互联网是一种新的经济形态，利用信息技术与互联网平台，能充分发挥互联网在生产要素配置中的优化和集成作用，实现互联网与传统产业深度融合。工业互联网是新一代信息通信技术与工业经济深度融合的新型基础设施、应用模式和工业生态，通过对人、机、物、系统等的全面连接，构建起覆盖全产业链、全价值链的全新制造和服务体系，为工业乃至产业数字化、网络化、智能化发展提供了实现途径

(续表)

序号	候选信息技术	简介
4	超级自动化	超级自动化是一个为了交付工作、涵盖了多种机器学习、套装软件和自动化工具的集合体。超级自动化不但包含丰富的工具组合,还包含超级自动化本身的所有步骤(发现、分析、设计、自动化、测量、监控和再评估)。超级自动化的主要重点在于将更多应用认知智能技术,理解超级自动化步骤的作用范围、彼此之间的关联以及组合与协调方式
5	低代码技术	低代码技术是利用很少或几乎不需要写代码就可以快速开发应用,并可以快速配置和部署的一种技术和工具,特点是通过低代码平台,应用者使用简单的"拖、拉、拽"就能创建各种应用
6	电子发票	电子发票是信息时代的产物,同普通发票一样,采用税务局统一发放的形式给商家使用,发票号码采用全国统一编码,采用统一防伪技术,在电子发票上附有电子税局的签名机制
7	电子会计档案	电子会计档案是通过计算机磁盘等设备进行存储,与纸质档案相对应,相互关联的通用电子文件集合,通常以案卷为单位。它是记录和反映经济业务的重要历史资料和证据,包括电子凭证、电子账簿、电子报表、其他电子会计核算资料等
8	管理驾驶舱	管理驾驶舱是为企业内部领导及相关高管提供指标分析型的系统。打破数据隔离,实现指标分析及决策场景落地。通过详尽的指标体系,实时反映企业的运行状态,将采集的数据形象化、直观化、具体化,最大化地发挥帮助高层经营了解、领导和控制公司业务的管理室(即驾驶舱)的作用
9	光学字符识别	光学字符识别(Optical Character Recognition,OCR)是指使用电子设备(如扫描仪或数码相机)对文本资料进行扫描,然后对扫描后的图像文件进行分析处理,获取文字及版面信息的过程
10	会计大数据分析与处理技术	会计大数据分析与处理技术是大数据在大会计概念下的应用技术,涵盖各类会计大数据采集、存储、预处理、统计分析、数据挖掘、质量管理、可视化等技术
11	机器学习	机器学习是一门多领域交叉学科,涉及概率论、统计学、逼近论、凸分析、算法复杂度理论等多门学科。专门研究计算机怎样模拟或实现人类的学习行为,以获取新的知识或技能,重新组织已有的知识结构使之不断改善自身的性能
12	可扩展商业报告语言	可扩展商业报告语言(eXtensible Business Reporting Language,XBRL),是可扩展的标记语言(Extensible Markup Language,XML)于财务报告信息交换的一种应用,用于非结构化信息处理尤其是财务信息处理的有效技术。可扩展商业报告语言是基于互联网、跨平台操作,专门用于财务报告编制、披露和使用的计算机语言,基本实现数据的集成与最大化利用,会计信息数出一门,资料共享,是国际上将会计准则与计算机语言相结合,用于非结构化数据,尤其是财务信息交换的最新公认标准和技术
13	可视化技术	可视化技术是利用计算机图形学和图像处理技术,将数据转换成图形或图像在屏幕上显示出来,并进行交互处理的理论、方法和技术。它涉及计算机图形学、图像处理、计算机视觉、计算机辅助设计等多个领域,成为研究数据表示、数据处理、决策分析等一系列问题的综合技术

(续表)

序号	候选信息技术	简介
14	流程自动化（RPA 和 IPA）	机器人流程自动化（Robotic Process Automation,RPA）是可以记录人在计算机上的操作,并重复运行的软件。RPA 可以按照事先约定好的规则,对计算机进行鼠标点击,敲击键盘,数据处理等操作。智能流程自动化（Intelligent Process Automation,IPA）将 RPA 与 AI 相结合。企业业务流程中需要涉及判断处理,而 RPA 却无法做出灵活判断时,IPA 能与 AI 相结合,无需人工干预就能判断处理更加复杂的任务,从而解放更多的员工,使他们从事更有价值、更有创造性的工作
15	区块链电子发票	区块链电子发票是基于区块链技术的电子发票应用,从本质上讲,是一个共享数据库,存储于其中的数据或信息,具有"不可伪造""全程留痕""可以追溯""公开透明""集体维护"等特征。基于这些特征,区块链技术奠定了坚实的"信任"基础,创造了可靠的"合作"机制,具有广阔的运用前景
16	商业智能	商业智能（Business Ineellingence, BI）是对商业信息的搜集、管理和分析过程,目的是使企业的各级决策者获得知识或洞察力,促使决策者做出对企业更有利的决策。商业智能一般由数据仓库、联机分析处理、数据挖掘、数据备份和恢复等部分组成。商业智能的实现涉及软件、硬件、咨询服务及应用,其基本体系结构包括数据仓库、联机分析处理和数据挖掘三个部分
17	射频识别与二维码技术	射频识别（Radio Frequency Identification,RFID）与二维码技术是物联网感知层的重要技术手段,是实现物联的关键因素。从应用上来看,二维码必须要通过扫码设备才能读取数据,如果要处理的商品较多,每个商品的二维码都要通过扫码设备才能读取信息。但是,RFID 就表现出很突出的优势,如果每个商品都装有 RFID 标签的话,只需在办公室里读取读写器上的数据
18	数据仓库	数据仓库是为企业的决策制定过程提供数据支持的战略集合。它是单个数据存储,出于分析性报告和决策支持目的而创建。为需要业务智能的企业,提供指导业务流程改进、监视时间、成本、质量以及控制
19	数据湖	数据湖是一种将数据以原始格式存储在同一个系统或存储库的理念,以便于收集多个数据源的数据以及各种数据结构的数据（通常是 blob 对象或文件）。数据湖的想法是将企业中的所有数据（从原始数据开始保存,这意味着源系统数据的精确副本）保存于同一个存储介质中,以用于各种任务（包括报告、可视化、分析和机器学习）。数据湖创建了一个适用于所有格式数据的集中式数据存储,可以存储包括关系数据库的数据（行和列）,半结构化数据（CSV、日志、XML、JSON）,非结构化数据（电子邮件、文档、PDF）甚至二进制数据（图像、音频、视频）
20	数据挖掘与流程挖掘	数据挖掘和流程挖掘是数据库和流程中知识发现中的一个步骤。数据挖掘与流程挖掘一般是指从大量的数据或流程中通过智能算法搜索隐藏于其中信息的过程。挖掘技术通常与计算机科学有关,并通过统计、在线分析处理、情报检索、机器学习、专家系统（依靠过去的经验法则）和模式识别等诸多方法来实现上述目标

(续表)

序号	候选信息技术	简介
21	数据治理	数据治理是组织中涉及数据使用的一整套管理行为,由企业数据治理部门发起并推行,关于如何制定和实施针对整个企业内部数据的商业应用和技术管理的一系列政策和流程。数据治理是对数据资产管理行使权力和控制的活动集合,是一个通过一系列信息相关的过程来实现决策权和职责分工的系统
22	数字货币	数字货币是一种不受管制的、数字化的货币,通常由开发者发行和管理,被特定虚拟社区的成员所接受和使用。欧洲银行业管理局将虚拟货币定义为:价值的数字化表示,不由央行或当局发行,也不与法币挂钩,但由于被公众所接受,所以可作为支付手段,也可以电子形式转移、存储或交易
23	数字孪生	数字孪生是以数字化方式再现真实的实体或系统,是充分利用物理模型、传感器更新、运行历史等数据,集成多学科、多物理量、多尺度、多概率的仿真过程,在虚拟空间中完成映射,从而反映相对应的物件或系统的全生命周期过程,同时可以帮助了解物件或系统的状态、响应变化、改进运营并提升价值
24	数字签名	数字签名是只有信息的发送者才能产生的别人无法伪造的一段数字串,这段数字串同时也是对信息的发送者发送信息真实性的一个有效证明。它是一种类似写在纸上的普通的物理签名,但是使用了公钥加密领域的技术来实现的,用于鉴别数字信息的方法,数字签名是非对称密钥加密技术与数字摘要技术的应用
25	新一代 ERP	新一代 ERP 是依托包括大数据、人工智能、云计算等信息技术,一方面不断整合管理思想与企业管理,另一方面实现企业内部系统之间、企业系统与外部系统之间的整合。新一代 ERP 的发展趋势是进一步和电子商务、客户关系管理、供应链管理等进行整合
26	信息安全与隐私保护	隐私保护是使个人或集体等实体不愿意被外人知道的信息得到应有的保护。对企业信息系统安全构成威胁的因素很多,包括灾难、系统安全问题、系统错误与质量问题。企业信息系统安全控制内容包括硬件设备控制、软件控制、数据安全控制、系统实施控制和管理控制。随着隐私保护的重视,信息系统安全与控制也应当将隐私保护纳入控制范畴
27	移动支付	移动支付是允许用户使用其移动终端对所消费的商品或服务进行账务支付的一种服务方式。移动支付将终端设备、互联网、应用提供商以及金融机构相融合,为用户提供货币支付、缴费等金融业务。移动支付主要分为近场支付和远程支付两种
28	银行电子函证	银行电子函证可以构建覆盖全国的线上化银行函证服务网络,通过标准化接口与商业银行及会计师事务所进行系统对接,线上完成银行电子函证的制作、授权、发送、回函等工作,将银行函证由传统线下手工纸质操作方式转变为线上方式,通过数字化简化函证处理流程,可以加快函证处理效率,有效解决传统纸质函证模式的多种弊端

(续表)

序号	候选信息技术	简介
29	应用程序接口	应用程序接口是软件系统不同组成部分衔接的约定。良好的接口设计可以降低系统各部分的相互依赖,提高组成单元的内聚性,降低组成单元间的耦合程度,从而提高系统的维护性和扩展性。应用程序接口主要目的是让应用程序开发人员得以调用一组例程功能,而无须考虑其底层的源代码为何或理解其内部工作机制的细节
30	在线审计与远程审计	在线审计是审计人员基于互联网,借助现代信息技术,运用专门的方法,通过人机结合,对被审计单位的网络会计信息系统的开发过程及其本身的合规性、可靠性和有效性以及基于网络的会计信息的真实性、合法性进行远程审计。远程审计是审计人员在办公室或居住场所中采用通过网络通信渠道和信息化工具,包括电话、电子邮件、数据交换平台、语音和视频工具、内部视频和电话会议平台,具有同步和远程审核功能的审计软件等,获取被审计单位各种信息资料,以及与被审计单位、涉及审计取证的单位、监管部门等相关人员进行远程交流等方式,实施部分审计工作并形成相关工作底稿,并于后期追加现场审计工作的审计方法
31	在线与远程办公	在线与远程办公是个人和组织所使用的办公类应用的计算和储存两个部分功能,不通过安装在客户端本地的软件提供,而是由位于网络上的应用服务予以交付,用户只通过本地设备实现与应用的交互功能
32	知识图谱	知识图谱又称为科学知识图谱,在图书情报界称为知识域可视化或知识领域映射地图,是显示知识发展进程与结构关系的一系列各种不同的图形,用可视化技术描述知识资源及其载体,挖掘、分析、构建、绘制和显示知识及它们之间的相互联系
33	中台技术(数据中台、业务中台、财务中台等)	中台技术与前台和后台对应,是在一些信息系统中,被共用的中间件的集合。前台即是面向客户的市场、销售和服务部门或系统,后台是技术支持、研发、财务、人力资源、内部审计等,中台则是介于前台和后台之间的一个综合能力平台。常见于网站架构、金融系统。中台包括数据中台、业务中台、财务中台。数据中台重构了企业数据系统的架构,业务平台则是企业的共享平台,集合了标准化和可以复用的功能模块。财务中台将企业的财务共性需求抽象、聚合,打造出平台化、组件化的系统能力和解决方案
34	专家系统	专家系统是一个智能计算机程序系统,其内部含有大量的某个领域专家水平的知识与经验,能够利用人类专家的知识和解决问题的方法来处理该领域问题。专家系统是一个具有大量的专门知识与经验的程序系统,它应用人工智能技术和计算机技术,根据某领域一个或多个专家提供的知识和经验,进行推理和判断,模拟人类专家的决策过程,以便解决那些需要人类专家处理的复杂问题
35	自然语言处理与理解	自然语言处理与理解是计算机科学领域与人工智能领域中的一个重要方向,是计算机科学、人工智能、语言学共同关注的计算机和人类(自然)语言之间的相互作用的领域。它研究能实现人与计算机之间用自然语言进行有效通信的各种理论和方法

"2022年潜在影响中国会计从业人员的五大信息技术"16项候选信息技术，如附表2所示。

附表2 2022年潜在影响中国会计从业人员信息技术的候选技术

序号	候选信息技术	简介
1	5G互联网与会计实时信息处理	会计实时信息处理要求充分利用广泛的高实时性会计信息，以提高会计信息的决策有用性。相对4G而言，5G互联网具有高速度、泛在网、低功耗、低时延、万物互联、重构安全等特点。5G互联网能够为实时会计信息处理提供更为丰富的数据来源，帮助及时进行业务处理，并快速传递和反馈全方位会计信息
2	边缘计算与无服务器计算	边缘计算（edge computing）是一种分散式运算的架构，将应用程序、数据资料与服务的运算，由网络中心节点，移至网络逻辑上的边缘节点来处理。边缘计算将原本完全由中心节点处理大型服务加以分解，切割成更小且更容易管理的部分，分散到边缘节点去处理。无服务器计算是在无需最终用户管理的基础设施上托管应用程序的新方式，是基础设施即服务（Infrastructures as a Senice, IaaS）演进的下一个阶段。近年来，边缘计算与无服务计算愈发呈现融合趋势
3	大数据多维引擎与增强分析	大数据多维引擎技术是充分利用大数据技术，能够使分析人员从多个方面理解信息的算法引擎，能够支撑对数据进行切片、切块、上卷、下钻、旋转等分析操作，极大提高大数据处理的性能。增强分析其核心是利用机器学习将数据准备、数据洞察和洞察共享等过程自动化，降低数据分析的门槛，提升数据分析的效率
4	分布式记账与区块链审计	分布式记账技术是一种新型的记账技术，其核心在于将记账分布在网络中的各个节点，账务信息不由任何中央机构维护，信息更新由每个节点独立记录并传播到全部节点的，实现了记账的去中心化。分布式记账的去中心化、防篡改、可追溯等特性，推动着区块链审计的发展，可以提升审计工作效率，构建全方位审计体系，增强审计独立性，保障数据真实性，降低追踪交易成本，验证交易双方数据记录真实性
5	会计数据标准化技术	会计数据标准化技术对于规范会计数据标准，提高信息披露质量和审计工作效率大有裨益，同时对会计信息化软件开发和应用能起到基础支撑作用
6	机器人任务挖掘与智能超级自动化	机器人任务挖掘（task mining）侧重于任务，即包含多个步骤的流程或子流程。它使企业能够通过跟踪用户活动和收集用户交互信息来更好地了解如何执行任务，还可以使用收集到的信息来审查如何管理运营，识别执行作业时最常见的错误，以及识别可以自动化的任务。机器人任务挖掘将为超级自动化增加更强的智能因素。超级自动化（hyperautomation）包含丰富的工具组合，还包含自动化本身的所有步骤（发现、分析、设计、自动化、测量、监控和再评估）。其主要重点在于将更多应用认知智能技术，理解自动化步骤的作用范围、彼此之间的关联以及组合与协调方式
7	基于法定数字货币的智能支付与结算	法定数字货币是由中央银行发行，由指定运营机构参与运营并向公众兑换，以广义账户体系为基础，支持银行账户松耦合功能，与纸钞和硬币等价，并具有价值特征和法偿性的可控匿名的支付工具。支付与结算是法定数字货币应用的重点场景，未来基于法定数字货币的智能支付与结算可能会对现有的基于银行账户的电子支付及清算体系产生重要影响

(续表)

序号	候选信息技术	简介
8	基于数字孪生的数字化建模技术	数字孪生是指以数字化方式再现真实的实体或系统,是充分利用物理模型、传感器更新、运行历史等数据,集成多学科、多物理量、多尺度、多概率的仿真过程,在虚拟空间中完成映射,从而反映相对应的物件或系统的全生命周期过程。数字化建模技术作为实现数字化企业的技术基础,需要能够高精度放映真实的物理世界。数字孪生技术,有望进一步提升数字化建模的精度和交互性
9	金税四期与大数据税收征管	基于国家金税工程以发票电子化改革为突破口,以税收大数据为驱动力,建成具有高集成功能、高安全性能、高应用效能的智能税务,以精准实施实时税收监管。相比金税三期,四期工程的最终目的是将企业经营账簿数据纳入税收系统,从而实现增值税申报和企业销售数据的结合,是以数治税顺利实施的重要技术保障,从而推动大数据税收征管全面落地实施
10	人机共生的协同与管控	人机共生是人类和电子计算机之间合作互动的一个预期发展。这将涉及人类和电子设备之间非常密切的耦合。主要目的是:①让计算机促进公式化思维,并促进公式化问题的解决;②让人类和计算机能够合作做出决策和控制复杂的情况,而不依赖于预先确定的程序。人机共生管理让 AI 机器服务于两侧。一方面是专家侧,一方面是用户侧,也就是一面是生产者,一面是用户。我们每个人可能同时是专家也是用户。AI 机器作为服务的环节,让专家更专业,让用户体验更好,效率更高。人机共生的协同与管控是人机共生进一步发展至关重要的环节
11	生成式人工智能与智能决策	生成式人工智能(generative AI)是一种机器学习方法,可以从数据中学习内容或对象,并运用数据生成全新、原创的实际对象。智能决策是把感知、认知、决策和执行过程有机地统一起来,通过数据处理和分析产生数据模型、人工智能以便能对不同应对方案的结果进行预测和评估。生成式人工智能将为智能决策提供更为高效的决策依据
12	生物识别与信息安全认证	生物识别与信息安全认证是指通过计算机与光学、声学、生物传感器和生物统计学原理等高科技手段密切结合,利用人体固有的生理特性(如指纹、人脸、虹膜等)和行为特征(如笔迹、声音、步态等)来进行个人身份的鉴定。通过生物特征进行身份识别,进而对于 ERP 系统操作、财务云端操作、金融机构操作等行为中的身份鉴别程序进行简化,帮助更好地实现远距、多终端、多线程、无接触操作的需求。进而,如何确保生物识别的安全性成了迫切要解决的问题,生物安全认证体系的构建就显得尤为重要
13	新一代数字化 PaaS 平台	PaaS 平台随着微服务架构设计理念的落地,近年来进入高速发展阶段,正在逐渐形成新一代数字化 PaaS 平台方案,其中由微服务架构、容器服务、DevOps 等为代表的云原生基础架构组成,可以为企业 IT 业务提供按需使用、持续运行的基础能力
14	虚拟现实、增强现实与智能管理驾驶舱	虚拟现实技术囊括计算机、电子信息、仿真技术,其基本实现方式是通过计算机模拟虚拟环境从而给人以环境沉浸感。增强现实技术是一种将虚拟信息与真实世界巧妙融合的技术,广泛运用了多媒体、三维建模、实时跟踪及注册、智能交互、传感等多种技术手段,从而实现对真实世界的"增强"。管理驾驶舱是基于 ERP 的高层决策支持系统,是一组动态的 KPI 指标。包括虚拟现实和增强现实在内的可视化技术的交互性,将促使管理驾驶舱更具智能性

(续表)

序号	候选信息技术	简介
15	业财税融合与数据编织	业财税融合是一个宽泛的技术概念,是将财务管理、税务管理与业务工作相互融合,财务工作不再局限于核算与监督,而是将工作延展至全业务流程,结合企业目标,有效发挥财务配置资源的作用,实现业财税一体化。数据编织是一种技术设计概念,可以跨平台、用户获取数据,把各个应用中零散的数据资产连接起来,让数据随时随地为人所用。数据编织技术的成熟推广将进一步推动业财税融合
16	元宇宙、Web 3.0与数字资产	元宇宙是利用科技手段进行链接与创造的,与现实世界映射与交互的虚拟世界,具备新型社会体系的数字生活空间。Web 3.0,某种意义上又称语义网,它不但能够理解词语和概念,而且还能够理解它们之间的逻辑关系,可以使交流变得更有效率和价值。Web 3.0被认为是元宇宙的基石,能够将用户个人数据和价值映射到元宇宙中。数字资产是指企业和个人拥有或控制的,以电子数据形式存在的,在日常活动中持有以备出售或处于生产过程中的非货币性资产。在元宇宙中用户所拥有的数字资产会像现实世界中的传统资产一样,具有稀缺性和价值性

第二篇

影响中国会计从业人员的十大信息技术在具体场景中的应用

十大信息技术在资金管理中的应用

钟如玉、徐晓音、莫小娟、董广玉,浪潮通用软件有限公司

资金作为企业经营的血脉,资金管理是保障企业正常经营的关键性抓手。随着近几年外部宏观环境剧烈变化,市场竞争态势更为激烈,集团企业的资金管理面临更高挑战。司库管理作为资金管理的高级形式,已成为集团型企业全面提升财务管理精益化、集约化、智能化水平的重要手段之一。而随着各类信息技术在司库领域中的创新应用力度不断增强,企业在各方面均有实际的智慧司库场景得到充分落地应用,不断推动司库管理价值升级。

一、资金管理的演变趋势

司库是企业集团依托财务公司、资金中心等管理平台,运用现代网络信息技术,以资金集中和信息集中为重点,以提高资金运营效率、降低资金成本、防控资金风险为目标,以服务战略、支撑业务、创造价值为导向,对企业资金等金融资源进行实时监控和统筹调度的现代企业治理机制。

近几年,外部宏观环境剧烈变化,市场竞争态势更为激烈,企业经营不确定性风险明显加大,企业面临着提升抗风险能力和市场竞争能力的巨大压力,试图从经营模式创新、内部精益化管理、数字化建设等方面寻求突破。资金作为企业经营的血脉,资金管理是保障企业正常经营的关键性抓手,在上述形势及内在要求下,企业集团的资金管理面临更高挑战。

在政策层面,2022年国资委陆续发布了《关于推动中央企业加快司库

体系建设进一步加强资金管理的意见》《关于中央企业加快建设世界一流财务管理体系的指导意见》等指导文件,明确指出央企围绕创建世界一流财务管理体系,将司库体系建设作为促进财务管理数字化转型升级的切入点和突破口,进一步加强资金的集约、高效、安全管理。司库体系作为企业主动把握新一轮信息技术革命和数字经济快速发展战略机遇的重要举措,必将在推动企业管理创新与组织变革、增强企业抗风险能力和竞争力的过程中发挥更加重要的作用。

从资金管理到司库管理的转变是财务管理模式的变革,变被动保障为主动运营,从局部战术拓展到全局战略。在转型的过程中,其组织形式、职能定位、业务范畴、生态协同等方面均出现了相应变化(图2-1-1)。

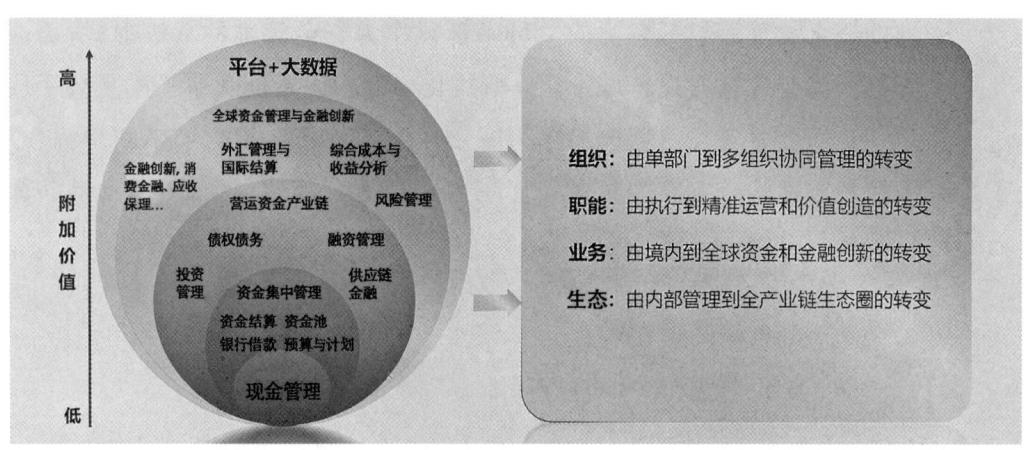

图 2-1-1 资金管理逐步向价值创造性司库管理转变

传统资金管理主要以调动内部资金资源、保障企业经营为目标,主要目标是为业务单元在指定的时间、指定的地点和指定的形式提供资金支持,侧重于存量资金管理等具体事务性交易。而司库管理更多的是从全局战略出发,主动地统筹运营企业内部资金资源与外部金融资源,面向整个业务过程、产业链上下游、境内外全球金融市场,依托网络、信息科技,追求更大的价值贡献。司库所追求的价值最大化不仅包括存量资金资源价值最大化,还包括企业经营价值最大化。

在组织层面,从财务部门为主导的单一部门应用,向包括财务部门、财务公司、财务共享中心以及业务单元多组织协同进行转变;从管理内部资金资源向管理包括外部金融资源在内的全价值链资源进行转变,资金也从支撑要素变为运营要素,重构企业资金资源管理。

基于资金管理的上述变化,司库管理自上而下可以分为决策监管层、资源配置层和业务交易层三个层次(图2-1-2)。

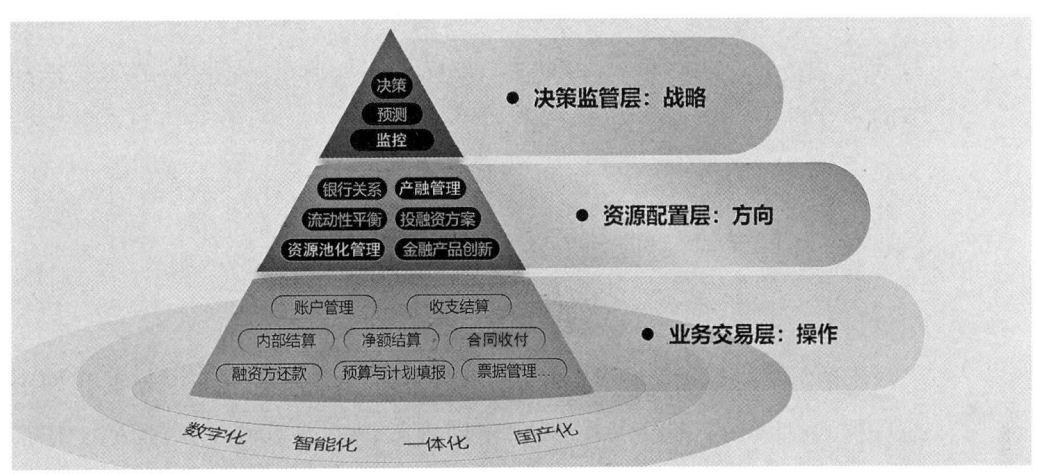

图2-1-2 司库管理的三个层次

1) 决策监管层

决策层以战略为核心、风险控制为重点,将积累的内部数据,结合ERP、业务、财务等数据,利用大数据智能平台提供决策分析,支持管理者实时全面掌握企业司库运营情况。高层次的智慧型司库还需要充分关注利率、汇率、周转率等变化因素产生的影响,通过监控、预测、决策,对不确定性进行管理。

2) 资源配置层

配置层是对司库决策的部署,重点是对内、外部金融资源进行统筹配置,除了常规存量资金运营,还要充分考虑与"采存产售"经营性业务以及"战融投管退"战略投融资运营业务的融合,具体包含资金预算、资金池化管理、客户/供应商/银行关系、投融资方案、产融管理等内容。通过对三类现金流的管理,影响资产负债表配置;同时,综合考虑流动性、风险和效益三者之间的平衡关系,进而实现资金的整体平衡。

3) 业务交易层

交易层主要根据资金资源的配置方向进行具体的业务交易,交易层的建设目标是实现端到端的高效交易管理与嵌入式的风险管控。搭建与业务系统高度一体化、安全可靠的一站式结算体系,涵盖日常收支、合同收付、净额结算、工资代发等各种业务场景,实现现金、票据、信用证、外汇等资源的收支管理,打通业务流与资金流的信息壁垒,确保资金流动有来源、有依据、可追溯。打造入口统一、流程标准的收付认领中心,实时进行与客户、供应商之间的债权债务核销,以加快应收账款回笼,减少营运环节的资金占用。

二、信息技术在司库管理中的应用

所谓"工欲善其事,必先利其器"。随着"大智移云物区"等现代网络信息技术在财务管理的深入应用,司库数智化进展明显,各层面的工作都出现了积极变化。在业务交易层,通过应用财务云、业务中台、流程自动化、电子发票等技术,使得业务处理流程统一、高效、自动化;在资源配置层,会计大数据分析与处理、商业智能等技术,使得司库部门对金融资源的统筹配置更加规则化、模型化、智能化,配置的结果也更加合理与灵活;在决策监管层,以数据驱动的数据中台,汇聚企业资金管理相关的全域数据,实现数据的采集、治理、分析和决策,着力挖掘数据价值,实现资金分析的场景化、动态化。具体技术介绍如下。

(一) 财务云

随着"创新驱动、转型发展"战略目标的指引和管理会计在企业的深化应用,财务管理已经从传统的财务核算向价值创造、精细化、高效多能的专业化分工转型。多级管控与多元化产业运营的集团企业,迫切需要构建一个以财务为核心、支持多级管控的一体化财务云,结合互联网、大数据、移动应用等创新技术,进一步细化管理颗粒度,推动企业内外互联互通,消除信息孤岛,更好地实现企业资源有效配置,通过大数据分析进行事前预测,规避企业经营风险,为管理者提供决策支持,将企业管理创新落到实处。

通过实践来看,很多全球化运营的大型跨国企业,正在基于云原生、微服务架构,搭建统一的财务云平台,在境内设置一个运行中心和一个异地灾备中心,在境外根据需求设立分中心,连接全球。可以说,分区域多云部署是支撑全球运营的技术底座。对于资金管理来说,一个分区域多云部署的财务云,意味着可以满足世界一流企业全球超大规模的稳定应用,满足全集团"一张网、一个库、一朵云"的要求,实现算力资源的集约高效利用,在保证全集团统一标准的基础上,实现对境内外所有业务单元的管控。

财务云也为企业提供了"业财资税档表"一站式财务数字化服务,连接企业内外,为业务、财务提供高效一体化的数字协同服务,包含事项申请、审批、商旅服务、智能报账、全面预算、财务共享、资金管理、税务管理、会计核算、财务报表、电子档案等主要应用,并与商旅、银行、税务局、社交等平台实现互联互通,注重财务管控与服务并重,推动管理会计落地。同时支持多终端接入,具备影像和档案的数字化能力,融合智能识别、智能审核、机器学习、RPA、财税语义理解等智能服务,实现流程智能和数据智能,支撑财务应用的智能交互、流程自动化与决策预测等智能化场景。

以中国交建集团为例,通过建设"业财资税融"一体化的财务云协同平台,夯实流程、标准、制度"三大基础",打造"世界一流"的财务管理体系,实现了全集团"一个体系、一朵云、一个资金池、一本账、一张表"。通过数据治理,建立数据规范、流程标准,各类信息"一数一源"。推动财务与分包管理、项目管理、合同管理的协同,将风险管控融入业务流程,实现以项目管理为主体、以合同管理为主线、以成本管理为核心、以现金流为手段的穿透式闭环管理。通过流程优化和数据治理相融合,落实公司管理标准、流程优化与风险管控,满足组织变革的适应性、数据治理体系和流程变革要求,助力中国交建集团打造全球一体化"智慧运营"体系,助力集团高质量发展。

在司库建设方面,中国交建集团整体建立大司库管理体系,建成了全球统一资金池,统筹金融资源配置,优化产融结合模式,对风险全面管控。司库管理与集团产业密切协同,优化核心业务流程,从业务源头采集数据,通过数据驱动合同、供应链、分包与财务的业务协同,过程中落实风险管控,确保资金运转安全、规范、高效,提升资金保障与管控能力。

(二)中台技术

企业信息技术融合往往面临诸多挑战,特别是大多数情况下投资有限，需要充分利用既有的信息化建设成果，快速响应前端业务的变化，为场景化业务能力提供支撑。而中台的本质，就是解决前台与后台的资源共享和配速问题，是被抽象出来、可被复用的服务，包括业务中台、数据中台、智能中台等。财务的数字化已经不再仅仅局限于财务自身，需要业财信息全面对接和融合，构建具有因果关系的数据结构，全领域、全要素地反映企业的经营状况，最终实现业财一体化协同、管控及优化。

1. 业务中台

以业务为核心，将企业各业务应用中可共享的业务能力抽取出来，实现对业务能力的构建、沉淀和复用，形成影像、档案、订单、计划、发票、交易、客商、项目、预算、合同等"业务中心"。

1）交易中台

通过搭建覆盖全集团安全、高效、智能的电子交易中台（图2-1-3），涵盖日常收支、合同收付、净额结算、工资代发等业务场景，并实现嵌入式的风险管控，包括可疑交易、计划控制、支付防重等多重风险项检查。向前实现与灵活多变的业务前端相适配，包括销售系统、物资采购、合同管理、费用报销、人力资源等，打通业务流与资金流，实现端到端的高效交易管理，确保资金流动有来源、有依据；经过交易中台的处理后，对接高性能的银企直联，既可以对接境内的商业银行、财务公司，跨国运营时还可以对接境外的金融机构，实现境内外现汇、票据、外汇等资源高效结算。

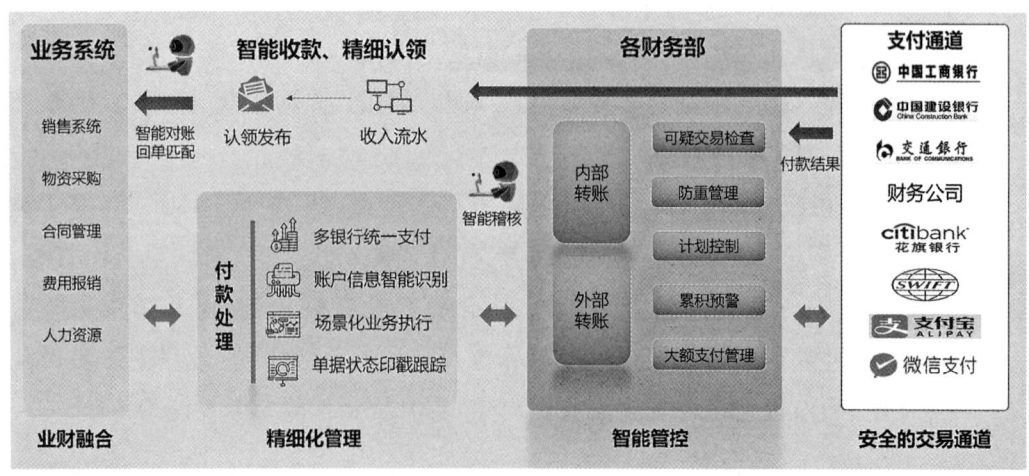

图2-1-3 安全、高效、智能化的电子交易中台

以中国移动搭建的"集约、标准、高效、智能"的银企结算平台为例,用户通过前端业务系统发起申请,经由银企结算平台完成资金对外支付,并推送至 ERP 进行财务核算处理,进而实现了资金结算平台与合同、报账、核算等核心系统之间的充分互联互通,确保业务流、资金流和信息流"三流合一",实现业财一体化流程的全数字化管理。银企结算平台还实现了统一支付和业务结算文件的自动获取、自动校验、防重检查、加密控制、安全支付,大大提高了支付效率和自动化水平,支付结算的准确性和安全性也得到了有效保障。基于该支付中台的能力,可快速搭建新的支付业务,满足各类支付需求。目前平台已连接 22 家中外合作银行、银企直联覆盖率 99%以上、年处理千万级数量的资金支付业务、在线资金结算规模万亿元以上、银行自动对账率 99%以上,极大提升中国移动资金管理业务的整体运行效率。

2)预算中台

以流动性预测与平衡为核心,搭建的模型化、智能化预算中台(图 2-1-4),它可以整合各业务环节的资金信息资源,将三大类现金流先分类形成经营性收付款计划、投资计划与融资计划,再将三类计划汇总到整个预算中台里面来,在预算中台中预测未来的现金流,预测资金的盈余或不足,之后基于中台提供的周期模型、匡算模型等,辅助进行资金平衡和头寸的合理安排,实现资金计划的平衡。应用预算中台,可显著提升企

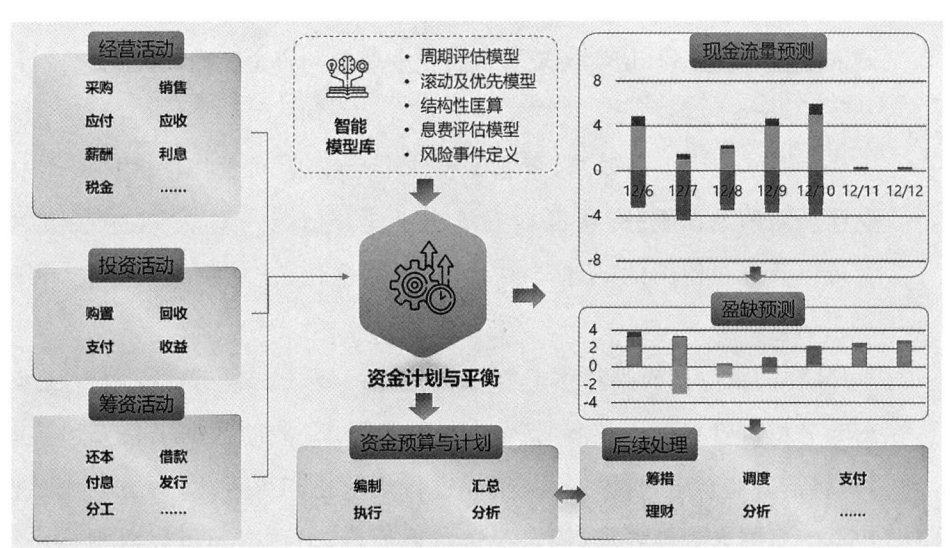

图 2-1-4 模型化、智能化的预算中台

业对现金流掌控能力及业务预测能力,准确把控现金流及缺口,实现业务活动与资金计划平衡的双向调节,达到提升资金使用效益的目的。

以中储粮集团为例,其以"资金日预算"作为资金管控体系的核心,通过与全面预算系统的集成对接,使编制日资金计划与年初确定的预算项目、实际开展的业务形成对应,做到超预算、无预算的业务不得执行,弥补全面预算在滚动计划、计划执行及时性上的短板,确保全面预算真正落地,使全面预算管理的统领和总控作用、配置资源作用得到切实有效发挥。

中储粮集团直属企业所有资金开支提前一天汇总上报,按流程完成审批后生成次日资金预算报表,做到无预算不支出;总公司根据实际需求,划拨下拨资金,实现了资金申请、审核、支付全过程闭环管理,做到了可查询、可追溯、可问责。对资金的使用情况,事后进行监督核查,对发生的赊销、预付业务,设置预警提示,彻底避免了内控环节复杂、难以规范的状况。同时,通过资金日预算,总公司可以准确掌握各成员单位以及整个系统的资金需求,及时、准确地下拨资金。对于闲置的资金,中储粮总公司统一调度,使资金在系统内低成本、低风险、高收益地流动,逐步实现"零余额"。如存在资金缺口,总公司会统一对外融资,以争取最优惠的利率政策,降低整个系统的融资成本,将资金使用效率提高至最优状态。

通过资金日预算管理系统的深入应用,中储粮集团形成了一个全员参与、高度透明、严格规范的资金风险管理系统,可以穿透查询每笔业务的原始依据和审理过程,切实实现对直属企业业务和资金"管得住"的建设目标。

2. 数据中台

数据已成为生产要素,企业需要一个全域级、可复用的数据资产中心,支撑全域的数据服务,从根本上解决企业数据统一采集、统一存储、统一管理以及统一使用的问题,让一切业务数据化,一切数据业务化,实现数字化运营。

同时,企业还面临很多监管数据报送的要求。利用数据中台技术,梳理和分析监管数据上报指标及动态跟踪需求,借助数据上报及可视化工具,将需要监管上报的数据及指标进行规范化和可视化,一方面满足监管数据上报的合规性要求,确保报送数据质量;另一方面可以对指标进行动态跟踪,做到及时调整,提高监管响应的效率,实现"一站式"全景监管报送管理。

3. 智能中台

提供基于业务场景积累沉淀形成的自定义训练平台，只需提供标注后的数据即可训练生成个性化的智能服务模型，融合图像处理、知识图谱、机器学习、深度学习等人工智能技术，内置认知服务，支撑企业应用实现智能交互、流程自动化、决策预测等定制化的智能化场景。

（三）流程自动化

大型企业一天的交易量少则上千多则过万，结算交易全部靠人工处理是吃不消的，需要尽可能地自动化，依托数据、场景和算法，进行智能处理，RPA和IPA应用越来越多。

1. 机器人流程自动化——RPA

对于相对比较标准化的场景，机器人可以基于智能规则库，进行7×24小时的处理，场景包括年度预算自动发布、业务类型自动匹配现金流量项、供应商黑名单信息自动获取、结算方式自动匹配、联行号自动更新、银行回单自动下载匹配、凭证自动生成及自动回传、报表自动生成、财务分析指标数据自动生成等。

大型企业银行账户数量庞大且分布很广，出纳人员每到期末要手工获取对账单并进行对账，不仅耗费大量人力，且容易出错。使用机器人可以对非直连账户，设置定时自动登录银行、财务公司网银端，下载账户余额表、交易明细、电子回单等文件，然后按照银行格式自动上传至系统，根据预置对账处理规则，自动编制"余额调整表"，将对账结果发送邮件。一个账户几分钟即可处理完成，效率相较手工提升5倍以上，极大地节约了财务期末对账处理的时间。若相关单据未在系统中录入，还可以根据回单信息自动形成收、付款单，并根据预置规则，自动完成对部门、合同、项目等业务项的认领，以及与应收、应付款的核销，降低手工工作量的同时，还可以大幅提高收款确认效率，加速资金回笼。

2. 智能流程自动化——IPA

基于人工智能技术的智能流程自动化，可应用于智能稽核、现金流预测、智能付款排程、智能营收稽核、智能配票、融资模型测算、智能风险管控等场景。

以智能稽核为例，为了解决合同超额结算、未收先支、违规支付等问题，对于工程类、材料类、资产类、投融资类、收入类等不同合同管理场景，可以将合同条款整理提炼形成结构化的履约规则，训练成合同履约风险管控模型，对合同的签订、结算全过程进行智能化合规审查，完成在线的监控与管理（图2-1-5）。

以中国铁建集团财务公司为例，其搭建的一站式高效结算平台，通过引入RPA、人工智能、电子影像、远程认证等科技手段，探索发展了非现场核查、核签等关键技术应用，不仅支持了业主监管、司法扣划等具有建筑行业特色的结算品种，还针对项目部大规模付款及发放工资等场景，优化了对公和对私批量处理业务流程，通过对批量业务的内部清分打包，大大提高了结算效率而且节约了财务成本；通过借助智能化的引擎、匹配交易路径，按照同行优先、特殊规则预处理等交易规则，实现业务单据自动化处理，减少了业务人员手工干预，大大提高了业务处理效率；通过高性能银企直连平台连接20多家中外资银行，单日付款超15万笔，满足企业大规模结算交易的需求。

（四）电子发票与电子会计档案

从2021年9月开始，已有数百家企业通过了电子档案的试点验收。目前财政部正在进行电子凭证数据标准试点工作，为以往纸质的火车票、飞机票、银行回单等提供了统一的电子标准，支持PDF、OFD、XBRL等格式，实现对此类电子凭证识别解析以及验签。随着电子发票、电子档案的试点、推广，会计信息逐步实现全流程电子化、数字化，以往通过机器人流程自动化、光学字符识别去做识别都会有一定的偏差率，现在通过数据的标准化，从根本上降低了会计信息产生、传输和存储的成本，改变了财务工作的现状。

对于资金管理来说，影响最大的是银行回单的标准化。以往虽然已经有银行通过网银或银企直联渠道提供了电子回单，减少了财务人员线下获取电子回单的时间耗费。企业下载打印取得回单之后，虽然有部分可以通过系统进行识别匹配，但由于各银行回单格式不统一，仍有很大程度的回单无法自动识别匹配，需要财务人员根据回单信息，在海量的单据与凭证中找出对应单据凭证。这项工作本身并不复杂，但重复性很强，在日常交易频繁情形下，会占用财务人员极大的精力。

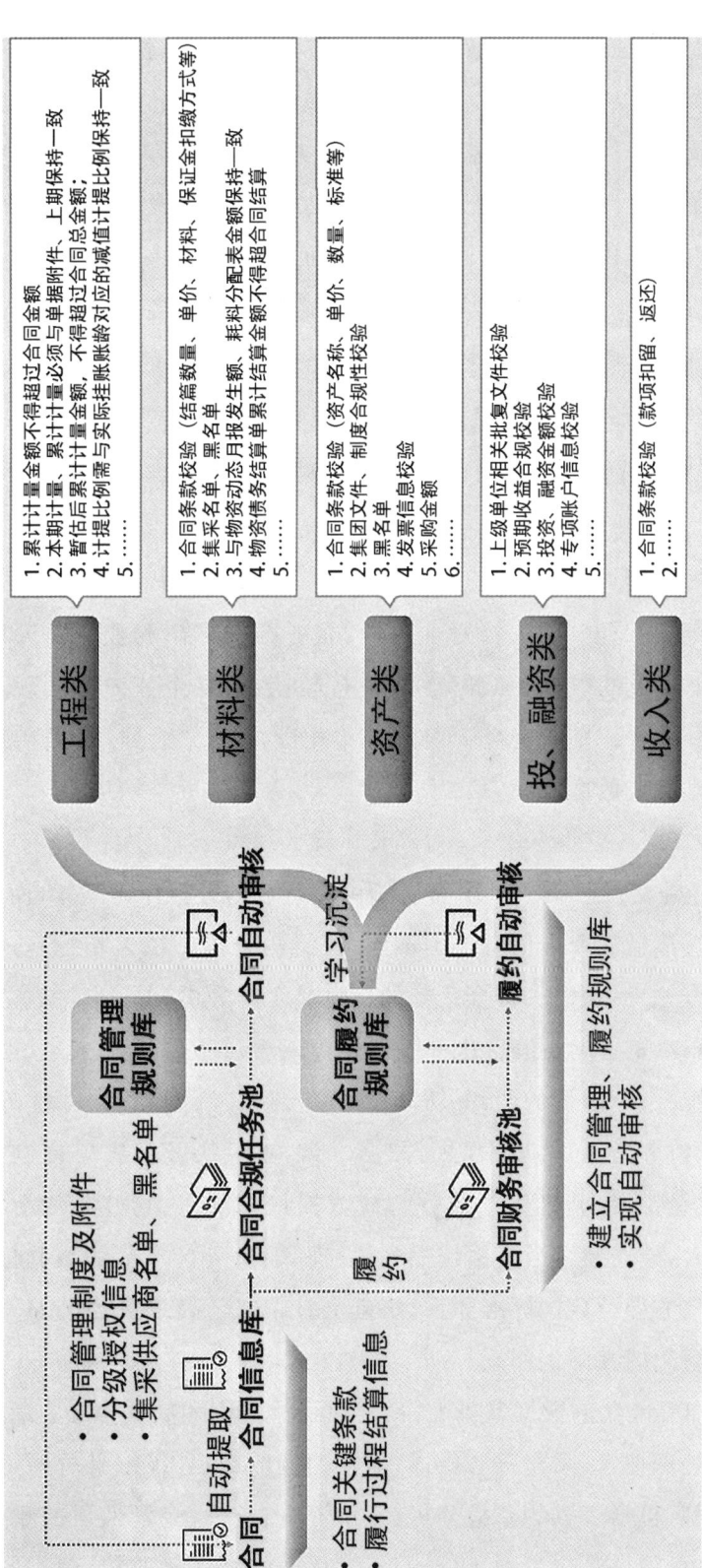

图 2-1-5 数据+场景+算法驱动创新——合同结算智能审核

而银行回单标准化后,无论企业从银企直联、网银还是线下渠道获取的回单,可以实现100%识别解析,极大地提升了回单的识别匹配效率。回单获取后,可以根据流水号以及账户、金额等信息,自动搜寻系统中的相关单据进行匹配;匹配完成后,可以一键将单据与回单顺序打印出来,省去人工翻找时间。另外,由于电子回单文件上一般带有银行电子签章,具有法律效力,也可以与电子档案系统联用,直接完成单据、会计凭证与一系列原始凭证的电子档案归档,方便后续审计随时联查检索。

(五) 会计大数据分析与处理及商业智能

财政部印发的《会计改革与发展"十四五"规划纲要》多次提到"数据"一词,涉及数据标准、数据治理、数据安全问题等,由此可见数据在财务未来发展中起到关键作用。而在大数据、物联网时代,随着企业获得信息的成本更低、速度更快、针对性更强,企业内各部门和业务单元因长期独立运作而形成的"信息孤岛"逐渐被打破,数据在企业内部实现了互联互通与充分整合。企业资金管理过程中积累的大量数据,急需借助数据中台来建立健全数据管理。

1. 立足数据标准化,构建司库大数据中心

企业集团日常管理决策必须由大量数据分析作为支撑,而不同管理层级能够接触的资金信息范围不同、所需的分析口径大相径庭,因此集团信息整合尤其是财务、资金系统的信息整合与分析就显得十分重要。

需要充分应用信息化手段对资金的全域数据进行采集、治理,梳理全集团统一、标准化的组织、人员、流程、岗位、制度、数据等规范,实现集团司库、财务公司、共享中心的数据一致,各板块及下属单位也可以分层细化、逐级扩展,满足集中监管与放权授权相统一、管好与放活相统一。与此同时,建立健全资金系统输入、处理、输出等各环节的数据标准,形成较为完整的会计数据标准体系,筑起会计信息流转的高速公路,也是司库迈向数智化的基础工作。

在标准化的数据基础上,就可以形成司库大数据中心。通过大数据分析与处理技术,固化核心指标、监控关键数据、分级统计分析,形成分析指标模型,包括资金的总揽分析、货币资金、负债,专题性质的账户、融资、投理财、风险等管控模型,以及业务过程中的结算量监控、票据监控、外汇监

控等,为集团各级管理者提供及时、准确、可视化的资金信息,实现资金决策分析的场景化、智能化,将财务人员从繁琐的劳动中解放出来,更多地参与到企业管理中来。

2. 挖掘数据价值,形成场景化智能应用

在司库大数据的基础上,利用规则和算法,可以对集团资金管理所涉及的人、事、物进行数据颗粒化、标签化、结构化、模块化和系统化,提高对资金缺口、外汇敞口等各类结构性风险预测的准确性、及时性,量化分析对子公司本身、各子集团、集团整体等多层级现金流的影响。

1) 营运资金模拟

通过数据挖掘、知识图谱等对业务活动和资金结算等基础数据进行识别、分析和归类,构建业财资融合的大数据中心,统一管理和管控资金信息资源,实现静态管控到智能动态运营。

2) 投融资管理预测

依靠人工智能技术在投融资管理中的应用,提前识别和预测资产价值;依托投融资业务大量数据积累,优化智能预测模型测算、因子选择等组合,进一步赋能投资战略决策。

3) 资金风险预警

从风险量化、风险分析、风险评价等维度实时开展风险智能评估与压力测试,同时结合业务,识别合规风险预警指标并构建分析和可视化分析模型,进行合规风险预警,提高司库合规风险管理。

(六) 在线与远程办公

随着技术的飞速发展,远程办公越来越普遍。移动应用能够打破物理的限制,满足随时随地办公的需要,领导可以通过手机或 PAD 等移动终端,实现业务审批、查询、监控、分析、预警等企业日常资金管理所需的各项业务操作,为管理层的决策提供直观简洁的数据支持。

而在未来,有望通过数字化在虚拟世界中建立一套全面镜像,这种将现实虚拟化的能力使得企业资金管理更加精细,也带来了资金管控模式的数字化升级。手工模式逐步被线上模式替代,管理过程被不断优化,客户数据跨平台、跨空间共享协作,精准的业务操作与数据同步使精准预测逐渐成为可能,企业应对物理世界突发情况的能力进一步增强。

（七）新一代 ERP

司库管理在企业的落地，离不开新一代 ERP 的支撑。新一代 ERP 是司库数字化转型的基础，将实现新兴技术与业务场景的深度融合，建立起广泛的感知、采集、链接以及进一步的数据收集、实时分析和商业智能呈现能力，既能高效配合业务部门发展，同时也能实现公司内部与外部业务流程的智能化协同，促进业务创新，提供全方位的赋能和技术支撑。

新一代的 ERP 与以往相比，在技术与业务方面都有较大的提升。

1. 技术层面

从技术层面看，新一代 ERP 有以下几个特点：

（1）采用新一代云原生架构，提供微服务治理、弹性计算等能力，帮助企业实现应用的快速演进，打造企业弹性、敏捷的新一代 IT 基础设施，实现企业 IT 的平滑升级和持续发展，支撑企业每年亿级业务量，满足大数据量、高并发下的稳定运行。

（2）支持公有云、私有云、混合云多云部署，满足世界一流企业的全球布局。

（3）运用容器编排技术，资源的弹性伸缩变得智能化，可以根据访问压力自动负载，动态地增加节点，或者缩减节点，充分利用各类算力资源。

（4）实现全栈低代码，支持灵活扩展，在业务表单、工作流程、数据挖掘、决策分析等方面实现组装式开发、积木式搭建，支撑业务快速调整。

（5）基于大量开放标准，提供身份集成、事件集成、消息集成、数据集成、服务集成、流程集成、门户集成等集成能力。基于事件总线和云连接器提供标准的第三方应用接入、编排和服务发布能力，实现上下游业务的开放集成。提供端到端的业务流程平台和统一流程中心，打通审批流、工作流、业务流，帮助企业实现端到端的全产业链协同。

（6）基于业内公共开放的技术标准沉淀潜藏应用内的各类 API 能力，提供统一的身份鉴权、流控、协议转换与 API 编排能力，帮助企业进一步释放数字化潜能。

（7）适配各种组合的信创环境，确保在各种环境下的功能一致性和稳定运行。

2. 业务层面

从业务层面看，新一代 ERP 有以下特点：

（1）实现端到端全业务数字化，提供招聘到退休、寻源到付款、营销到收款、线索到现金、费用到支出、投资到运营、资产需用到处置等端到端数字化流程，实现全要素链、全价值链、全产业链连接。资金不再是孤立的一环，而是端到端流程中的一个节点。构建企业协同生态体系，支撑企业业务创新和商业模式变革。

（2）实现资源集约共享，将集团资金、税务、客户、经销商、供应商、技术知识等优势资源集中起来，形成集团资金池、客户资源库、供应商库、经销商库、价格信息库、技术知识库等，充分共享各项资源服务，降低企业运营成本、提高资源利用效率，实现全集团全要素集约化经营。

（3）实现精细化管理，以目标管理为导向，预算管理为手段，以数据驱动阿米巴运营，进行多维度精细化成本管理，满足多层级、多领域、多维度管理需要，为企业绩效管理、资源配置、业务决策提供支撑。

（4）通过业务中台、数据中台，构建敏捷业务响应能力，支撑企业持续规模化创新和商业模式变革，并能够为大型企业提供业财协同的全流程数字化服务。

（5）满足主干统一、末端灵活的原则，一方面保证全集团统一标准的下达；另一方面，保障不同业态、不同层级的差异化管理需要，满足集中监管与放权授权相统一、管好与放活相统一。

三、司库管理体系的两种思路

新的信息技术要在企业应用过程中取得良好的效果绝非易事，对于司库管理体系的建设思路，总结下来一般有如下两种思路。

1. 建设数据仓库，全方位集成利用既有系统

对于已经具有一定的司库管理基础，各单位的相关系统使用相对比较稳定的企业集团，建议可以考虑充分复用、融合打通已有的资金管理、财务公司、财务共享、产业链金融、合同管理、项目管理等相关系统，实现业

财协同运行。同时从各系统中抽取数据形成司库数据仓库，利用司库大数据分析框架充分挖掘数据价值，实现全过程信息监控和全级次穿透式监管，加强对营运资金、投融资成本和收益的考核分析，通过多维度、全要素的分析研判来支撑集团战略落地，并实现对监管数据的实时准确报送。

2. 重新规划建设司库管理平台

对于现有资金管理体系与未来司库管理规划有一定差距的企业，可采用整体规划、分步建设的方式，基于云原生、微服务等全新技术架构，搭建全新的一体化司库管控平台，实现全集团"一张网、一个库、一个池"，满足大数据量、高并发下的稳定运行。

司库的发展及信息技术的应用，使得企业对资金管理有了进一步的思考：在业务层面，司库部门要依托金融创新的能力，进一步挖掘企业现在存量资金的价值；提高全局视野，立足企业实际深入研究业财如何融合、资源如何配置才能实现整个企业对资源的价值最大化、风险最低，从被动要求转变为从财务的视角指导业务，为企业的经营战略提供决策参考；随着现在"一带一路"的深入及企业的全球运营，还需要增强全球化视野，充分利用国际金融市场、金融工具，为企业境外的经营实体提供有力的支撑。在创新方面，企业要积极思考如何更好地借力信息技术，尤其是依托Fintech的能力，解决传统业务痛点，挖掘存量资金价值，创造新的价值增长点。

四、总结

在构建一流财务管理体系的内生需求和外部要求双重驱动下，资金管理逐步向价值创造型的司库管理转变，财务云、中台、流程自动化、电子发票、会计大数据分析等各类信息技术将在交易层、配置层和决策层三个方面得以充分应用。一方面帮助企业打造司库体系的数字员工，将操作类岗位从繁重的事务性工作中解放出来；另一方面，也将持续夯实智能预测、智能决策、智能风控等场景应用，提升企业的价值创造能力、综合竞争能力和风险防范能力，打造世界一流的智慧司库体系。

十大信息技术在企业绩效管理中的应用

张鄂豫，金蝶软件(中国)有限公司

什么是企业绩效管理？根据 Gartner 的定义，企业绩效管理(Enterprise Performance Management, EPM)是掌控整个企业绩效的过程，其目标是提高企业整体业务绩效。一个优秀的企业绩效管理系统应该能够集成和分析来自各种不同来源的数据，包括但不限于业务数字化系统、前台和后台应用系统、数据仓库和外部数据源。金蝶公司认为，从软件产品的分支来看，EPM 软件可分为报告及合并产品、全面预算产品、盈利分析产品等。

2022年3月，国资委发布的《关于中央企业加快建设世界一流财务管理体系的指导意见》(下文简称《指导意见》)明确提出，财务工作要更加突出"支撑战略、支持决策、服务业务、创造价值、防控风险"的功能作用，要以数字技术与财务管理深度融合为抓手，固根基、强职能、优保障，加快构建世界一流财务管理体系，有力支撑服务国家战略，有力支撑建设世界一流企业，有力支撑增强国有经济竞争力、创新力、控制力、影响力、抗风险能力。许多企业在建设初期都对企业绩效管理系统给予了很高的期望，但是在普华的一份调研报告中却显示：54%的 CEO 对财务提供的分析洞察和财务预测结果不满意；56%的财务服务对象表示财务业务伙伴(Business Partner, BP)不会影响他们的决策；60%的财务团队依然利用手工方式开展报告和分析工作；65%的财务组织在战略目标和经营分析指标方面未建立相关性的矩阵……

一、企业使用系统遇到的主要问题

企业上线 EPM 系统的目标是通过合理的评价系统加强企业管理，通过前瞻性的分析系统增加业务价值。但是我们看到的现实问题却是：数据质量不高、不及时；报表格式与数量过多，无法自助服务；没有建立与战略更加一致相关的指标；先进的信息技术在工作中的应用场景不多……为什么会出现这样的反差？下文我们以合并与管报、全面预算、盈利分析为例，分析在这些领域中企业使用系统遇到的主要问题。

（一）企业合并报表和管理报告

随着企业规模的扩大和跨国公司的发展，合并报表编制通常面临着合并体系不灵活、报表信息质量不高、缺乏时效性等问题。而在管理报告的应用场景中，实现各种数据源的轻松接入，满足报表的多维分析、穿透查询，让管理者和被授权方轻松查看任意维度的报表数据，已成为使用者的普遍诉求。解决这些问题与诉求需要我们在管理层面做好以下五个步骤：①规范核算及报表的业务标准；②规范相关主数据管理（科目、组织、人员、银行、客户、供应商等）；③收集财务核算及相关业务数据建设；④多维数据库及合并系统（多维数据库的建设是实现财管报融合的关键）；⑤建设报表展示与管理平台。而完成这五个步骤的系统建设，难点主要体现在以下方面：

（1）数据收集难。系统要支持集成国内外各 ERP 厂商的系统数据，支持打通不同系统间的数据壁垒，并可以无缝与 Excel 表格对接。

（2）合并业务处理复杂。能否完成多层级、多口径合并、多币别折算、复杂的股权与交易抵销等业务处理是系统支撑的关键，而可否由业务人员自由配置规则、灵活调整规则的操作体验则是决定这个系统能否真正落地使用的关键。

（3）管理报告精度高。管理报告在数据收集时对数据的口径颗粒度要求更细致、灵活性更高，要对数据处理的内容也更丰富，如不同管理合并口径下的分摊、调整、归集、合并、抵销等。

（4）报表呈现不灵活。系统需要支持多维度的展现，如按时间、区间、组织架构、报表口径等数据的查看、纵向横向对比功能；同时，又要针对每个维度，对用户单独授权，多终端展示数据，让查看的数据都在权限体系控制内，以保证财务数据安全。

（二）企业全面预算管理

全面预算管理是指企业以战略目标为逻辑起点，在全体员工共同参与的前提下,预估与规划未来的所有业务活动和对应的财务结果,调配企业各项资源,并对执行管理流程监督控制和分析,及时地将评析结果报告给管理层,以便对经营活动进行整改,帮助管理层管理企业,促进企业战略目标实现的管理活动。全面预算管理是以业务计划为基础的管理循环,包括战略目标与预算设定、资源管控与价值管理、绩效监控与评价等环节。全面预算管理作为企业战略管理与业务经营之间的桥梁,能有效衔接战略与业务,帮助企业实现资源价值分配最大化。一流的预算管理体系通过建立完善的组织、管理和制度,结合企业管控与运营模式,打通内部与外部全价值链,实现动态预算管控,助力企业持续、高效发展。全面预算管理的工作任务一般包括如下内容:

(1) 进行中长期及年度市场和投资需求预测,以调整和设定目标。

(2) 进行公司层面的综合业务规划,指导业务部门的工作重点及方向。

(3) 下达公司给各级部门设定分解后的业务目标,各层级业务单位根据目标制定业务计划。

(4) 围绕目标及业务计划进行资源配置,根据计划所需的资源、成本、投资,编制年度预算。

(5) 客观准确及时地记录公司发生的运营业务活动及消费的资源。同时,将记录的结果汇报给相应的管理层;将实际发生的核算与预算进行差异分析,关注"例外"事项的管理。

(6) 根据目标完成情况和公司的激励制度,进行业绩评估,并奖励那些完成或超额完成目标的业务单元人员和管理层。

但在现实的工作中,很多企业的预算管理很难形成闭环,预算管理多流于形式,无法实现控制功能,导致预算执行力差、监管不到位等问题。此外,由于业务和财务部门间的数据割裂,也让预算失去了对日常经营的指导作用,更不能做出及时调整与分析。这些企业主要表现出的问题是:数据源分散杂乱、预算目标无法快速拆解、业务模型复杂多变、预算执行监督不到位、业财预算指标无法联动、预算准确性难保证等。

(三) 企业盈利分析

企业盈利分析的主要目的是站在外部市场的角度来分析企业经营行为

对经营利润的影响,以实现利润可视化、利润最大化与获得利润可行的洞见。

1. 利润可视化

企业要了解成本如何影响利润,分配和管理直接、间接成本,并深入产品、项目、客户和服务级别,以进行更准确的盈利能力分析。

2. 利润最大化

企业可以假设财务和运营情景,以了解对盈利能力的影响,并比较假设情景的结果,以查看对损益表、资产负债表和现金流量表的影响。

3. 获得利润可行的洞见

企业可以通过在动态记分卡、仪表板等分析工具可视化成本和收入,即时评估盈利能力。当事情发生变化时,系统自动进行警报与预测。一般盈利分析会从不同的岗位角色、不同的组合维度来进行相应的分析。如从业务维度(客户、产品、订单等);组织维度(销售组织、分销渠道、事业部、工厂等)对企业经营利润进行详细分析。当然更多的时候是对这些维度的组合分析场景。这种分析能帮助企业了解在不同市场方面企业的盈利能力以及变动趋向,从而帮助企业管理者对产品定价、客户选择、分销渠道、销售条款等事项根据数据来做出快速决策。

在这个领域,企业主要面临的难点问题是:有许多维度的数据在原始数据中无法直接获取,需要通过非常灵活与方便的维度派生及分摊规则,来支持各种复杂的维度分析,以及这些分析维度的自由组合与展现。

不难发现企业绩效管理是一套综合管理解决方案,除了管理组织、管理制度、管理流程、管理指标的合理设计以外,先进信息技术的支撑也是决定这套解决方案是否能成功推行的关键因素。企业在明确了这个领域要做成的目标是什么,应该走哪条路(方法论)来达到目标后就要考虑该怎样选择一个好的交通工具来从这条路上到达目的地。该交通工具的速度、安全和体验,应该怎么去判断?判断的依据是对该交通工具底层信息技术的理解与掌握。

二、企业绩效管理中会用到的主要信息技术

在数字经济时代,数据作为一项重要的资产,与企业战略目标紧密结

合。如何及时、准确地洞悉数据中潜在的信息，以低成本、快速循环、高度自动化地处理分析数据并提升企业运营效率，是企业管理成功的关键。通常企业绩效管理软件系统的技术架构由下向上依次分别为数据层、模型层、能力层、应用及展现层（图2-2-1）。一般财务人员比较了解的是应用及展现层：合并报表系统怎么操作，管理报告应该怎么设置模板，全面预算该怎么设计体系，盈利分析怎样做报表展现等。

但应用及展现层的这些功能的实现是依赖于下面的数据层、模型层和能力层的信息技术能力的。这些信息技术主要包括：数据层与模型层需要具备处理多维度、多层级数据的多维模型处理能力，低代码的系统集成能力，还会对计算响应速度、系统灵活性和可扩展性有更高的要求；在能力层、应用及展现层，EPM系统还要兼具智能化和易操作性，让企业各个部门与环节高效协同，及时便捷地获得合并与管报、全面预算、盈利性分析的结果，实现精细化管理，满足企业在战略规划、绩效管理等方面的各种需求。

综上所述，企业绩效管理会用到的主要信息技术有中台技术、低代码技术、会计大数据分析与处理技术、机器学习技术、数据可视化技术、管理驾驶舱。

（一）中台技术

就像SOA-ESB、微服务架构一样，中台本质上是一种架构方式，是企业内可复用可共享服务能力的集合。自从"中台"概念提出以后，各种中台概念层出不穷。"中台"概念提出的源头在于超级细胞（supercell）的元素、组件复用。不做复用，中台就没有意义，因此，"中台"一定要有"复用"的能力。

一般大型集团企业的信息系统应用设计（图2-2-2），都会包括后台云化的基础设施，能够支撑大规模、高性能的系统运行；前台场景化的应用一般包括水平领域的应用（财务、人力资源等）以及行业（房地产、钢铁、医疗等）的应用，而中台要解决的是前后台的链接，业务流程与单据的链接、业务规则转换的链接，以及数据沉淀的链接。所有链接的底层技术包括技术中台的开发服务、流程服务、集成服务、算法模型等。数据沉淀的链接在数据中台中解决，包括数据湖、数据建模与治理、数据分析与应用。

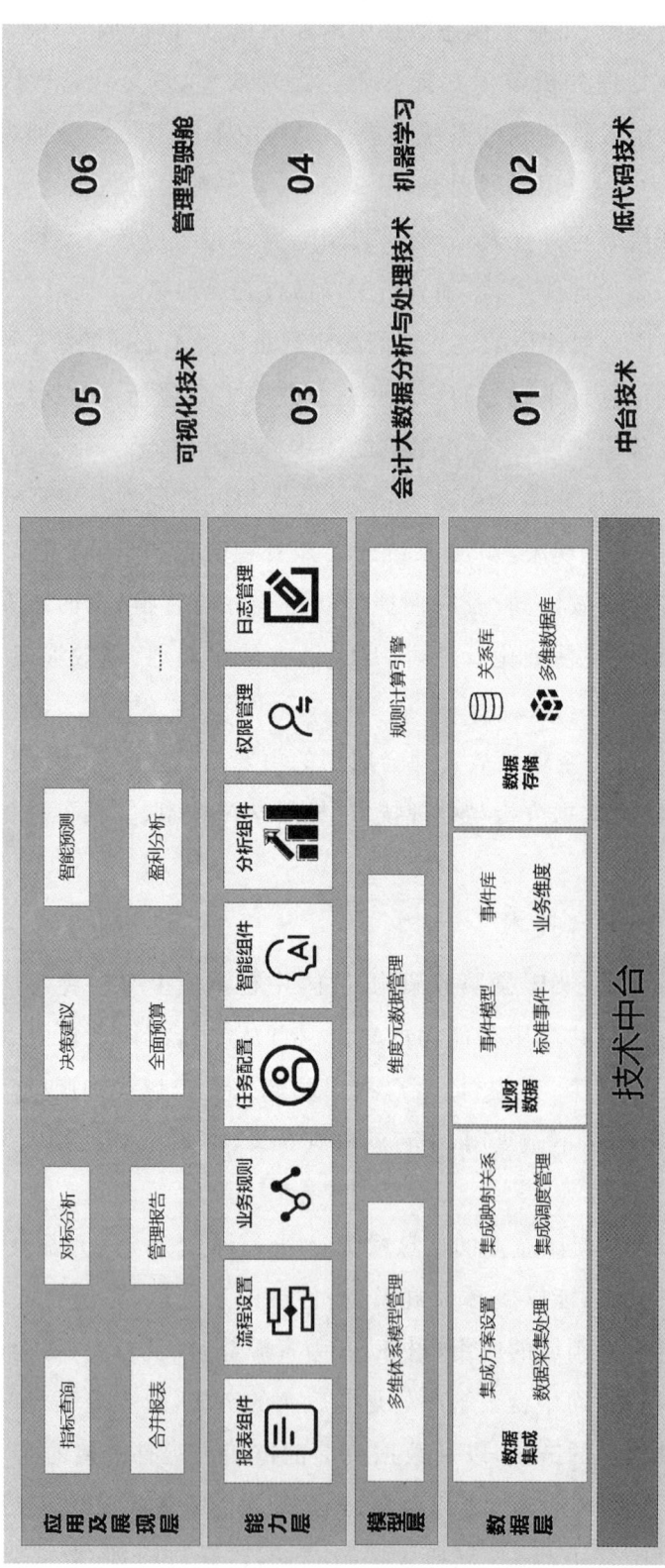

图 2-2-1 技术驱动：信息技术在企业绩效管理中的实践应用

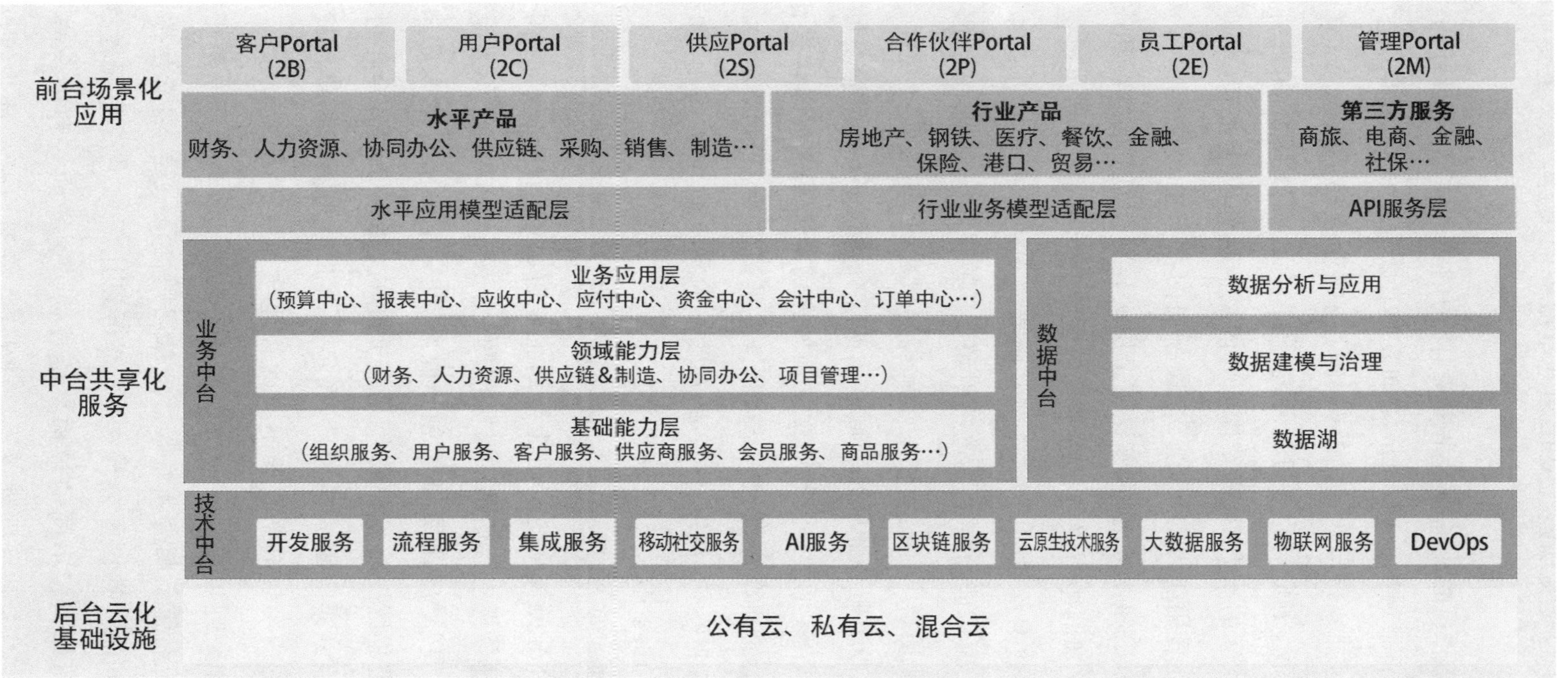

图 2-2-2 中台技术：中台架构下的大企业信息系统应用设计

前台场景化应用	客户Portal (2B)	用户Portal (2C)	供应Portal (2S)	合作伙伴Portal (2P)	员工Portal (2E)	管理Portal (2M)
	水平产品 财务、人力资源、协同办公、供应链、采购、销售、制造……			**行业产品** 房地产、钢铁、医疗、餐饮、金融、保险、港口、贸易……		**第三方服务** 商旅、电商、金融、社保……
	水平应用模型适配层			行业业务模型适配层		API服务层

中台共享化服务

业务中台
- 业务应用层（预算中心、报表中心、应付中心、应收中心、资金中心、会计中心、订单中心……）
- 领域能力层（财务、人力资源、供应链&制造、协同办公、项目管理……）
- 基础能力层（组织服务、用户服务、客户服务、供应商服务、会员服务、商品服务……）

数据中台
- 数据分析与应用
- 数据建模与治理
- 数据湖

技术中台
| 开发服务 | 流程服务 | 集成服务 | 移动社交服务 | AI服务 | 区块链服务 | 云原生技术服务 | 大数据服务 | 物联网服务 | DevOps |

后台云化基础设施　　公有云、私有云、混合云

而业务中台是实现能力复用和共享服务的关键，下文主要对业务中台展开详细介绍。

金蝶公司的业务中台是围绕"能力的业务体现"而设计的，以领域驱动设计（Domain-Driven Design，DDD）加上微服务的技术实现作为其核心支撑。通过抽象跨行业通用及具体行业的业务模型和服务，将企业的业务规则、流程、逻辑与业务进行隔离，整合封装成微服务、组件等前台友好的可复用共享的能力，提高整体业务的灵活性和响应速度，实现后台资源到前台敏捷复用能力的转化。金蝶公司的业务中台主要包括基础能力层、领域能力层和业务应用层，这三个层次分别有如下的内容和作用：

（1）基础能力层是指跨所有领域的公共服务能力，主要包括主数据服务、公共数据及基础服务，这些基础能力支持所有业务的应用。

（2）领域能力层主要包括引擎类、基础类、业务类三种服务。引擎类服务通常是指不存储数据的领域规则服务，如凭证转换规则、成本分摊规则等；基础类服务通常是领域内的共享分类服务，如预算项目、费用类型、收款方式等；业务类服务通常是领域内的业务相关的具体操作，如企业绩效管理中的预算编制、预算控制、合并抵销等。

（3）业务应用层是各种业务操作的标准化中心应用，如财务共享中心、预算管理中心、集团采购中心等。

以领域能力层的企业绩效管理为例，在该领域中，经常使用的维度推导规则和分摊规则的应用能帮助企业解决的问题。比如，在企业绩效管理的各种分析中会遇到的常见问题是：要分析的维度不是系统中的基础资料，需要经过二次加工。领导说，统计一下集团战略客户今年的收款是多少？但集团战略客户每年是有变化的，去年20家，今年可能是30家，去年A客户是集团战略客户，今年A客户就可能不是集团战略客户。这些维度的内容会根据企业不同的管理与发展要求重新划分，所以系统就要抽象出一种功能可以进行不同维度的推导而不是在系统中给基础资料不停地进行重新归类与修改。分摊规则也是一样，不管是按比例分摊还是按不同的分摊因子分摊，系统都可以让用户灵活地配置相应的规则，并且还可以对接不同的异构系统数据。这样的一种中台能力就是将业务数据本身与业务处理逻辑之间解耦，将通用基础能力沉淀下来，通过组件和连接器为企业创新赋能,支撑企业的业务快速响应能力和规模化创新能力。

(二) 低代码技术

近两年来,"低代码"成为信息技术圈的热词。大家提到"低代码"一般都是指低代码开发,但是低代码技术远不止低代码开发。Gartner的报告指出,在未来的数字化建设中,一体化低代码平台将成为企业生产力释放的新动能,进一步激活企业创新力,从而极大地提高组织的敏捷性、响应能力和创新能力。

以金蝶云·苍穹一体化低代码平台(图2-2-3)为例,其不只是低代码开发,更是包括流程、集成、区块链、人工智能以及数据分析等低代码能力在内的低代码家族。可视的一体化低代码家族降低了新技术应用门槛,全面释放了企业信息技术部门与数字化部门的开发生产力,真正做到随需定制,从而极大地提高组织的敏捷性、响应能力和创新能力。金蝶云·苍穹低代码一体化平台可为企业用户提供简单拖拽式的设计、属性和事件的灵活配置,使得企业用户仅需要专注于业务模型的构建,无需关注底层复杂技术,便可快速完成企业级SaaS应用的开发、集成、配置等功能,从而帮助企业快速开发创新型业务应用,以提升企业的开发效率及竞争力,使企业的创新拥有更多的能力、更快的速度、更好的质量、更少的成本。

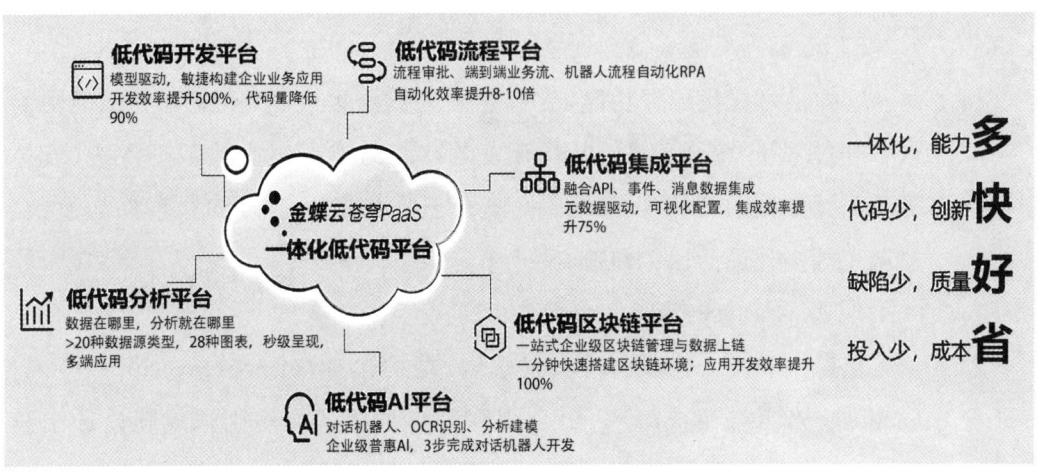

图2-2-3 低代码技术:一体化低代码平台使信息技术创新民主化、普惠化

前面我们提到的"数据收集难"问题在企业绩效管理系统中是最常见的问题之一。传统的集成方式在环境搭建、连接配置、定义数据结构、字段映射转换、集成测试、发布部署这些环节中不仅需要通过写代码来构建功能包,还需要停机部署。整个集成过程耗时长、效率慢,并且对人员的技能要求还非常高,需要掌握开发语言、开发框架、通信协议等技能。

金蝶云·苍穹集成服务云是金蝶云·苍穹一体化低代码平台中一款采用元数据模型驱动的低代码集成工具,基于系统预置的数据模型、映射、编排、日志、脚本等集成核心引擎,通过可视化配置,快速实现客户灵活多变的动态集成需求,让集成开发简单、执行过程可靠、集成问题风险可控。

该集成服务云的主要特点如下。

1. 易扩展的多源连接配置

它采用连接器与设计器分层设计,集成设计平台聚焦数据转换功能,连接器负责适配不同系统的差异化集成方式,以扩展面对未知系统的集成能力。

2. 集成元数据驱动

它采用元数据驱动设计集成方案的方式,屏蔽各系统元数据的差异。通过管理集成系统的元数据,使集成方案支持配置更丰富的集成场景。各数据源需要同步或登记自己系统的集成元数据到集成云中,包括数据表、实体、服务、视图、结构等数据格式。

3. 可视化的集成方案配置

它提供可视化配置功能,支持复杂的数据集成场景,配置更加简洁高效,尽量多重用集成组件,提升开发效率。集成方案支持数据库表、实体等各类元数据的互相集成;同时,集成云提供了人工、定时、事件触发、接口调用等多种灵活启动机制。

4. 强大的值转换规则引擎

它提供了人工、常量转换、候选键、结构化查询语言(Structured Query Language,SQL)、集成脚本、组合规则等多种值转换规则。规则设计十分灵活,在线即可完成规则编写,方便方案持续运维。

5. 开放的服务组件能力

业务在使用集成服务云时,不仅是配置开发集成方案,而且集成服务云会着重开放"被集成"能力,方便业务结合自身的应用场景,通过构建业务的上下文把集成服务云功能作为组件嵌入到应用中。集成服务云提供了丰富的应用程序编程接口(Application Programming Interface,API),供业务进行调用。

6. 即开即用的标准集成方案

各业务线基于集成服务云专项定制研发了标准化集成方案,标准场景可以开箱即用。定制化扩展场景也可以基于标准集成方案快速扩展,方便客户快速实现集成需求。

通过以上能力我们可以看到传统集成技术在特定集成场景完成工作大约花费200分钟,而低代码集成技术大约花费50分钟,集成效率能有效提升75%。在上述集成应用场景对比中,我们可以看到集成效率提升最大的三个环节是连接配置、字段映射转换和启动集成方案并发布部署。很多集团企业合并报表和预算管理的应用都不满足于集成下属单位的报表,而是要集成下属单位异构系统的凭证数据才能满足相应管理的要求。

以集成服务访问点(Service Access Point,SAP)凭证数据为例,只需要三步即可完成集成工作。第一步:SAP连接配置。利用低代码集成平台提供的SAP连接器和目标系统打通。第二步:部署SAP凭证集成方案。预置的SAP凭证方案将集成对象、值转换、字段映射等资源全部封装好,部署完成可直接启用。第三步:配置启动方案。为集成方案配置启动方案(人工、定时、事件触发),并执行数据同步。而后续系统也会提供多维度的集成健康度评估功能:连接状态与通知、数据集成参数配置、API集成参数、消息集成许可状态、服务流程日志和许可状态等。

集成检测报告可以自动生成修复建议:通过检测工具,可以对集成现有方案设计和运行情况进行评估,降低集成风险。这样的低代码集成工具使我们的集成服务更简单、更快速,运维更容易。

(三)会计大数据分析与处理技术

数字经济时代,数据已成为企业最重要的资产之一。随着企业与外界交互愈加紧密以及企业内部信息化、数字化建设的推进,财务部门将进一步拓展数据获取的广度和深度,形成会计大数据,并基于数据洞察以全新模式服务于企业价值创造和管理创新。作为大数据技术在财务领域的应用分支，会计大数据分析与处理技术是将会计大数据予以价值化的有力工具，主要包括以多维数据库为代表的大数据存储和计算、以智能算法为基础的大数据规则处理、以数据自助服务为场景的数据分析等技术内容。这些技术在诸如预算管理、管理报表出具、相关性预测等财务数字化典型业务场景中发挥着重要的作用。下文我们以会计大数据分析与处理中的多维数据库技术为例，深入分析这项技术对企业绩效管理系统使用效果的影响。

多维数据库（Multi-Dimensional Database，MDD）可以简单地理解为：将数据存放在一个 n 维数组中，而不是像关系数据库那样以记录的形式存放。因此，它存在大量稀疏矩阵，人们可以通过多维视图来观察数据。多维数据库是 EPM 领域存储查询计算引擎，一直以来多维数据库的技术长期被国外厂商占据，国内没有很多成熟的多维数据库产品，这给我国企业实现自主可控，解决"卡脖子"问题带来了巨大的挑战。

EPM 产品离不开多维数据库，多维数据库为 EPM 产品提供了多维建模、数据存储、多维计算和分析的能力。在没有多维数据库之前，很多软件系统只能基于关系库之上搭建内存多维引擎来解决技术难题。但是基于关系库的内存多维引擎却有以下几个重要的缺陷：

第一，每次启动多维引擎，都需要将数据从关系库一次性加载到内存，数据量越大加载的时间越长，通常需要 5 分钟以上，用户使用的感知就是打开报表时特别慢。

第二，读写数据都在内存上进行，因此，还需要数据异步落库，但关系库有输入输出瓶颈，过于频繁落库行不通，所以落库时延通常会大于 1 分钟。而由于没有实时落库，当主机掉电时，内存的数据就会丢失，给数据安全带来很大的隐患。

第三，数据容量会受内存大小的限制，需要不断地追加内存的购买，很大程度上制约了企业业务规模的发展。

以金蝶云·苍穹多维数据库为例，其是金蝶公司自主研发的首款面向企业级高并发、多维数据聚合处理场景的非关系型数据库产品。区别于市场上通用的仅提供分析功能的多维分析数据库（基于数据仓库的 OLAP

引擎),该多维数据库全面支持对多维数据的即时读写与查询分析操作,其与基于关系库的内存多维引擎对比如图 2-2-4 所示。

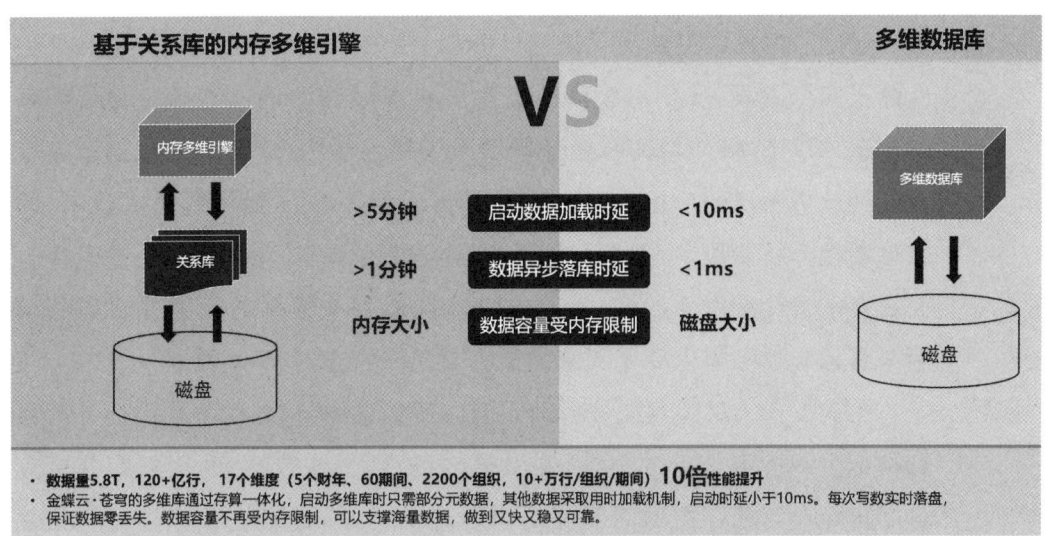

图 2-2-4　多维数据与传统基于关系库的内存多维引擎对比

第四,相对于关系型数据库,该多维数据库通过建立专用多维数据组的索引,大大提高了数据库的操作效率。金蝶云·苍穹的多维库通过存算一体化,启动多维库时只需部分元数据,其他数据采取用时加载机制,启动时延小于 10 ms。每次写数也是实时落盘,保证数据零丢失。数据容量也不再受内存限制,可以支撑海量数据,真正意义上做到又快又稳又可靠。

(四) 机器学习

机器学习是计算机利用已有的数据(自身历史数据和外部相关数据),得出了某种模型(决策的规律等),并利用此模型预测未来(是否发生)的一种方法。我们把这些原来在人脑中建立模型的过程交给电脑。比如,把所有的自变量和因变量输入,然后让计算机生成一个模型,同时,让计算机根据当前的情况,给出是否要执行的决定以及需要怎么执行的建议,那么计算机执行这些辅助决策的过程就是机器学习的过程。通过上面的说明,我们可以看出机器学习与人类思考的经验过程是类似的,不过它能考虑更多的情况,执行更加复杂的计算。事实上,机器学习的一个主要目的就是把人类思考归纳经验的过程转化为计算机通过对数据的处理计算得出模型的过程。经过计算机得出的模型能够以近似于人的方式解决很多灵活复杂的问题。

数据分析成熟度经历了描述性分析、诊断性分析、预测性分析和处方性分析四个阶段，从相对模糊的概念分析发展到明确的和预测性的洞察与创造。以 EPM 领域的智能分析助手应用场景为例，来阐述机器学习在诊断性分析阶段的应用。在描述性分析阶段不会用到机器学习技术，而在诊断性分析阶段，一般都超越了观察与描述（如图表是上升还是下降），而需要了解让其发生的缘由。在这里，提出有关数据的问题并将这些问题与目标和业务需求联系起来的能力就是机器学习技术。

在金蝶云·星瀚智能分析助手的应用场景中，机器学习技术会针对目标指标主动拆解分析，结合影响因子、内外部行业数据，利用回归分析等诊断出企业当前存在的问题并给出明确的提示，这就是预测性分析。并且在系统中内置分类预测、回归预测、时间序列预测等预测模型，并提供丰富的数据，用于训练和学习，让预测更准确。例如，使用历史的销售数据信息和天气信息，作为影响需求的外部变量，来预测未来销售收入的变化，这就是处方性分析。

（五）可视化技术

可视化技术的范围很广，我们在这里主要来分析一下数据可视化技术对我们财务工作的影响。在过去，很多人或许对数据可视化并没有很直接的观感，因为跟其打交道的数据应用模式无非就是 Excel 或是固定的数据模型或工具。但是随着大数据时代的到来，数据量和数据复杂性增加，模型的复杂性也随之增加。此时对于企业来说，内部业务系统之间的数据流通和分析结果的数据可视化是非常关键的工作，同时，也是一个跨越性的挑战。数据可视化可以将复杂的分析结果以丰富的图表信息的方式呈现给读者。然而只有分析人员对目标业务活动有深刻的了解，才能更好地进行数据可视化展现。正如耶鲁大学统计学教授爱德华·塔夫特（Edward Tufte）所说："图形表现数据，实际上比传统的统计分析法更加精确和有启发性。"

数据可视化技术综合运用计算机图形学、图像、人机交互等技术，将采集、清洗、转换、处理过的符合标准和规范的数据映射为可识别的图形、图像、动画甚至视频，并允许用户与可视化数据进行交互和分析。不仅如此，很多基于数字化交易的企业，数据量每天都在急速增长，并且来源多而杂乱，因此，找到准确、精细、相关的数据变得更加困难和重要。数据可视化能够让决策者精准地洞察数据反映的结果，如趋势、占比等，而不需要去手动读取那些困难的表格。无论是哪种职业和应用场景，数据可视化都有一个共同的目的，那就是准确而高效、精简而全面地传递信息和知识。数据可视化技术能将不可见的数据现象转化为可见的图形符号，能将错综复杂、看起来没法解释和没有关联的数据，建立起联系和关联，发现其规律和特征，获得更有商业价值的洞见和价值，利用合适的图表清晰而直观地表达出来，实现数据自我解释、让数据说话的目的。

前面我们提到过 EPM 领域系统使用的一个难点是用户无法自助的使用分析工具，自助分析是为了让企业用户最大化地拥有主动权和决定权，带着实际的需求自主定义和使用产品，而数据可视化技术在用户自助分析中将发挥重要的作用。企业信息部门所主导的、基于传统商业分析平台的企业级报表系统，由于资源投入大、建设周期长、对于业务需求变化的响应速度慢，难以适应现代企业越来越快、越来越离散的业务分析需求。同时，数据分析系统与业务处理系统的功能隔离与权限脱节，也让数据难以广泛支撑各种功能、流程中的实时业务决策。而由业务人员主导的、嵌入式的、自助的数据分析和数据探索必将带来企业级数据平台产品的下一次变革。

金蝶云·苍穹轻分析是金蝶自主研发的，拥有独立知识产权和核心技术的数据云计算引擎和数据可视化平台，它为业务人员提供了一种轻建模、多维度、高性能的数据分析和数据探索平台。金蝶云·苍穹轻分析所提供的数据分析和数据探索能力具有如下特点。

1. 一键开始、即刻分析

该平台与各业务系统深度融合，提供嵌入式分析，可从业务场景一键进入轻分析，对业务数据进行分析探索；提供嵌入式分析的平台化定制能力，通过简单勾选字段即可快速配置嵌入式分析。

2. 数据可视、智慧呈现

该平台提供丰富的数据可视化类型，通过简单拖拽即可完成多维透视的图表呈现。聚焦数据、探索自如，它提供强大的数据交互能力，支持数据筛选、数据穿透及公式运算，帮助用户快速聚焦和识别异常数据，寻找特定数据问题的答案。

3. 数据门户、个性定制

该平台可视化卡片支持布局到门户首页及仪表板，快速定制个性化数据门户。

4. 中文实体、易取易用

该平台支持直连各业务系统的中文业务实体模型，终端用户可一键获取标准化、易理解、可自由装配的分析元数据。

5. 轻盈配置、敏捷建模

该平台提供便捷的数据连接和建模能力，可引入各种企业数据资产，轻松进行异构数据间的关联。

6. 移动呈现、便捷查看

该平台支持移动端呈现，支持人工智能语音查询，方便用户随时随地掌握最新业务数据。

7. 协同决策、创造价值

该平台打破数据壁垒，通过移动社交服务发起针对数据的沟通与协作，让数据在人人可用的协同决策中创造价值。

在环境多变和业务规则不断更新的情况下，用户可利用数据可视化技术根据业务经验和自身需求，在不需要理解语言底层逻辑和语法结构的情况下，完全自助地配置和更新逻辑规则，避免通过研发人员代码开发来实现。这项技术的实现逻辑是：先将大的模型拆分成若干个小模块，实现功能配置的最小维度。然后，用户通过勾选和拖拉拽的方式进行乐高式的拼接，轻松配置功能需求，以可视化的图形等方式进行数据展现。数据可视化技术提供丰富的图形化展现形式和多设备适配能力，使得一切数据分析"化繁为简"。通过简单的操作和图形化直观显示，让集团管理层掌握运营动态，为管理决策提供及时、有效的技术支撑。

（六）管理驾驶舱

正如汽车驾驶需要仪表盘，企业经营管理也需要"驾驶舱"，及时为管理者提供所需要的数据以及预警的措施,从而保证正常高效的运营。除此之外,对于很多大型企业,管理驾驶舱的搭建不仅仅能够帮助决策,还可以向外界展现企业能力,所以不少企业会将管理驾驶舱做成大屏放在接待中心。管理驾驶舱指的是企业一站式的分析决策支持工作台,通常通过多个仪表板组合在一起进行展现,是对各种分析数据内容的综合布局工具,用户可以在同一屏幕上集中展现、比较和监视一组特定的数据内容,为业务决策提供更直观的数据支撑(图2-2-5)。管理驾驶舱的主要核心功能如下:

(1) 整合各方数据。把涉及企业经营的各种数据整合起来,如财务数据、业务数据、销售、库存、物流、回款等数据。能做到快速、及时、准确地共享数据,打通各部门数据壁垒。

(2) 数据关联探索。建分析体系整合生产、销售、库存、应收、应付、回款等各方数据,形成以经营指标为核心的经营监控和风险预警体系。

(3) 数据预测分析。为企业构建需求计划预测、绩效评估等业务分析模型,促进企业控制成本、提高利润、创新业务的目标达成。

(4) 支持众多的图表类型和样式。可打造出极佳的可视化效果,让用户的数据以更生动更有冲击力的方式展示出来。

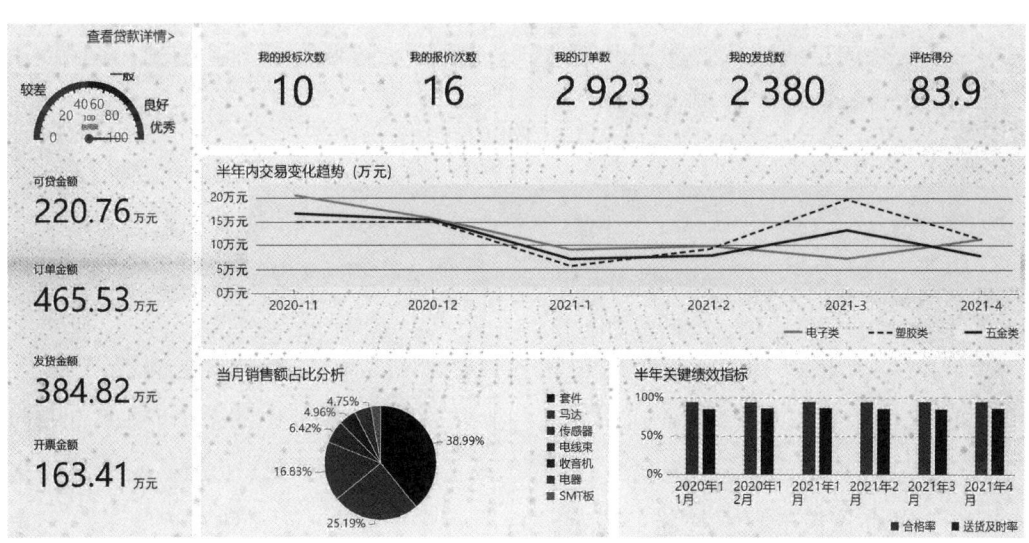

图 2-2-5　管理驾驶舱:一站式分析决策支持工作台

管理驾驶舱建设的目标是打破数据隔离，实现指标分析及决策场景的落地。通过详尽的指标体系，实时反映企业的运行状态，将采集的数据形象化、直观化、具体化。全方位满足管理层基于数据的个性化业务场景定制及管理需求，满足管理层对指标的管控、查询、分析等多样化场景，帮助管理层随时随地掌握政企运行情况辅助决策，真正实现数据化运营的终极目标。

管理驾驶舱要支持数据分析、数据斗方、各种筛选器的组件、网页链接、页签轮播、图片、图形等界面元素的综合布局和大屏播放，支持自定义外观风格，可自由设置页面背景颜色、卡片透明度等属性，轻松设计美观多样的大屏看板；并且可以通过联动功能，实现各种数据元素之间的操作互动。管理驾驶舱是企业经营管理可选用的信息工具，它以用户为主体，简洁高效，能更好地发挥人的管理职能，体现了新一代信息产品定制化共享的核心思想。同时，企业建立管理驾驶舱的过程，本身就是按综合评估体系建立企业战略管理模型的过程。从这点看，将大量的管理报表中的数字信息转化为简洁直观的"仪表盘"图形信息，也是一个管理信息化、精细化、现代化的过程，其意义是十分深远的。

研究机构 Gartner 在 2019 年提出十大战略性技术趋势时指出，"平民数据科学将使不是从事统计和分析工作的用户能够从数据中获取预测性和规范性的洞察力"。金蝶公司也一直坚持探索用最先进的技术手段将复杂的企业绩效管理变得简单，"平民化"地降低企业客户的使用门槛，让用户最终能从数据中受益。

三、总结

如果说 ERP 等企业管理软件为企业创造和积累了丰富的数据资产，EPM 则可以帮助企业运用好这些业财数据，挖掘其中的价值，辅助企业经营及决策。也正因为如此，随着技术的不断更迭，基于 OLAP 的多维数据能力和基于数据智能的模型分析能力将会是 EPM 领域最重要的核心技术。因此，金蝶公司也将与时俱进，持续创新并拓展各种业务场景，为用户提供更优质的服务、更愉悦的体验。

十大信息技术在管理会计报告中的应用

陈东升,中兴新云服务有限公司

数字化时代引领企业迈入高质量发展新阶段。同时,受到全球政治经济形势等不确定性因素影响,快速响应、预测风险、自我重塑成为企业发展的必然要求。企业面临的发展机遇与不确定性挑战都对企业经营提出更高的管理要求。管理会计报告是企业洞察经营与战略决策的信息基础,对提升企业管理水平、提高科学决策能力具有重要意义。本文从企业实践的角度出发,讲述在财务数字化时代下,如何认识和理解管理会计报告,建立健全管理会计报告价值体系,实现管理会计报告对企业经营的有效赋能。

一、管理会计报告的特点

管理会计报告是由企业内部编制、审批、使用,为帮助管理者了解企业经营现状,提供决策支持,以辅助实现战略目标的信息报告。财务通过采集企业内部已经发生的财务信息、业务信息,挖掘企业外部的宏观经济形势、市场变化波动、全产业链信息等内容编制管理会计报告,以此来分析现状、洞察未来,指引企业发展方向。

传统的管理会计报告是在对外财务报表的基础上通过手工加工整理而成的,这样的报告往往不能充分发挥其强化管理、支持决策的价值。其本质原因是财务报表与管理会计报告在语言、思维方式、关注点、时效性、信息维度方面存在着不同。

1. 语言不同

财务报表的编制遵循会计语言,以定量的方式、一定的会计核算方法描述企业的财务状况。然而在企业内部经营中会计主体、会计分期作为会计的基本假设并不完全适用。一方面,管理者不仅需要按企业组织框架出具的分析报告,同时也要打破组织边界,按照整个集团的价值链,从销售、售前到售后,分析每一个价值链条的运营状况。另一方面,管理者不仅需要看年报、季报、月报,有时也需要纵观整个项目的生命周期进行决策分析。因此,管理会计报告的编制不仅需要"会计语言",还应根据使用者的现实需要进行灵活调整。

2. 思维方式不同

财务报表的编制是自下而上的,是从原始凭证到日记账、明细账,再到总账、报表逐步加工和汇总的过程,每一次加工汇总实际上就是一次信息衰减的过程。而管理会计报告的编制逻辑是自上向下的,从企业的战略目标和经营管理关注重点出发,经过杜邦分析体系层层解构指标、层层钻取问题。

3. 关注点不同

财务报表关注的是企业内部经济活动发生后产生的数据,而对管理会计报告的使用者而言关注的是企业的未来发展,关注新产品、新市场、新商业模式、新客户、新技术等内容。这些信息不仅来自企业内部,还来自企业外部市场、竞争对手、供应商、客户等,而这些数据信息在财务报表中鲜有体现。

4. 时效性不同

信息仅在一定时间内对决策有价值意义,因此,时效性很大程度上制约着决策的有效性。企业出具财务报表的时间固定、周期过长,往往会影响信息的时效性。然而,管理会计报告需要根据管理者的决策需求灵活调整编制周期,及时出具报告,才能最大程度发挥其利用价值。

5. 信息维度不同

管理者的科学决策需要有多维度的经营分析,因此,相较于财务报表中披露的信息,管理会计报告中需要的信息维度应该更加多元化。比如,就收益分析而言,管理者往往希望可以就收益来源于哪些客户、哪些合同、哪些地区、哪些项目组、哪些业态、哪些产品品类及子品类等不同维度进行分析。除此之外,还有多维度采购分析、多维度费用分析、多维度收款分析等诸多分析方面。所有的这些分析内容和信息是管理者需要知道的，也是管理会计报告中应该包括的。每一条信息的背后都对应着具体决策，比如，销售渠道应该怎么搭建，研发资源应该怎么投入等，因此，管理者需要尽可能多地获取到颗粒度更细、维度更广泛的信息，而这些信息在传统财务报表中是很难获取的。

二、管理会计报告的两大困境

基于上述财务报表与管理会计报告之间的差异，我们可以发现由财务报表为基础简单加工而来的传统管理会计报告不能完全满足管理者的现实需要，无法向经营管理决策提供全方位、多角度、及时性的分析依据。也正是基于以上不同，企业在编制管理会计报告的时候往往会面临数据困境与决策困境两大困境。

（一）数据困境

随着数字化时代到来，数据已然成为可以影响企业发展的关键生产要素，企业的研发、采购、生产、销售、售后每一个环节都会产生大量的数据。除此之外，企业外部的信息和数据也同样重要，数据浪潮下蕴藏着无限潜能和巨大价值，对企业总结过去、分析现状、预测未来都具有重要意义。数据困境是传统财务在取数、算数、用数过程中面临的数据集成、数据标准、数据质量、主数据等诸多方面的痛点，这些问题严重阻碍数据的汇聚、共享与应用，进而制约管理会计报告的编制，具体数据困境如下。

1. 数据间存在孤岛

在数据集成方面，数据孤岛的出现严重影响数据的流动和使用。数据孤岛指的是由于数据在不同部门相互独立存储、维护，彼此间相互孤立，使得部门间的数据就像一个个孤岛一样无法（或者极其困难）和企业内部的其他数据进行互联互通。数据孤岛导致数据被封装在不同的系统当中，只能在非常有限的体系内进行循环流通，数据的连通出现断点，数据的共享、复用严重受限。由此也就导致了财务人员无法全面、广泛地线上采集企业内各个部门的相关数据并应用到管理会计报告编制中，或者即使可以通过线下方式获取数据,也难以保障采集数据的质量。

2. 数据标准不一致

数据标准是保障数据内外部使用和交换的一致性与准确性的规范性约束,也是衡量企业内部管理水平的重要依据。由于多数企业信息化建设初期缺乏整体规划,不同业务部门独立建设的单体架构系统或套装软件使企业呈现出烟囱式信息化结构,数据分散在架构不统一、开发语言不一致、数据库多样化的信息系统中,企业数据标准体系也缺乏整体系统性的思考和筹划。因此,企业中出现了诸多由标准不一致导致的数据问题,如数据定义标准不一致可能导致数据不准确;数据算法标准不一致可能导致不同部门对相同指标的计算结果存在差异;数据结构标准不一致将会增加数据的整合难度;数据流转流程标准不一致使得数据安全难以得到保障等。上述标准不一致的数据问题影响到企业内部数据的采集、流转、使用,无法为管理会计报告的编制提供基础保障。

3. 数据质量问题

数据存在质量问题将会增加数据清洗和分析的工作量,直接影响管理会计报告结果的准确性,进一步可能阻碍企业管理者进行准确决策。因此,重视企业中数据质量问题、建立明确的数据质量目标、完善数据质量管理机制都是十分必要的管理措施。第一,数据的准确完整是管理会计报告的基石,"准确"意味着所有数据记录的信息不存在异常或错误,"完整"意味采集的数据不存在缺失遗漏,否则会影响报告的结果,误导决策行动。第二,时效性制约着决策的客观效果,及时有效地获取数据是完成管理会计报告的重要保障。

4. 缺乏主数据管理

主数据是能够跨部门、跨流程、跨主题、跨系统和跨技术使用的描述企业核心业务实体的数据,是企业内部的"通行语言"。财务视角下的企业主数据一部分由财务部门作为数据所有者进行梳理、规范和管理,另一部分虽然不由财务部门负责管理,但是会对财务工作产生影响,财务部门需要积极协调、推动其他部门管理,具体的内容划分如图 2-3-1 所示。如果主数据并非规范、统一,将会造成企业内部数据的重复建设与存储,形成数据冗余,增加数据清洗难度。大多数企业初期对主数据并不关注,缺失相应的管理体系,使得主数据问题日渐凸显,导致业务系统和财务系统之间的数据集成与共享困难,增加数据整合与清洗工作量,这无疑加重了管理会计报告的编制难度。

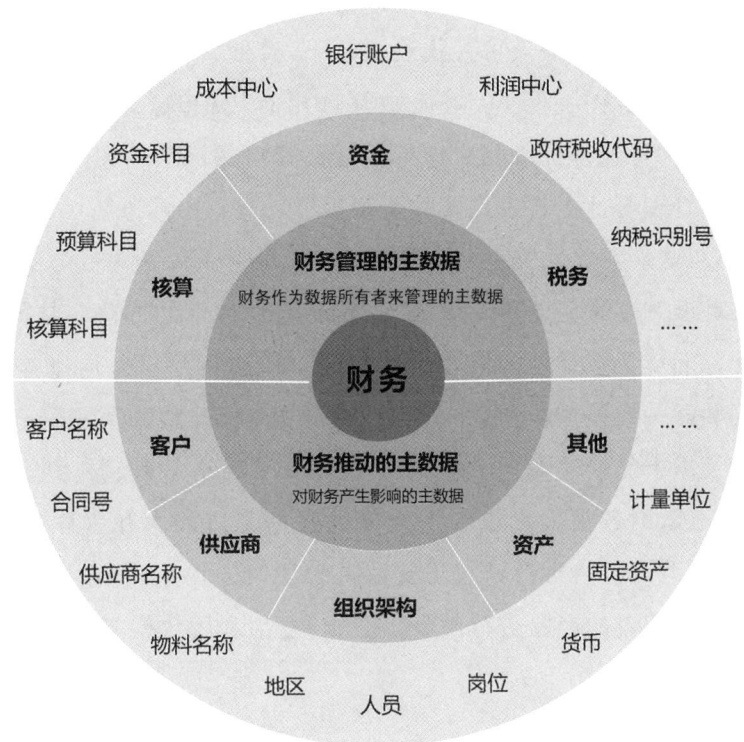

图 2-3-1 财务视角的企业主数据

(二) 决策困境

管理会计报告是面向企业管理者的内部报告。企业管理者需要的管理会计报告是能够展现全方位、多维度、多层次的经营业务过程,能够响应复杂多变的管理需求,能够帮助管理者及时掌握经营状况,实现科学决策。然而,传统管理会计报告禁锢于财务报表的信息数据中,远离业务,缺少全局性经营视角,难以发挥决策支持与驱动的作用,无法满足使用者的决策需求,导致管理会计报告的决策困境。

1. 分析需求及维度复杂多变

在企业经营实践中,管理者的决策需求是复杂多维且需求多变的,传统管理会计报告无法承载多维度的信息;同时,管理维度复杂,报表维度交叉，新增分析维度意味着财务人员需要重新处理和加工数据，增加了人力成本和时间成本，影响报告时效性，制约了管理会计报告对决策支持。

2. 展示形式制约价值提取

传统管理会计报告展示形式相关固定，并且数据分析的结果仅以报表的形式进行呈现，缺乏可视化展示效果，致使管理者难以高效处理和分析大量信息，无法快速地从报表中筛选出有用信息，以及直观监测一般规律、趋势和特殊情况、问题，这导致数据背后的深层信息未被有效挖掘，进而影响管理会计报告发挥实际价值。

3. 难以实现数据驱动决策

对于决策的支持和驱动，企业需要借助科学的方法与技术，充分考虑内外部环境及多维度因素，利用"数据+算法"的力量，构建各决策变量之间的关联关系模型，形成一套新的决策机制，反映并透视经营本质，响应市场及需求的快速变化。但是过去受限于数据基础、技术能力和编制方式等原因，财务很难真正利用大量的数据集成能力和多样的算法构建能力，来充分发挥管理会计报告支持科学决策的作用，企业更多地还是依赖于经营管理者的经验进行决策，无法转变为利用数据驱动决策。

三、管理会计报告的三大价值体系

为了破解数据困境与决策困境，满足企业管理敏捷、灵活的要求，企业可以将数据科学引入财务领域，通过建设数据价值链、实施数据治理，以数字化思维为基础编制管理会计报告，将经营模型化、模型算法化、算法工具化融于整个编制过程，构建由"设计、生产、运维"三大模块组成的管理会计报告三大价值体系（图2-3-2），实现以算法驱动经营，以数字驱动决策的目标。

（一）设计——自上而下，顶层设计

管理会计报告的编制逻辑是以结果为导向，自上而下、层层钻取数据，以最大程度地发掘数据价值，为企业经营决策提供数据基础。因此，管理会计报告体系的顶层设计至关重要，主要包括以下四个方面。

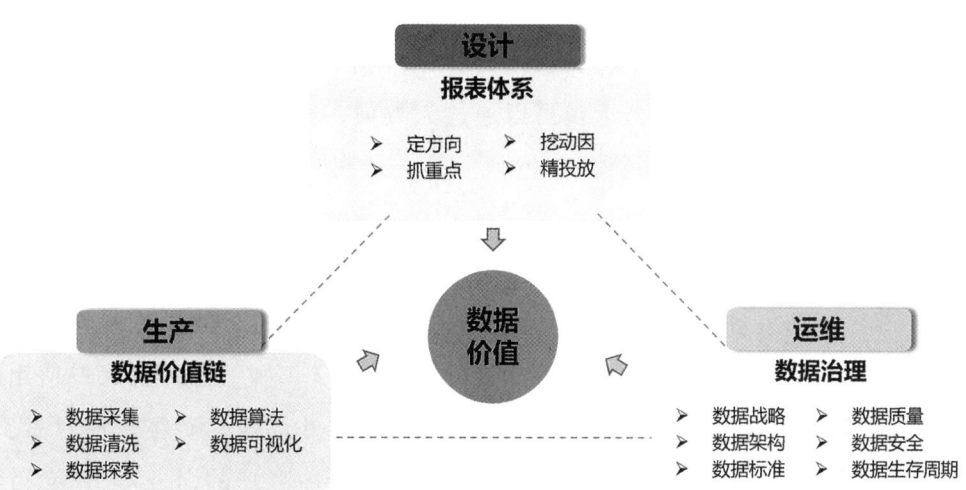

图 2-3-2 管理会计报告三大价值体系

1. 定方向

管理会计报告体系的设计需要先确定企业经营管理关注的方向,明确企业自身的管理需求。不同的企业因其所在行业、发展阶段、商业模式等因素不同,在经营管理中所需要关注的方向以及管理的重心不尽相同。例如,消费行业和互联网行业关注客户画像,要做到千人千面、精准营销;建筑行业关注项目管理,要尽可能控制成本、保证进度。又如,快速发展中的小微企业,关注业务的灵活增长;规模成熟的大企业更关注合规风控。因此,自上而下先识别企业管理方向及管理关注点,进而构建与经营管理价值体系密切结合的管理会计报告体系,有利于企业把握核心决策,优化管理运营。

2. 抓重点

管理会计报告是面向企业经营的信息报告,财务部门需要理解业务、融入业务,深度参与业务价值链。因此,业财交互点成为财务编制管理会计报告时关注的重点。业财交互点是将业务流程层层剖析之后确定的与财务工作相关的流程节点,可以分解为两种情况:一种是连接点,如果业务流程的正常流转需要来自财务部门的参与,财务参与的流程节点即为业财连接点。例如,在销售收款业务中,如果财务人员不开具发票,业务人员则无法进行收款流程,开票这一流程节点即为连接点。另一种是决策点,如果业务流程的流转中出现需要决策的流程节点,并且财务部门在该节点的决策上可以提供支持,则称该流程节点为业财决策点。例如,在进行采购招标时,财务人员可以通过大数据、知识图谱等技术对供应商的关联关系、历史违约情况、合同风险等方面进行深度分析,从而帮助业务部门选择更合适的供应商。

业财交互点涉及企业经营的诸多方面,在企业实践中有丰富的应用场景。以研发和生产制造类企业为例,在企业运营的五大业务流程中共有32个涉及业财交互的数字化应用场景(图2-3-3)。比如,在客户信用评级场景中,财务对新引入的客户,通过获取内外部信息对客户进行品质、能力、资本、担保、环境等全面的资信评级,评估客户的财务能力、支付意愿风险等,在此基础上明确对该客户的信用政策。因此,以业财交互点为重点的管理会计报告体系,可以推动财务深度参与业务发展,引导业务团队提升决策中的商业分析和判断能力。

图 2-3-3　32个业务交互的数字化应用场景(以研发和生产制造类企业为例)

3. 挖动因

管理会计报告是以问题为出发点进行设计的,因此,找到问题背后的成因,有针对性地去解决问题是编制管理会计报告的重要意义之一。对企业的经营业务而言,问题的答案往往不是单线条的,而是综合全面的。

例如,经营者非常关心的产品成本率问题就需要从多维度全面考量,成本率是由价格和成本两方面决定的,而成本又包括生产成本、物流成本、工程制造成本等。具体到生产成本又被两方面因素影响:一方面是典型配置,它体现的是研发设计的水平,进一步可以分解为研发设计中是否充分地运用了价值工程,是否尽可能减少了成本高但是价值贡献度低的设计点,是否充分做好了产品的标准化、模块化;另一方面是物料采购价格,它受独家率、集中度、通用率等多方面因素的影响。因此,仅仅是分析产品的成本率,也需要全面综合的关注通用率、集中率、标准化、可用性等因素的影响。管理会计报告的作用之一就是通过动因的挖掘形成一个全面综合的分析体系,为经营者提供详尽的分析结果。

4. 精投放

通过"定方向、抓重点、挖动因",管理者利用管理会计报告可以把握企业经营分析的重点方面和背后动因,由此形成的各种各样的指标库、数据库,为管理者提供详尽的决策依据。但是对于企业不同的管理层关注的重点和内容不尽相同。根据决策主体或决策内容,企业的决策层级分为战略决策、战术决策和作业决策三类。战略决策由企业高层管理者制定,以确定企业的阶段发展目标,关乎企业发展方向、需要全面兼顾未来远期发展的不确定性以及宏观、全局层面的各类因素。战术决策由企业中层管理者制定,主要用以明确达到所设目标需要采取的策略。作业决策则围绕策略的执行层面,重点关注企业的日常运作。因此,管理会计报告不是将所有数据和信息向各层级管理者无差别投放,而是要做好准确分层、分类,了解各层级管理者的决策需求,做到精准投放。

(二) 生产——自下而上,落地实施

在确定了管理会计报告的顶层设计后,财务部门需要具体编制生产管理会计报告。管理会计报告的生产过程是自下而上的,实质上是利用数据价值链发掘数据价值的过程。在这一过程中,数据价值链始终以业务及管理需求为导向,有针对性地获取、组织并利用数据,通过数据算法、可视化等各类技术实现数据价值释放,赋能企业经营决策。

1. 数据采集

数据是管理会计报告生产的原材料,能不能广泛、准确采集数据决定

了管理会计报告最终的呈现效果。因此,数据采集工作不能依赖于质量不高、时效性差的手工录入方式,而是需要借助多种多样的数据采集手段做到智能的、无感的、全方位的数据采集。例如,软感知的埋点、爬虫、系统日志,硬感知的传感器、RFID(射频识别技术)、二维码技术,还包括目前财务工作中经常使用的OCR(光学字符识别)、RPA(机器人流程自动化)、自然语言处理与理解等技术。只有具备了智能多样的前端采集手段,财务部门才能够充分地采集信息,准备好所需要的数据"原材料"。

管理会计报告关注的信息维度复杂,所需要采集的数据分布广泛。随着财务采集数据的范围的不断扩展,可以在数据采集的过程中将数据源分为三个层次(图2-3-4)。第一层是通过财务数据载体及其结构化对财务数据载体的全部采集。财务数据载体是用于聚合并载明业务执行过程中形成的各结果数据的表单,可以按照数据来源分为两类:一是外部载体,包括银行结算凭证、行程单、完税凭证、发票等由外部开具的材料,可直接作为账务处理的凭证;二是内部载体,包括业务、财务处理以及财务

图2-3-4 财务数据源"三大层次"

管理过程中生成的内部材料,如记账凭证、入库单、成本控制单等。第二层是对内部信息系统的全面采集。这一层涉及研发、采购、生产、销售等业务环节,通过不断扩展数据的采集触点,广泛收集各个内部系统中的结构化数据,集成企业内部的数据资源。第三层是对其他外部数据源的全面采集。通过网页、开放型数据库、应用程序、开放型平台等各类渠道获取企业信息体系范围外的其他数据,建立内外部数据网络。

2. 数据清洗

采集而来的原始数据并不是天然地就能满足管理会计报告生产的质量要求,原始数据时常会存在数据格式错误、数据逻辑错误、数据冗余、数据缺失、数据异常、数据不一致等典型问题。因此,需要根据不同的数据问题采取针对性的清洗策略,以去除或修正数据中的错误。数据清洗是处理"脏"数据的过程,重点在于设定数据排查规则,发现异常与错误,从而采取相应的清洗措施,否则,再复杂的算法模型、再丰富的可视化设计也将是空中楼阁,无法真实展现数据价值。

3. 数据探索

在充分采集原始数据并对其进行数据清洗后,需要进一步探索数据的内在结构和总体规律。数据探索是数据价值链中对数据的初步分析环节,以基础的开放性分析方法获得对于数据的初步认识,以基础的统计学知识与工具将庞杂的数据进行整理归纳,通过作图制表、计算统计量等方式对数据的主要特征、规律进行概括。通过统计特征分析、数据分布推断、相关性分析为后续数据算法模型的构建提供输入依据。统计特征分析的目的是了解数据整体特征,包括集中趋势、离散趋势、分布形态等内容。数据分布推断是为了获知数据概率分布,推断数据总体情况,分为离散型分布和连续型分布两种。相关性分析能够判断两种及以上数据变量间的关系,包含偏相关分析、距离相关分析、二元变量相关分析等分析方法。

4. 数据算法

数据算法是在数据探索的基础上进一步开展深层次数据分析的方法,通过算法模型将数据基于管理思维进行分析提炼,从而形成符合企业价值诉求的数据结果。管理会计报告中数据的模型运算不仅仅是"加减乘除"这些基本公式,还有很多复杂的算法模型,常见的算法模型包括回归算法、分类算法、聚类算法、关联规则算法、时间序列算法五类。数据算法能够对一定规范的输入,在有限时间内获得所要求的输出,有助于解决问题和实现目标,通过数据算法得到的结果能够有效支持财务领域的实际场景。

依托商业环境下数据的持续增值,算法作为深度挖掘数据价值的工具,在财务工作中的应用场景逐渐丰富,在资金管理、预算管理、成本管理、绩效管理、销售管理、采购管理、资产管理等各个方面都存在具体场景的应用。例如,资金管理方面,可以通过算法进行支付欺诈扫描、授信/担保额度的管理、短期现金流的收支预测、短期现金流管理、投融资管理、资金风险预警。数据算法正在改变财务传统的工作模式及企业运营决策的方式,为企业数字化经营高效赋能。

5. 数据可视化

数据可视化是数据价值链的最终展示环节,也是管理会计报告展现形式的一种未来趋势。数字化时代的背景下,管理者需要更为有效的方法和工具解读数据,管理会计报告最终的呈现结果不应该仅仅只是一份份表格或者文档,而是可以运用计算机图形学、图像处理、人机交互等技术,将处理分析后的数据通过数据库、文件、流数据和封装 API(应用程序编程接口)等形式进行获取,转化为图像、视频或动画,以此动态高效地呈现数据信息,传递数据价值。这里存在两个方面的原因,一方面,由于人脑对于图表的处理速度远远高于对文字的处理速度,图表的形式可以更快速充分地被使用者接受;另一方面,动态实时的数据云图满足了管理会计报告的时效性要求,能够快速、灵活地提供数据信息,有利于管理者及时决策。

以中兴新云多维经营分析可视化大屏为例,其能够实现管理需求分析结果的直观呈现,支持并指导企业经营管理决策。第一,多维经营分析可视化大屏能够围绕企业业务价值全链条,从管理者关注重点出发,通过可视化图表,从研发、市场、供应链、财务管理等不同角度动态、清晰地展示企业经营全貌,构建企业经营调度指挥大厅。第二,将管理手段与管控规则内嵌至系统平台,通过多维经营分析可视化大屏监控业务运营、经营管理过程中的具体情况与管控效果,帮助管理者实现项目、预算、成本、风险等各领域的实时管控,及时发现并预警异常情况,形成企业经营管理仪表盘。第三,多维经营分析大屏可以通过分级、分域的可视化展示,面向不同层级、不同业务领域的管理决策者,聚焦不同关注点,有针对性地呈现多维经营分析结果,以提升数据的决策支撑价值。

(三)运维——贯穿始终,数据管理

随着数据采集、数据清洗、数据探索等技术不断发展,自动化、智能化程度不断提高,管理会计报告的发展趋势将会走向实时报告,快速响应前端业务变化,提供实时数据分析和动态经营预测,而实现这一切需要建立在对数据进行持续运维的基础上。数据运维贯穿编制管理会计报告的全过程,实质上是持续的数据治理过程,数据治理有助于管理数据、持续提升数据质量,是实现数据价值的重要保障。

关于"数据治理",各界对此尚未有一个准确、统一的定义,数据研究的相关机构给出了各自的定义。国际数据治理研究所(Data Governance Institute,DGI)认为,数据治理是包含信息相关过程的决策权及责任制的体系,按照达成共识的模型执行,模型明确"在什么时间和情况下、用什么方法、由谁、用哪些信息、采取哪些行动"。国际数据管理协会(Data Management Association,DAMA)认为,数据治理不仅是一种框架的规范,还是一个可以被实践的职能模块,是对数据资产管理行使权力、控制和共享决策(规划、监测和执行)的系列活动。国际商业机器公司(International Business Machines Corporation,IBM)认为,数据治理是组织管理信息知识并回答问题的能力,如数据自哪里、数据是否符合企业制度及规则。数据治理实践提供了一个全面的方法管理、改进和利用信息,以帮助决策者树立对业务决策和运营的信心。

数据治理能够规范数据标准、把控数据质量、促进数据在企业范围内实现集成与共享,是企业数字化的基础。数据治理不仅强调治理数据的技术和规则,还注重组织中与数据相关的权责分配;不仅包含对企业主数据、元数据、数据安全、数据质量等一系列治理的内容,还涉及企业方方面面的治理机制和管理机制。企业只有建立了完善的数据治理体系,按照科学、可行的方案开展企业数据治理,才能使更多的数据被发现、被定位、

被利用,从而更好地支持管理会计报告的编制,满足业务、财务和管理相关需求。对于财务来说,不能脱离企业整体的数据治理战略方案独立进行数据治理,但是也必须重视数据治理;如果不进行数据治理,便会产生很多数据相关的问题。

因此,财务数据治理工作具有重要意义,可以从管控层面与执行层面两个层面着手。一方面,管控层面的治理要紧贴企业级数据治理规划,包括设置符合企业数据战略的治理目标、建立并持续完善财务数据治理制度、设立权责明确的财务数据治理组织、建立有效的沟通和协商机制。另一方面,执行层面即具体的财务部门可以通过"盘、规、治、用"四个步骤建立良好的数据生态,其中"盘"意味盘点财务数据资源,"规"意味建立统一数据标准规范,"治"意味持续数据质量管理,"用"意味推进数据治理平台规划与建设。

四、管理会计报告的落地实施

数据价值链与数据治理是帮助管理会计报告挖掘数据价值、支持经营决策的方法与路径,技术平台是支持数据价值链与数据治理落地实施的核心要素。构建技术平台能够帮助企业提高数据质量、释放数据价值,支撑企业管理会计报告的编制与展现。

以中兴新云财务数字化技术平台(图2-3-5)为例,其由财务算子平台与财务数字化应用场景构成。财务算子平台能够实现对企业内外部数据的采集、加工、计算与建模等数据治理相关任务,提供数据服务,主要包括数字化计算引擎、数据建模、数据工厂以及可视化功能模块。而财务数字化应用场景则是承接财务算子平台的运算结果,通过形成直观的可视化分析与展现,帮助企业高效决策、敏捷运营。

中兴新云财务数字化技术平台能够为企业构筑稳固全面的财经数据底座,重构数字化的管理会计体系,实现财务对多业务场景和经营管理的决策支持,帮助企业更好地把握环境变化与行业动态,及时做出应对策略,并能够洞察经营规律,更准确地预测未来。下面介绍财务算子平台的几个模块。

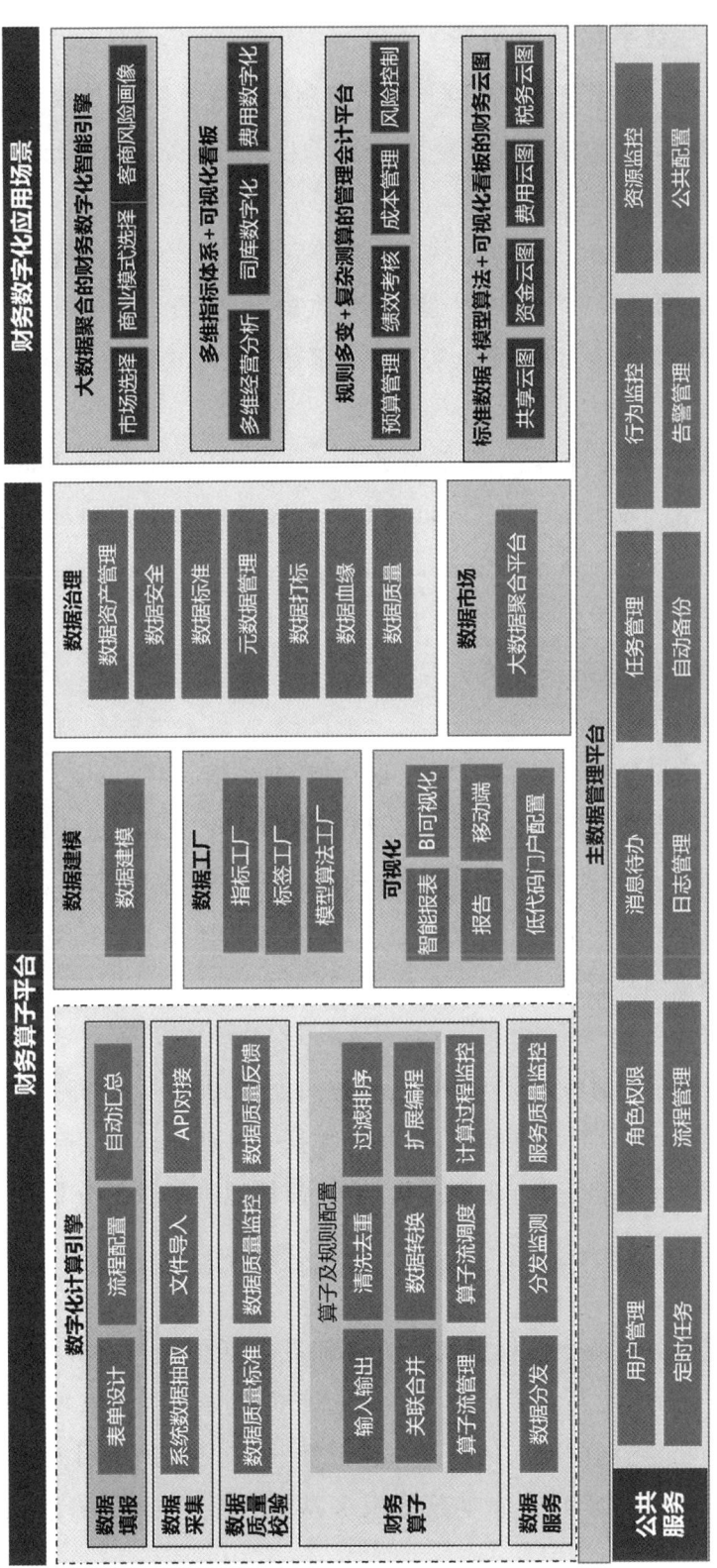

图 2-3-5 中兴新云财务数字化平台架构

（一）数字化计算引擎

数字化计算引擎为管理会计报告编制提供数据基础，该模块包括数据填报、数据采集、数据质量校验、财务算子与数据服务五个部分。

1. 数据填报

数据来源不统一、数据结构不一致等问题都会严重影响管理会计报告的结果，数据填报功能支持海量线下数据的汇聚，通过导入或人工填报功能高效管理数据表，助力企业实现内外部数据一站式汇聚。

2. 数据采集

数据采集支持客户关系管理（Customer Relationship Management，CRM）、产品生命周期管理（Product Lifecycle Management，PLM）、企业资源计划（Enterprise Resource Planning，ERP）、办公自动化（Office Automation，OA）系统等多种数据源的对接，提供多种数据采集路径以满足不同的数据需求，高效破解数据采集难题。

3. 数据质量校验

数据质量校验可对字段类型、重复值、缺失值、字段长度、字段数据范围等进行规则配置与质量校验。系统提供多样化定义数据质量规则与控制策略，为企业输出数据质量报告，并设置通知策略，当数据质量不满足要求时，自动提醒相关用户进行整改，提升数据质量管理的效率，实现企业数据质量闭环管理。

4. 财务算子

财务算子使财务人员可将财务传统的公式、表格等复杂测算通过算子进行拖拽、编排和可视化配置，精简大数据工具使用流程，降低大数据分析的专业技术门槛，助力业务人员高效、简捷地进行数据分析挖掘，赋能业务，支撑决策。

5. 数据服务

数据服务支持企业根据实际业务需要灵活增加与各异构系统之间的接口，充分满足系统集成需求。通过数据服务总线的监控、统计分析能力，还可清晰洞察接入的数据服务数量、服务之间的调用关系、服务的调用状况等，从而实现企业数据服务从无序管理到数字量化管理的转变。

（二）数据建模

数据建模提供丰富的数据处理算子，用户通过无编程、可视化、流程化、可拖拽形式，就可以完成数据导入、数据处理、算子建模和图表生成。在配置算子时，指定所用数据、选择算法、配置参数，即可进行数据计算或数据训练，让企业全员都可进行算法探索，挖掘数据的潜在价值。在编制管理会计报告的过程中可以按照管理者需求的变化灵活配置算子，及时输出分析结果。

（三）数据工厂

数据工厂包括标签工厂、指标工厂及模型算法工厂。企业可以根据需求自定义标签规则和指标梳理规则，构建标签工厂与指标工厂，利用算法自动为数据打标签，用数据指标和数据标签刻画数据画像，抽象出业务实体的信息全貌，有利于管理会计报告指标体系的建立与完善。并且，企业也可以通过整理、归集历史构建完成的模型，形成企业专属的模型算法工厂，帮助企业在面对未来新的业务需求时做到开箱即用。

（四）可视化

可视化模块通过"智能报表＋报告＋商业智能"展示，满足各层级管理者对管理会计报告的可视化分析需求。智能报表系统能够提供 Excel 形式操作、智能公式向导，支持参数、宏及所有常见表达式的应用，实现复杂多样报表的快速出具。BI 可视化系统支持多维数据展示、图表联动、数据下钻等功能，当业务需求发生变化时，通过 BI 系统能够快速地重新组合并生成新的可视化报告，帮助管理层实时掌握企业经营状态。可视化模块的应用让企业管理者与财务人员无需编写代码即可完成业务数据可视化分析，优化了管理会计报告的展现形式，以实现管理效率提升，助力企业数据价值深度挖潜。

五、总结

管理会计报告的本质是面向企业管理决策和未来发展。强化管理会计报告，建设并完善管理会计报告价值体系将会成为企业提升管理水平、实现科学经营的重要内容。数字化时代下，企业通过"设计、生产、运维"三大模块构建管理会计报告价值三大体系，并将数据价值链与数据治理技术应用于财务领域，能够有效提升数据采集清洗和加工处理的自动化、智能化程度，为实现管理会计报告的多维度、多层级和实时化、可视化提供技术支持，助力企业构建经营分析大脑，全力驱动和实现经营管理的实时监控、合规风险的智能防范、未来发展的预判。

十大信息技术在会计核算服务中的应用

张伟,用友网络科技股份有限公司

目前,企业面对的国内外商业环境的不确定性日益增加,大型企业需要对资源投入、经营成果等进行更实时、更精细、更多维的记录与度量,以提升企业的管理水平和经营效益。随着数字化技术的发展,以移动互联网、云计算、大数据、人工智能、物联网、区块链为代表的新兴技术,深刻影响了企业的日常经营。企业财务组织作为企业日常经营活动的信息汇聚中心,承担着提供财务数据记录、披露及分析的数据服务职责,受到数字化技术的变革驱动更为显著。在数智化时代,财务转型升级需要以信息化向数据化的技术转型为支撑、以智能会计为目标,构建实时化、智能化、精细化、社会化的企业数字神经系统,走向全面商业数据服务。

一、新技术引领会计核算服务变革

每一次商业变革,信息技术都是重要的驱动力量。当前新技术不断涌现,包括移动互联网、云计算、大数据、人工智能、物联网、5G、区块链等,新技术与新业务、新模式共同发展并互动融合,不断推动产业的转型、升级和变革。

随着移动技术飞速发展,各类智能设备快速普及且终端能力持续增强,移动互联网将移动设备、移动互联网通信技术和互联网结合起来成为一体,让用户可以随时随地使用各种应用和服务。随着5G技术的进一步成熟,人工智能、物联网、云计算和虚拟现实将推动移动互联网裂变式发展,让移动应用更加复杂、形态更加多样,用户将会面对更加智能的交互界面、持续在线的服务,以及富媒体、AR/VR等全新的移动应用,这也为企业移动化建设带来了新的机会与挑战。

云计算诞生以来,随着云的规模化发展,价值体现越来越明显。通过将计算资源进行集中化和标准化,从而实现便捷的、可配置的按需获取。得益于云计算的基础设施能力,云业务模式提高了商业生态环境中各方的协作效率和互通互联的便利性,实现了资源的高效聚合、共享和重新分配,提供了标准化、可扩展的服务,帮助企业快速实现商业创新。

随着数据技术的不断发展,大数据已经超越数据本身,逐步转向数据的资产化和服务化,转向挖掘与分析数据带来的商业价值。以内存计算、分布式并行处理、数据挖掘为代表的大数据技术,在应对海量、高增长和多样化的信息化资产时,可以为企业提供更智能、更科学高效的决策分析、洞察发现和流程优化能力,支持上亿级数据的存储和计算,为企业的数智化转型提供大数据支撑。

人工智能进入快速发展时代,深度学习、机器学习、强化学习等新一代人工智能的训练和学习方法,在有限可能性框架下已基本超越了人类技能。数据、算法、算力三要素的快速升级,加上神经网络解释器、小样本联想式学习、联邦学习等多方人机协同的新技术,也为人工智能服务进入企业内外部价值链提供了可能,基于自组织、自学习、自协作等"业务—数据—智能"构建的智能时代新"三元组",成为企业数智化变革的新驱动力。

全球制造业正面临严峻的发展形势,以物联网为代表的新技术成为发挥工业等基础性行业竞争优势的主要推动力量,区块链、边缘计算、人工智能、5G等新技术不断注入物联网,从人与人的链接延伸到物与物、人与物的链接,为物联网带来新的创新活力,呈现出"边缘智能化、连接泛在化、服务平台化、数据延伸化"的新特征。物联网与工业相结合持续创新,推动传统产品、设备、流程、服务向数字化、网络化、智能化发展,加速重构工业发展新体系。

区块链利用加密的链式区块结构来验证和存储数据,使用P2P网络技术、共识机制实现了去中心化交易过程中节点之间信息的可靠传递,具有数据不可篡改、公开透明、可追溯等特征。区块链技术作为构建价值互联网的基石、产业互联网的价值连接器、驱动新经济发展的引擎、未来经济建设的新型基础设施,正逐步开始赋能我国新经济建设,构造可信任的企业合作伙伴关系和社会化商业价值网络,营造共享、共赢、互信的社会化商业创新生态环境。

数字化技术的日益发展演变,以移动互联网、云计算、大数据、人工智能、物联网、5G、区块链为代表的新技术,深刻影响了企业日常经营。财务作为企业日常经营活动的信息汇聚中心,承担提供财务数据分析的数据服务组织,受到的影响更为重大,其中对财务部门在会计信息的加工工作的变革驱动更为显著。

目前,国内外经济环境紧张,企业面对商业环境不确定性日益增加,一方面,大型企业财务部门对外承担着满足监管机构以及社会要求,及时、真实、公允地披露会计信息的责任;另一方面,其对内也担负着通过精细化核算,提升企业经营管理效率的职责。因此,大型企业需要借助财务数智化技术,对企业资源投入、经营产出成果等进行更细颗粒度、更多维度、更加及时地记录与分析,提升企业的会计核算服务水平。

二、会计核算已进入实时会计时代

会计核算按照发展的历史阶段,可以分为如下四个时期:

(1) 手工记账时期。这个时期采用人工记录的方式,会计信息的载体是手工凭证及账簿,如总分类账簿等。

(2) 会计电算化时期。随着信息化的逐步发展,会计核算进入了电算化时代,这个时期是线下记录线上化的过程,会计的信息载体是电子会计凭证,凭证是记录一切业务发生活动的依据。

(3) 会计信息化时代。会计信息化时代显著特征是实现了业财一体化,伴随着 ERP 的普及,会计核算基本以业务模块或者业务系统为起点,以业务单据为依据进行会计信息的综合加工,按月生成汇总凭证及财务报告。

(4) 实时会计时代。实时会计是指在前端业务发生时即实时核算、实时控制、实时分析反馈的会计核算体系,以经济业务活动为依据,实时计量记录,实时生成会计信息,提供更具时效性的财务数据服务。

大数据技术的发展,对会计信息的加工产生了深刻影响。对于大数据(big data),研究机构Gartner给出了这样的定义:大数据是需要新处理模式才能具有更强的决策力、洞察发现力和流程优化能力来适应海量、高增长率和多样化的信息资产。大数据需要特殊的技术,以便在相对较短的时间内有效地处理大量的数据。适用于大数据的技术,包括大规模并行处理(Massively Parallel Processing,MPP)数据库、数据挖掘、分布式文件系统、分布式数据库、云计算平台、互联网和可扩展的存储系统。在大数据技术的支持下,我们的会计核算可以向实时、智能的方向发展,也就是实时会计时代。

三、实时会计实践

随着实时会计在财务中的深入应用,各行业的头部企业已经构建起实时会计的信息系统平台。

以某国际领先航空企业(以下简称航司)为例,其机队规模、航线规模、营收规模居于世界领先地位,常年居于世界500强之列。随着该航司的企业规模不断扩大,其在经营上也追求卓越管理。基于企业管理及财务转型等需要,该航司率先构建了支持实时会计的责任会计系统平台。

(一) 管理背景

1. 战略发展要求

民航业经过初创、军转民和企业化、政企分离、深化改革四个时期,目前已经进入高速发展阶段。在深化改革时期,该航司真正走向了市场化道路,提出了建设具有全球竞争力的世界一流航空运输企业的宏伟愿景,明确了"三二四五三"战略框架。其中,第一个"三"是"三个一流"的战略目标,"二"是打造广州—北京"双枢纽"的战略布局,"四"是"规范化、一体化、智能化、国际化"的战略取向,"五"是党的领导、治理结构、战略管理、市场机制和企业文化五个体系,共同构成现代化的治理体系和治理能力。最后一个"三"是加强条件、资源、环境三方面的保障。

以该战略为导向,责任会计核算作为企业治理的五大原则之一,是顺应该航司当前战略发展的要求。

2. 集中化运营管理的需要

作为交通行业,路权是核心资源。该航司一直在推动内部集中化的航线管理,表现包括成立统一的运行指挥中心,能够将全国的航线做统一的调配;成立销售委员会作为管理组织,对内负责所有支撑飞机运营的资源调动;推行内部矩阵式的管理,即集团的业务板块总部直管各分子公司的相应部门,所有管理层级的汇报和管理决策下达都跨越法人条线,直接进行传达和管理。

3. 财务转型要求

该航司已经建成了三位一体的财务组织架构,实现了战略财务、业务财务、共享服务的职能分工。其中,业务财务部门聚焦于企业经济活动的管理和分析,承担着把责任账算清楚的职责,需要有"数据+平台+应用"的财务数智化平台支撑,构建满足财务会计核算、管理会计核算的业财深度融合的财务数据中台。

4. "不确定性"背景

近年的整体经济环境与新冠疫情加大了企业经营的不确定性,企业对未来经营与财务状况的预期变得更加困难,企业的经营管理必须向纵横延伸,横向打通业财融合壁垒,使实时会计覆盖企业全价值链,纵向精细化管理分析的数据维度。该航司要求做资源精细化的管理,在企业内部推行"阿米巴"管理机制,实现内部各个责任单元的责任会计管理。在推行责任会计管理的过程中,要求企业的业务财务能够按照责任会计核算的要求,把各个责任单元的"责任账"快速、准确地算清楚。

基于上述背景要求,用友公司同该航司开展了关于责任会计核算的合作,主要目标是实现责任会计核算的准确度,提升效率。在推进责任会计核算的过程中,主要面对的挑战是企业对内考核的主体是划小的责任组织,责任组织的管理账需要在最小化业财组织、不增加工作量的情况下,尽可能地进行自动化计算;并且计算的过程和结果需要做到公平、公正、公开,因为责任组织的核算结果会作为组织及个人绩效考核的重要依据,对责任组织的激励产生影响。

(二) 方案设计

1. 实时责任会计核算模型设计

1) 责任会计核算特点

责任会计管理是按照精细化管理思想,运用管理会计工具,以责任单位作为价值创造中心和市场经营主体,把每项业务、每项资产按照市场化模式模拟运营,计算投入产出,形成各责任单位价值贡献评价,并同考核体系相结合,引导资源合理配置。

责任会计核算需要对各责任单位的收入、成本、费用等进行精细的核算和汇总,为了保证企业和各责任单位的信息数据能够及时反馈给管理层,责任会计不仅要做到准确、及时核算,还要做到对各种经济活动的业务、会计信息进行准确、及时的记录、传递和报告。因此,责任会计核算对经济业务过程中的业务数据和会计信息提出了更高的业财融合、核算实时性的要求,即实时核算、实时控制、实时分析的实时会计。

2) 责任会计核算模型

从实际来讲,公司的利润都来自外部单位,该航司内部单位、部门间的服务是不会产生实际收入的。该航司希望运用责任会计核算的工具,通过梳理各个业务组织的业务以及内部责任单位组织的服务上下游关系,将代表本责任单位的产出贡献量化统计,再结合内部市场化定价原则计算内部模拟收入。

责任会计核算模型的构建原则是将各责任单位的每项业务或资产都视为独立经营体,该航司按市场化的方式采购相关服务或保障,通过内部模拟计算其价值贡献。

目前该航司采用了"大运行"模式,根据各责任单位职能定位和业务范围,采用化整为零的方式,先建立每项业务价值评估的基础模块,再根据各责任单位的业务类型进行自由组合,最终形成评价各责任单位的责任会计核算模型。

(1) 首先,"1+8+N"价值评估模块。

为保障飞机正常运行,各板块作为服务保障单位,提供八项主要服务保障业务,形成销售收入、飞行小时、航班量、旅客量、货邮量、维修工时等业务产出,通过模拟定价将业务产出转化为收入,同时匹配相应的资源占用和成本消耗,形成价值贡献评估结果,即"1+8+N"的价值评估模块。其中:"1"主要是指机关行政单位模块;"8"是指航空主业模块,包括客运营销、货运营销、飞行、运行指挥、机务维修、地服、乘务、保卫八项业务;"N"是指后勤保障特色业务,如出勤楼、信息技术、基建、食堂、培训等。分子公司的模拟利润,即价值评估就是公司按市场价向各单位采购这些服务并确认为收入,然后与各单位提供服务保障发生的成本进行了比较,产生模拟利润。

(2)其次,矩阵系统价值贡献模型。

该航司管理口径的组织具有矩阵概念,即各服务保障单位是由公司保障单位,加上分子公司保障单位共同构成,因此,除了评估本单位负责具体生产保障任务的价值贡献,还需要评估其管辖的矩阵系统的价值贡献,构建"$1+\sum A$"的价值评估模型。例如,客运业务价值评估,既包括公司客运业务的价值评估,也包括区域营销中心、分子公司市销部、营业部、办事处等矩阵管理下属单位或子业务的价值评估。

价值贡献点是能为公司带来效益的各项活动,可以大致分为基础服务、增值服务和第三方服务三个方面。以地服为例,基础服务是指为公司航班提供地面代理服务所获得的模拟收入;增值服务是指开展逾重行李、升舱、保险代理、一人多座等增值服务所获得的模拟收入或实际收入提成;第三方服务是指代理外航服务所获得的实际收入。

3)责任会计体系核算方法

该航司的责任会计核算主要是将股份的业务运营单位、分子公司划分为责任单位,全面搭建管理口径的责任体系,将经济效益的指标分解到各责任单位,对收入、成本、费用按核算目的归集,以便于满足该航司对矩阵组织的权、责、利的精细化管理和管理分析的要求。责任会计体系是以"责任凭证"形式承载管理口径的内部核算数据,主要包括损益类数据的归集与核算。

收入核算方法及逻辑:外部收入核算以原始事项形式从外部系统采集公司,并转换为符合管理、核算、分析的规范化数据;内部模拟收入核算通过构建责任单位间的服务交易关系,结合市场化定价原则核算。

成本费用核算方法及逻辑:可直接归集的成本费用,如所有运输成本、运营性费用从外部系统直接归集；多个责任中心共同受益的成本及费用，指无法直接落实到具体部门的成本会按照内部管理考核要求暂时归集到某利润中心，再按照一定分摊规则最终进行责任落实。

基于各责任单位凭证数据的归集，在智能分析平台以责任单位作为考核主体，实现考核单位的精细化管理，助力各责任单位通过内部模拟计算其价值贡献，进行经营盈亏分析与可视化图表呈现，为管理决策提供强有力的支持。

2. 实时责任会计核算技术设计

由于责任会计核算的颗粒度以及时效性要求，决定了需要融入新的方法、技术以及技术架构进行支撑，主要包含三个方面。

1）事项法会计理论

事项法会计是采用了20世纪50年代乔治·H·索特的理念、应运而生的技术或者服务，会把经济活动转化为事项的形式进行相应的记载。

2）大数据技术

前端的业务活动是形成后端核算的主要信息来源，经济活动里面包含的信息是非常丰富和复杂，需要有一种技术手段帮助我们处理海量的数据。同时，这种数据也是非结构化，包括图像、语音，都需要大数据技术进行采集和相应的处理，基于所有的前端数据经过财务的业务处理之后，相应产生满足对外披露的法定报告和满足对内管理的管理会计报告，实现实时会计闭环。

3）智能动态的会计平台

会计平台不光要满足对内的管理和对外的披露，要满足日常所使用的科目、相应的组织变化，业务活动发生变化时这个平台能够快速地去介入以及适配。

结合责任会计的实时性特点，以及其支撑的大数据技术，按照数据采集、数据处理、数据展示的数据服务生命周期，我们认为需要有几个系统共同支撑责任会计核算（图2-4-1），主要包括以下几个方面。

（1）数据采集平台。该平台以数据移动、数据仓库、大数据和人工智能等数据加工处理技术为基础，能够提供数据湖、数据移动、主数据管理、画像标签、关系图谱、智能分析等数据服务功能。

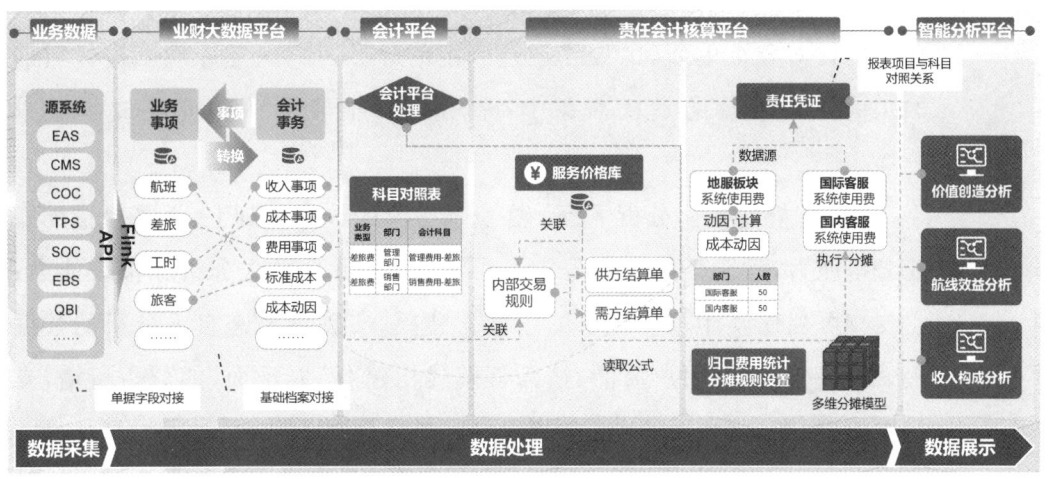

图 2-4-1　基于事项法会计的实时责任会计核算解决方案

(2) 连接集成平台。该平台提供连接集成网关、连接器 & 开放 API 的构建与管理、运行状态的可视化监控，在公有云、混合云、私有云环境下连接应用、数据、设备，能够迅速、便捷地实现服务连接和集成。

(3) 业财大数据平台。结合"事项法会计"理论，构建业财融合的数据底座，在多业务系统与会计服务、数据服务之间构建一个"精细、多维、实时"的业务事项数据采集与梳理平台，可利用会计平台把事项库中的事项数据生成多核算目的、不同会计主体的会计服务数据，可利用数据服务实现多维度数据的可视化。

(4) 基于业财数据的会计平台。该会计平台是会计服务实现财务和业务一体化的关键应用，对经营业务活动进行有效的描述，并形成统一的记账凭证，然后反映到销售收入、费用、成本等财务科目上，并且通过辅助项目记录完备的经济信息，对各业务系统的业务事项自动生成实时责任凭证。

(5) 实时的责任会计核算平台。责任会计核算以为企业管理者提供各责任单位履行其经济责任的会计信息为目的，按照责权利相结合的原则和内部管理目标，将企业各个核算单位划分为若干个责任中心，对责任中心的运营结果进行及时准确核算，为管理控制与考核评价、业绩分析提供及时可靠的基础依据。责任中心通常可以划分为利润中心、成本中心等，在责任组织的基础上进行责任核算，按照内部管理目标，基于内部核算组织、核算口径进行收入、成本归集,对于在收入成本确认不能直接明确到责任对象上的收入、成本通过一定的分拆、结算、还原规则进行后期加工确认到受益的责任对象上,最后再将不能确认的公共成本进行分摊。

(6)智能的数据分析平台。在责任核算的数据基础上,该平台借助智能分析能力,赋能企业数据分析与可视化,提供自助式分析和报表能力;它支持可视化设计态环境下的个性化建模,实现浏览态自助分析的数据探索,帮助各层级用户灵活、按需订阅式构建"一人千面"的分析情境,支持更快、更准、更可用的辅助决策。

3. 实时责任会计核算的信息处理过程

上述技术及平台,共同支撑数据采集、数据转换,以及数据应用。从数据的全生命周期角度来看,大数据技术支撑了会计信息处理的全过程。

1)数据采集

现在支持数据采集的技术非常多,而且针对各种各样的系统、数据库可以采用不同的更适配的技术进行相应的数据采集(图2-4-2)。从技术发展趋势来看,数据的集成不再通过传统的点对点的方式进行集成,应该采用平台化的方式完成数据集成的工作。数据采集阶段,可以应用数据移动、数据湖等技术作为支撑。

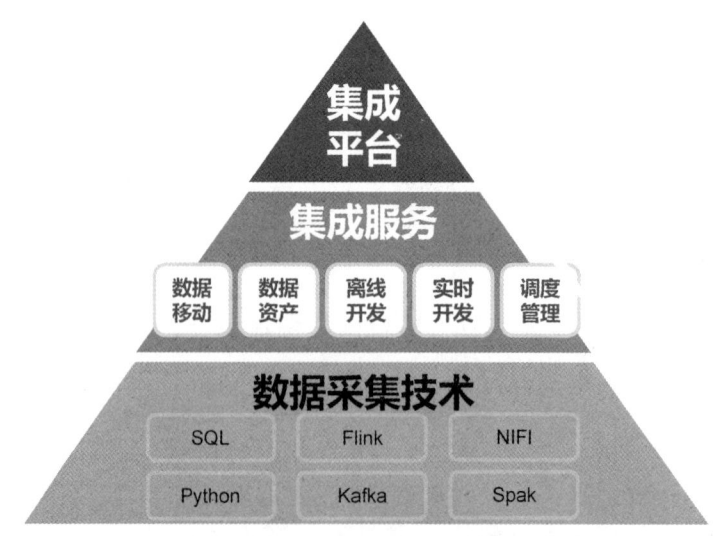

图2-4-2 数据采集架构

2) 数据转换

数据转换的内容包含基础数据的转换和业务数据的转换两个层面,基础数据的转换本质上是财务主数据的梳理与转换过程(图2-4-3)。航空企业是重资产行业,其内部的业务系统数量众多,主数据管理非常具有挑战性。在搭建财务核算体系时,先进行信息技术系统的调研,确立财务应用的主数据来源系统与标准。在主数据的标准确立之后,不同来源的业务系统需要按照此标准进行映射转换;然后是业务数据的采集和转换,按照事项法会计理论,在确定数据来源的外部系统之后,再进行相应业务事项的梳理,将业务事项向财务事务进行转换,主要是通过如下转换步骤。

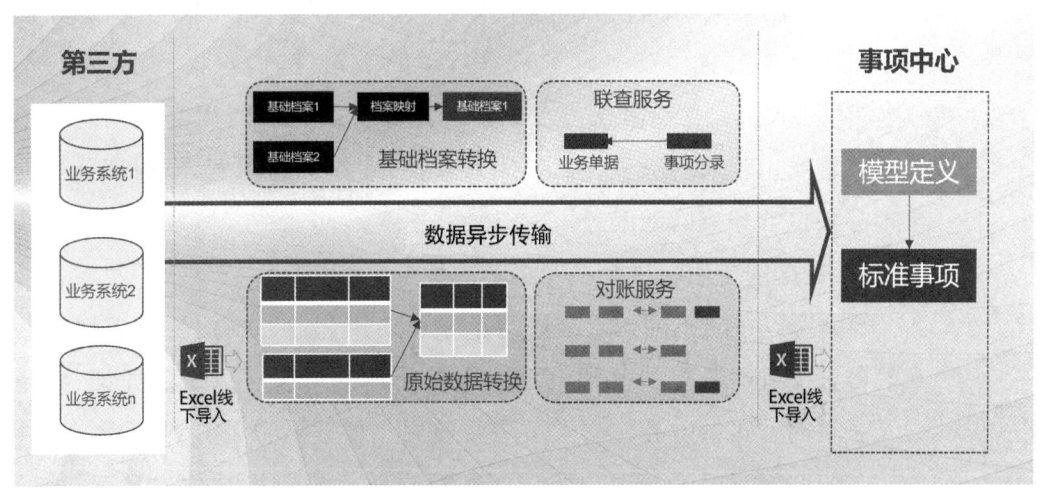

图 2-4-3　数据转换过程

(1) 明确责任核算需要的业务系统和具体的字段,实现业务字段的提取来源的确认。

(2) 对于多个系统采集的数据,需要确定唯一主键,通过唯一主键串联各个系统中的信息。例如,责任核算需要对人力成本进行明细的计算,需要获取人员所属责任组织、法人公司、职级、职务、办公地点等。上述信息可能存在于人力资源系统、物业系统、合同系统等多个系统内,这时可以员工工号作为唯一主键,通过员工工号将各个系统的字段进行拼接,形成多维的信息描述,供不同目的核算应用。

(3) 业务事项向会计事务的转换。数据采集进入事项中心之后,成为"业务事项",具备了向财务口径转换的基础。其向会计事务转变过程中,业财人员提供相应的事务的标准。例如，为完成内部结算所需的字段，为完成内部分摊所需的分摊动因等。我们会根据提供的事务标准在事项中心注册会计事务，从业务事项向会计事务进行转换，在转换的过程中就完成了业务数据向财务数据的转换。业务事项到会计事务转换过程中是不会进行汇总合并的处理的，转换的数据颗粒度为交易级的明细数据，前端的业务系统的业务字段信息都将转换到财务数据，这是我们理解的深度的业财融合。

（4）数据的融合。在会计事务处理阶段就形成了事项分录，但不是传统的会计分录。传统的会计分录可记录的颗粒度有限，每一条记录的辅助核算项（维度）也非常有限，但事项分录里面包含丰富的业务信息和财务信息。财务信息主要是财务核算所需的基本信息，包括原币种类、金额、实体、期间等；业务信息包含丰富的业务字段，例如，内部收入的事项分录包含产生收入的机型、机尾号、乘务长、乘务员的级别等；内部分摊的事项分录包含分摊的动因等。

3）数据的应用

数据可以按照不同的层级进行个性化应用。业财部门要求按照财务核算的标准进行数据的呈现，因此，数据处理的结果可以按照凭证、账簿以及报表的方式供财务部门人员进行使用。管理层希望看到的是综合性的、可视化的数据，系统可以将丰富的事项信息进行可视化的呈现，辅助管理层进行战略决策；业务经营层人员希望能够快速进行建模，进行自助式的分析，而智能分析系统可以通过智能分析能力，支持业务经营层人员可视化建模，实现浏览动态、自助分析的数据探索。

（三）方案价值

航空公司实时责任会计核算体系的建立是一个长期的过程，体系的梳理要遵循"整体规划"的原则，从全局角度进行考虑。在系统落地层面，要按照"分步实施、适度超前"的原则，分阶段稳扎稳打地实现涵盖各个责任中心、各个层次的业务以及信息化系统架构，并且在推进过程中，结合航空业经营管理和业务操作特点以及实际需求，以规划为先导、以需求为导向、以网络为基础、以应用为重心、以效益为目标、以数据为核心，整合各种信息化资源，提升信息化职能，服务企业大局，搭建一个较为先进的信

息化平台,为企业的高速发展提供决策数据。此方案的价值突出体现在三方面:

(1) 财务业务处理模式的创新。"流程型"转化为"数据驱动型"的业财融合:过去单据是流程的信息载体,流程的连续性表现为单据的连续性,但在会计处理过程中大量的业务信息丢失了,只满足了对外披露和核算的需要,不能满足内部管理;现在在流程联系的基础上,业务信息大量地携带到财务端,支持多种数据消费。

(2) 财务中台架构的创新。全新的业财融合模式,解耦业务系统与财务系统之间的关系,搭建业财融合的桥梁。

(3) 财务技术应用的创新。数据级、多系统、混合云的集成方式;融合大数据技术,处理的数据量更大、数据类型更加广泛;平台化的集成方式,支持多元异构系统集成,平台扩展能力可以快速实现系统的数据集成。

四、总结

在新技术和新商业模式的影响下,财务的核心价值、服务特性、组织职能、服务对象等,都会发生巨大变革。从传统的对外的财务会计,转向管理会计,转向数据服务。财务组织数字化转型的目标之一是通过构建企业大数据中心,走向全面商业数据服务。会计服务基于"大智物移云区"等新技术,基于社会化商业新模式,基于事项法会计理论,构建起基于事项库的业财融合底座、多核算目的的财务会计与管理会计的实时核算,以及实时报表分析的新核算平台,帮助企业搭建实时、精细、多维、可视、智能的新财务体系,助力财务数字化转型。实时会计主要有如下价值:

(1) 建设"财务大数据中心"的基础。推动会计工作从以流程为中心,转向以数据为中心,充分释放"会计"的信息加工能力。

(2) 深度灵活的业财融合。灵活便捷地实现与多元化业务系统的业财融合,包括"数据融合+业务穿透"。

(3) 会计记录的实时高效。伴随经济业务的发生,实时实现会计数据的孪生;实时生成会计数据、报告。

（4）精细多维的会计数据。打破价值型会计数据壁垒,实现事项级会计数据的记录计量,以及会计数据精细化多维度的终极目标。

（5）实现财管同源。基于同一经济业务数据生成的事项级会计数据,可同时满足财务会计数据及管理会计数据要求。

十大信息技术背景下信息安全技术对会计工作的影响

金源，中国会计学会会计信息化专业委员会委员

近年来信息技术在会计和财务管理工作中得到了广泛应用，新系统与新技术消除了重复枯燥等操作性的会计工作，不仅能提高工作效率，还能加速业财融合，并且信息系统在运行过程中积累了大量数据，辅以积极的数据管理可为数据驱动的决策提供基础支撑。然而，不断发生的信息安全事件提醒我们，信息技术是一个双刃剑，给企业带来便利的同时也需要企业应对信息安全问题的挑战。这些挑战一方面体现在信息技术层面的安全，随着企业的发展壮大，财务信息系统越来越复杂，如何防止财务系统被恶意攻击导致停止响应、财务数据被非法访问、数据泄露或被恶意删除等，另一方面是人的因素在信息安全中的重大作用，人为的疏忽为不法分子提供了可乘之机。因此，我们在此讨论信息安全技术旨在重申信息安全在新技术应用中的重要性，并且从技术与管理两个层面探讨如何保障会计与财务工作中的信息安全。

一、会计信息安全现状

近年来，国内外数据隐私泄露事件频发，涉及面广、影响大，相关企业因此陷入数据保护合规性与社会舆情压力的双重危机。根据身份盗窃资源中心（Identity Theft Resource Center，ITRC）发布的 *2021 Data Breach Report* 显示，2021年共发生了1 862起数据泄露事件，事件数量同比增长

68%,据不完全统计仅近一年里全球十大数据安全事件共有近8亿人受到影响。由此可见,信息安全是现今每个企业都必须面临的严峻考验。

随着信息技术的高速迭代,技术赋能财务数字化转型的趋势让会计从业人员欢欣鼓舞,会计从业人员也积极探索新技术的应用。会计信息化系统不仅自身变得越来越复杂,还与外部系统有着大量的对接,因此,其面临着越来越多的安全风险。例如,2020年,某两家知名ERP企业公布并修复了400多个通用漏洞评分(Common Vulnerability Scoring System,CVSS)达10分和9.8分的高危漏洞。攻击者可以利用这些漏洞读取和修改财务记录、更改银行信息、查阅个人身份信息,甚至是删除或修改活动痕迹、日志和其他文件。

在此背景下,信息安全问题逐渐被会计从业人员所关注。美国注册会计师协会于20世纪末开始每年评选影响北美会计从业人员的十大信息技术,从2012年评选结果(图2-5-1),我们可以看到多项与安全相关的技术榜上有名且排名靠前,这包括隐私保护、IT环境安全、数据管理和保存等,表明北美会计从业人员对信息安全的重视程度很高。

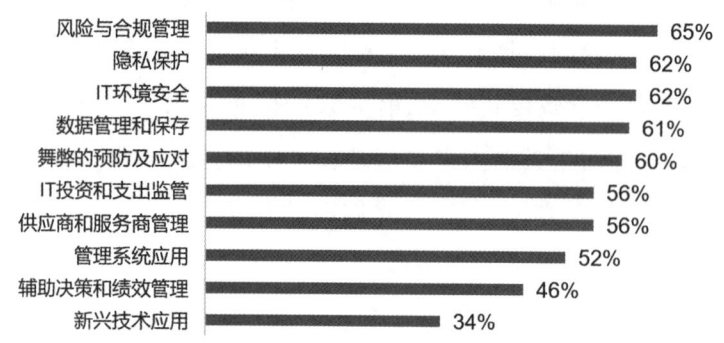

图2-5-1 2012年美国注册会计师协会评选的十大信息技术评选结果

数据来源:https://www.gaodun.com/aicpa/4949.html。

但是,根据近5年"影响中国会计从业人员的十大信息技术"评选结果,我们不难发现,在2017—2021年榜单中,仅有身份认证和数据安全技术直接关乎信息安全问题,这说明在财务信息化建设过程中,会计从业人员对于信息安全技术的重视程度可能还不够。

二、会计信息化面临的安全风险

(一) 会计信息化系统建设过程中常见的风险

1. 本地化部署与云端部署的风险

随着云计算技术的发展和普及应用,企业在考虑部署会计信息化系统时,可以选择本地化部署,也可以选择部署在云端,除了成本、维护便利度等方面的考量,系统和数据安全风险是一个重要考量点。

1) 本地化部署的风险

本地化部署一般是企业自行建设完整的基础运行环境,完成系统实施后,企业还需要安排人员对运行的硬件、软件、网络等进行维护。本地化部署具有自主性高、灵活性强、网络带宽独立等优势,但是也面临一次性投入成本高、维护成本高、部署周期长等劣势。

很多企业选择本地化部署是担心 SaaS 厂商触碰企业的数据,损害企业的利益,然而,越来越多的企业发现本地化部署并不更安全、更划算、更好用。这是因为本地化部署并不意味着绝对安全,如果企业的系统监控、异常告警、数据备份、运维分权等安全措施做不到位,那么一样面临数据安全的问题。引发系统故障的原因很多,如硬件机器故障、民用电力设施的不稳定性等。企业内部的运维人员也可能是信息泄露的潜在因素之一。如果企业运维人员专业能力不达标、岗位权限混乱、安全意识差,那么在遇到外部攻击时,可能无法有效地实施防御措施。

2) 云端部署的风险

云端部署是指实际使用方只需提供系统的维护配置数据,运行的基础设施在云端,并且由提供云服务的服务商进行统一维护,不仅省去了基础设施一次性的成本开支,还能享受到一站式硬件、性能高弹性、高可扩展性、完善的数据备份和灾难恢复功能。关于系统和数据安全问题,有云服务商喊出了非常响亮的口号:"上不碰应用,下不碰数据。"对于任何有信誉的云服务厂商来说,保障用户数据安全就是公司长久经营的红线和底线。

云端部署又可以分为私有云部署和公有云部署。私有云是为企业能够单独使用而构建的云,它可以提供数据安全性和服务质量的最有效控制。私有云可部署在企业的防火墙内,也可以部署在主机托管场所。公有云部署是由第三方提供资源(应用、存储等),用户通过互联网来获取这些资源的使用,相比私有云的优势是成本更低。为了更加清晰地说明两者的区别,这里举一个比较形象的例子,如果把数据类比于人,而把服务器类比于住所,那么私有云部署模式就是租房住,公有云部署模式就是住宾馆,本地化部署模式就是自己买房子。

云部署也存在诸多缺点,包括保密数据的安全性差、网络性能影响数据传输效率和用户体验、系统之间的匹配性等问题。若企业选择的云服务商运作不规范,企业可能面临自身系统和数据安全的问题,严重时甚至导致企业丢失重要信息。

2. 应用 RPA 的风险

近年 RPA 逐渐成为企业数字化转型工具箱里的标准组件,满足了企业在自动化方面的诉求,协助企业提高工作效率,减少出错率。RPA 的普及应用程度反映在 RPA 市场数据上。2022 年 8 月 1 日,全球著名咨询调查机构 Gartner 在官网发布了全球 RPA 市场收入数据,其预测 2022 年全球 RPA 市场收入将达到 29 亿美元,相比 2021 年增长 19.5%。RPA 对财务数字化转型也发挥着重要作用,在 2022 年 7 月 30 日发布的影响中国会计从业人员的十大信息技术评选结果中,RPA(机器人流程自动化)、IPA(智能流程自动化)以 48.1% 的评分排在第 3 名,这与 2021 年评选结果相比(排名第 5)提升了两个名次。

随着自动化流程再造的不断深入,RPA 的实施也带来了新的风险。这些风险不仅包括 RPA 产品本身的安全缺陷,也包括 RPA 流程的设计缺陷可能成为新的网络攻击对象。

1) 滥用特权风险

RPA 需要特权访问凭据来执行其所需的任务。例如,登录 ERP、CRM、税务系统或其他业务系统以访问、复制或粘贴信息,或将数据从一个步骤移动到另一个步骤。RPA 持续运行的需求意味着这些特权凭据通常直接硬编码到机器人遵循的脚本或基于规则的过程中,或者这些特权凭据会以明文形式被事先写在一个文件里存放在文件服务器共享盘上，这个共享盘可能并不安全，其他人可以访问到这些凭据。此外，这些特权凭据通常是共享给多个 RPA 使用的，更新频率低导致这些账户和凭据长时间保持不变，增加了安全隐患，给网络攻击者可乘之机。网络攻击者可以将其窃取，升级特权并横向移动以获取对关键系统、应用程序和数据的访问权限。

2）网络钓鱼风险

与人相比，RPA 的判断力局限在它的代码逻辑里，它不但缺乏灵活性，还可能不完整。例如，一个电子邮件监控 RPA，负责监控收件箱里特定主题邮件，并且点击邮件里的链接跳转到某个网页后再进行后续处理。如果有人恶意钻空子往 RPA 监控的收件箱里发送了特定主题的邮件，但是邮件里的链接是一个钓鱼网站，钓鱼网站的网页布局和内容与正规网页丝毫不差，但是该网页是专门用来获取 RPA 在网页上录入的用户名和密码等信息的。若是人来执行，即使不小心访问了钓鱼网站，经过简单甄别后也能马上发现网址不对，但要 RPA 没有预设的代码进行甄别。

3）业务黑盒化风险

一般在开发 RPA 的过程中，某些业务流程被封装到了 RPA 里，RPA 运行时根据输入的数据给出输出。久而久之，很多细节上的处理方法除了最初部署的业务人员，用户并不清楚 RPA 代码里的逻辑。业务运行相当长一段时间后，也会出现原本部署业务的人员已经生疏而无法确知细节的情况。这就是所谓的"业务黑盒化"。当黑盒化情况较普遍时，就导致在人员轮换或调离岗位时，将给继任者带来困扰，当业务发生变化，原来的处理逻辑不再适用时，人工可能未发现故障导致错误持续。

4）运行偏差风险

运行偏差是指由于输入数据异常，但是 RPA 代码没有识别出异常，导致输出数据异常，并被录入系统里，导致"脏"数据入库的问题，而企业数据库管理员清除这些"脏"数据是一件不容易的事情。

5）更新系统风险

一般情况下，RPA 机器人都能与企业现有系统和 Web 服务器协同工作，但当系统更新升级或发生异常时，可能会出现系统不兼容的情况，RPA

难以在短时间内自动进行反应调整,导致造成错误或程序终止。如果RPA突然停止运行,那么相关业务处理也会受到影响,带来的损失难以估量。

3. 电子会计档案应用的风险

新冠疫情催生了居家办公模式,这给财务工作带来了一些挑战。比如,工作流程中产生的纸质档案的流转、归档、查询成为一个现实问题,这个时候会计从业人员就会发现电子会计档案的建设显得尤为必要。

传统的会计档案管理过程中存在会计凭证的附件收集零散、整理装订繁复、查询繁琐、保管存档受限等问题,同时采集数据较难、耗时、耗力,存在完整性、丢失破损的风险,产生了很多问题,如无法查验、重复报销、打印保存,录入错误等。

电子会计档案将分散在各个部门和团队的业务系统、费控、税务和资金系统打通,搭建数据流及信息流交互基础,对原始单据进行采集和关联以及同步,最终达到业务、财务、资金、税务融合一体化,降本增效并满足真实性、完整性、可用性、安全性需求,使得会计档案更加完整规范。

作为推动业财一体的关键环节,电子会计档案从数据采集、数据传输、数据匹配到数据归档,连接了多系统多平台的互联互通,采集和存储了大量的财务、业务的数据。因此,需要特别注意数据的保密问题,系统部署方式也需要结合企业的管理诉求及具体情况提前评估。档案系统的权限管控也需要进行精密的设计,避免数据异常泄露风险。

(二)会计信息化主要安全风险

1. 硬件设备风险

信息系统的硬件设备安全是信息系统安全的基础和首要问题。如果失去了这个基础,信息系统安全就变成空中楼阁。安全的硬件设备能做到高可靠性、高稳定性和高可用性。高可靠性是指设备能在一定时间内正常执行任务的概率高;高稳定性是指设备在一定时间内不出故障的概率高。高可用性是指设备随时可以正常使用的概率高。

硬件设备物理安全所遭受的威胁,大致可以分为:

(1)自然环境威胁,如火灾、地震、洪水、龙卷风、泥石流等极端的自然灾害等。

（2）供应系统威胁，如停电、通信中断、其他自然资源（如水、蒸汽、汽油）中断等。

（3）人为威胁，如未授权访问（内部的和外部的）、爆炸、愤怒的员工所造成的毁坏、员工造成的错误和事故、故意破坏、欺诈、盗窃以及其他威胁。

（4）以政治为动机的威胁，如罢工、暴乱、不合作主义、恐怖袭击和爆炸等。

2. 软件系统风险

软件系统风险主要是指软件系统体系结构的合理程度，以及其对外界变化的适应能力产生的各种风险。无论是外购还是自研的软件系统，均存在兼容风险、维护风险、应用风险和程序被恶意篡改风险。

1）兼容风险

某个软件能稳定地在操作系统/平台之中工作，说明这个软件对操作系统/平台是兼容的，在多任务操作系统中，几个同时运行的软件之间如果能稳定地工作，说明这几个软件之间的兼容性好，否则就是兼容性不好。在实践中，资金管理人员就经常发现不同银行之间的 USB Key 是冲突的，这可能是因为这些银行 USB Key 的驱动程序不兼容导致的。

2）维护风险

软件维护的目标是在软件已经交付使用之后，为了改正错误或满足新的需要而修改软件，使得系统持久地满足用户的需要。软件维护的工作内容具体可以分为改正性维护、适应性维护、完善性维护和预防性维护。

改正性维护就是纠正软件错误、改正软件性能上的缺陷。适应性维护是在软件使用过程中，随着外部环境（如网络环境）、数据环境（数据库、数据格式、数据输入/输出方式、数据存储介质）的变化，去修改软件的过程。完善性维护是在软件的使用过程中，满足用户对软件提出新的功能与性能要求的过程，通过修改或再开发软件，以扩充软件功能、增强软件性能、改进加工效率、提高软件的可维护性。预防性维护为了提高软件的可维护性、可靠性，采用先进的软件工程方法，对需要维护的软件或软件中的某一部分（重新）进行设计、编制和测试，属于未雨绸缪的动作。如果软件系统维护做得不充分，就会影响软件的稳定运行或用户体验。

3）应用风险

应用风险主要是在应用程序使用过程中,因网络连接或操作而产生的风险,主要包括安全性、未授权访问和改变数据、录入了不精确的信息、滥用授权的终端用户、重复或错误地数据处理、测试和培训不充分、未获得充分的技术支持以及文档不充分。

4）程序被恶意篡改风险

财务信息系统包含很多二次开发的模块,如果对程序员权限没有一定的控制和隔离,没有专业人员检查程序员的工作,那么就容易发生程序被未授权的人非法操作的情况,并且由于程序设计的漏洞造成的差错更加隐蔽、潜在的风险更大。

3. 数据安全风险

数据安全包括数据本身的安全、数据防护的安全、数据处理的安全和数据存储的安全。

数据本身的安全是指采用现代加密算法对数据进行主动保护,数据防护的安全是采用现代信息存储手段对数据进行主动防护,如通过磁盘阵列、数据备份、异地容灾等手段保证数据的安全。前者是依靠加密算法体系,后者是主动防御。

数据处理的安全是指在数据在录入、处理、打印过程中,有效防止由硬件故障、断电、死机、人为的误操作、程序缺陷、病毒或黑客等造成的数据库损坏或数据丢失现象,某些敏感或保密的数据被不具备资格的人员或操作员阅读,可能造成数据泄密等后果。

数据存储的安全是指数据库的可读性。大量的数据存在会计系统里,包括财务数据、业务数据,结构化数据、非结构化数据。一旦数据库被盗,即使没有原来的系统程序,照样可以另外编写程序对盗取的数据库进行查看或修改,不加密的数据库是不安全的,容易造成商业泄密,所以数据防泄密是数据存储安全的重要课题。

4. 网络安全风险

常见的网络安全风险包括病毒侵袭、黑客攻击、数据窃听和拦截、拒绝服务攻击、垃圾邮件等,这些风险事件大概率会导致会计信息系统数据泄露。ITRC 发布的 *2021 Data Breach Report* 显示,2021 年共记录 1 862 起数据泄露事件,刷新了2020年(1 108起)和2017年(1 506起)的最高纪录,其中网络攻击占比87%(图2-5-2)。

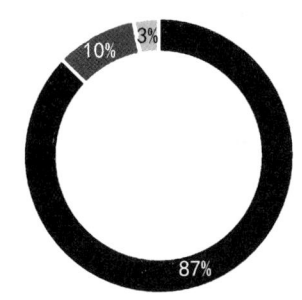

■ 网络攻击　■ 人为/系统差错　■ 其他

图2-5-2　2021年数据泄露事件

数据来源:ITRC, *2021 Data Breach Report*,2022年6月。

会计处理的数据信息以网络作为主要的传播渠道,即使在局域网中,也容易因为网络技术方面的原因而出现信息被恶意删除、修改或者截听等风险。在整个信息传递的过程中,涉及信息安全传播问题、信息加密问题以及身份认证等问题。特别是当前会计数据在一定程度上已经成为企业的重要资产之一,利用信息技术手段非法窃取企业内部的财务会计信息,并将之用来售卖,获取不正当利益已经成为当前企业会计信息系统面临的主要风险之一。

5. 人员执行风险

人员执行风险,也称作操作风险,是指由人为因素导致的风险。在操作过程中,由于人员、系统或环境等原因,使业务结果超出预期目标而产生损失。人为因素可以分为意外人为和有意人为。有意人为风险包括内部窃密和破坏、商业间谍、侵犯个人隐私等。

随着新的会计信息化手段和技术的运用,会计信息系统的平稳运行不仅需要相关会计从业人员熟悉掌握计算机等方面的知识,还需要了解网络环境下会计工作可能出现的问题,以及相关的解决途径。会计从业人员不仅需要熟练运用计算机相关软件,而且还要能够在会计工作中做到灵活切换。若财会人员在系统操作中存在失误,又不能及时发现问题并处理,一个看似不起眼的错误将会造成连锁反应,严重影响会计信息系统的工作效率。如果系统操作人员的安全防范意识也很薄弱,对从互联网上下载的信息、数据来源在没有确保安全的情况下随意使用,这也给会计信息系统埋下了安全隐患。

三、会计信息化安全风险的应对措施

(一)把控技术与管理两个核心要素

为了应对会计信息化安全风险问题,会计从业人员应当把控技术与管理两个核心要素。

1. 技术防范

技术防范是会计信息安全防护管理的主要手段,其主要采用的方法有恶意软件防范、数据备份、密码技术、日志监控、通信安全控制、技术脆弱性管理等。以技术脆弱性管理为例,应遵循"最低权限"原则,即只安装会计活动所必须的软件,并要考虑所安装的软件间的兼容和冲突。

2. 管理防范

管理防范是会计信息化安全防范的重要手段之一,企业和财务部门应从整体信息安全出发,针对信息安全面临的威胁和薄弱点制定系统化、体系化的安全防范制度和管理规则,以规范信息管理,降低信息安全风险。这些制度和规范涵盖服务器管理、存储设备管理、网络管理、数据库管理、数据备份、密码管理、介质安全管理、档案文件管理、信息资产生命周期管理等。

内部控制是重要的管理手段。从会计监督管理过程的角度,内部控制的手段又可分为预防性控制、检查性控制和纠正性控制。预防性控制要求企业制定预防性的内部控制措施,消除风险隐患。检查性控制要求企业应定期进行检查,如定期运行信息安全扫描程序,检查是否有系统的漏洞。纠正性控制是指在发现漏洞后应遵循的纠正措施和对策。

(二)做好企业信息安全整体规划

1. 会计信息安全整体规划服从于企业战略

会计信息化安全是企业信息化安全的组成部分,因此,企业应根据自己的信息技术策略,统一规划建设信息安全基础网络平台、硬件设备平台和应用基础平台。会计信息化安全的架构应符合企业的整体规划。

不同于短期计划,整体规划更具战略性、全面性,是未来信息安全工作开展的指导路线。企业信息安全规划是根据企业自身现状和实际发展需求,对企业战略目标进行分析,由信息化建设框架拆解,着眼于长远战略、全盘考虑、业务方向,形成指导一定时期内企业生存发展的、动态保障自身安全能力的可执行方案。财务部门应与信息技术专业人员共同确定会计信息化系统的安全架构规划。

2. 纵深多层防御体系

信息安全防御应实施纵深的、多层的防护措施(图 2-5-3),一般来说多层防护包括以下几层防护措施,位于防护核心的是会计信息数据。

(1)政策、流程和安全意识层,这一层是软性规章制度的建设,包括规范公司与会计相关的信息安全实践的政策和流程,以及对员工进行有效的安全培训等。

(2)物理安全层,包括服务器加锁、设立安保人员、防火防洪设备、会计办公区域隔离、实物保管权限划分、保险柜等。

(3)网络层,包括使用防火墙过滤网络包、设立专线等。

图 2-5-3 纵深防御结构图

图片来源:https://thorteaches.com/cissp-defense-in-depth/。

(4) 主机层,包括密码定期更换制度、保障用户安全、软件包管理和文件系统防护等。

(5) 应用层,包括安装本地杀毒软件、对 Web 应用防护、安装已知来源的会计软件等。

(6) 会计数据层,包括对数据加密、防篡改措施、定期检查会计数据的可读性等。

3. 短中长期分步建设

根据企业发展战略和会计信息系统整体规划,制定信息科技规划、会计信息系统安全目标,以及为了达到目标的信息安全路线图,这个路线图一般来说是分阶段、分步骤逐步实现的。短期目标的重点是在基于安全评估工作的基础上,识别高危风险,进行针对性的"对症下药",做好制度性、流程性的基础建设,建立安全维护组织,同时立即开展全员安全教育和培训,提高员工的信息安全意识。中期目标是逐步建立纵深防御架构,具备应对攻击的防御能力。长期目标是利用平台化的系统,形成对安全风险的深度感知和自主防控能力。当然,信息安全建设随着攻防技术的不断发展是一个长期无止境的过程,会计从业人员要积极地参与这个过程,依赖专业人士的力量,完成会计信息化系统安全规划和建设工作。

(三) 完善会计信息安全机制

企业还应结合会计工作的特点,专门建立相应的规范与制度保障会计信息安全。

1. 做好会计岗位职责分离

从会计信息系统里分离出来操作、审核与监控等多个角色,来实现系统内部不同角色之间的有效牵制,把相互牵制的角色分配给不同的人员,从而实现人员之间的牵制。

2. 严控会计从业人员访问权限

系统安全的重中之重是人的要素。针对会计信息系统设立详细的访问权限,对操作人员设置专人专岗,并且根据不同岗位设置特定的访问口令及操作密码,明确访问权限,不得擅自越权。同时,加强对超级用户的管理,设立较少的超级用户管理职位,避免特权的乱用,并且建立系统管理员名单。

3. 定期运行安全扫描

安全扫描技术是指利用安全扫描工具,对会计信息系统和网络风险进行评估,寻找可能对系统造成损害的安全漏洞,其中对系统扫描时,主要扫描系统安全漏洞,如密码文件、目录和文件权限、共享文件系统、敏感服务、软件、系统漏洞等,并给出相应的解决办法建议。例如,会计信息系统的用户所使用的操作系统或者应用软件可能存在漏洞,可能成为黑客攻击入口或感染病毒。基于网络的安全扫描主要扫描设定网络内的服务器、路由器、网桥、变换机、访问服务器、防火墙等设备的安全漏洞,并可设定模拟攻击,以测试系统的防御能力。为了提高扫描效率和扫描结果处理的效果,企业应根据不同的会计信息系统安全等级,制定相应的扫描策略。

4. 重视信息系统审计的作用

系统审计被越来越多的企业和信息技术人员重视,系统审计人员可以在系统开发实施阶段就开始参与,并且在系统运行过程中实时监控系统运行情况,对系统运行日志文件和各类安全检测情况进行事后分析,及时发现系统安全隐患。

5. 做好应用系统备份

区别于数据备份,应用系统备份的目的是更快捷地把被破坏的系统恢复到可用状态。大多数会计信息系统的应用系统与数据是分离的。例如,ERP软件一般包括应用服务器和数据库服务器,两个服务器之间进行实时的通信,系统备份是对应用服务器系统的备份,在应用服务器被破坏时,备份可以迅速还原使得系统可用。

6. 加强系统建设项目管理

会计信息化系统建设是一个长期的过程,大多数企业都采用整体规划、分步实施的方式,并且会计从业人员应积极参与项目,然而会计从业人员若仅以用户的角色参与项目,仅仅关注项目需求和项目交付物,没有关注项目的过程管理,可能会导致系统因蓝图设计不完善,测试环节用例不足导致系统在上线后出现异常,还可能会因关键人员的职位变动等原因导致关键设计文档缺失,因此,企业应建立会计信息化系统的统一项目管理标准。

（四）加强数据安全管理

1. 数据分类分级管理

数据分类分级管理是实现数据安全的必经之路。会计信息系统数据庞杂，以不同形式存在于不同系统、不同地点，呈现多源异构的特点，数据价值也不尽相同。数据分类主要是从业务和数据应用角度，按照不同的维度，如行业维度、业务领域维度、数据来源维度、共享维度、数据开放维度等，将具有相同属性或特征的数据按照一定的原则和方法进行归类。数据分级也可称作"数据敏感度分级"，从安全合规性要求、数据保护要求的角度，按照评估数据的敏感程度和数据遭到篡改、破坏、泄露或非法利用后对受害者的影响程度进行定义。

在某种程度上讲，数据分级是建立在数据分类的基础上的。2021年12月，全国信息安全标准化委员会发布的《网络安全标准实践指南——网络数据分类分级指引》（下称《网络数据分类分级指引》）里对数据分类分级的管理和具体实施工作提供了指引，对分类分级原则、架构、方法进行描述，并在附录中对组织经营维度数据、个人信息、部分行业数据分类分级给出参考示例，可以作为会计信息化系统相关数据安全管理的参考（图2-5-4）。

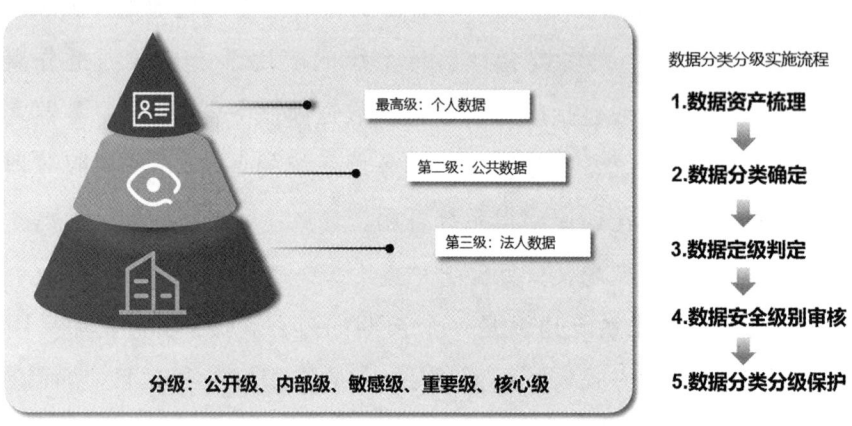

图2-5-4 《网络数据分类分级指引》里的数据分类分级及实施流程

2. 权限管理

与前面提到的系统权限不同，数据权限是从数据层面，对数据表甚至对数据表字段进行的权限管理。企业应遵循数据权限最小化原则，对会计用户访问财务和非财务数据的权限实施控制,并且能做到实时监控数据访问行为和灵活的告警机制。

3. 隐私管理(数据加密/脱敏)

如果企业在信息系统里保存了个人隐私数据或客户数据,如身份证号码、银行记录及其他财务信息,那么需要对这些数据安全提供额外的保护。保护措施包括对隐私数据进行加密、脱敏、变形,把数据泄露的风险降到最低。隐私管理就是要求企业平衡好数据的可用性和隐私保密性。数据加密是利用加密算法对数据进行保护,企业在使用时再对加密数据进行解密。数据脱敏,也称为数据漂白,是目前实践中普遍采用的一种技术,在金融、运营商、企业等有广泛应用,如文本脱敏、人脸图像打马赛克等处理手段。

4. 数据备份

数据备份是容灾的基础,主要是为了防止系统出现操作失误或系统故障导致数据丢失,而将全部或部分数据集合从应用主机的硬盘或阵列复制到其他的存储介质的过程。常见的备份方式有定期定时磁带备份、数据库镜像、网络传输备份等,备份策略有完全备份、增量备份和差异备份。财务部门应在数据分类分级的基础上,制定匹配的备份方式和备份策略。

5. 数据审计

数据审计一般采用旁路部署方式,数据审计系统会采集和记录数据库访问流量的行为。在发生数据库安全事件(如数据篡改、泄露)后,数据审计系统可以为事件的追责定责提供依据。数据审计系统还能针对数据库操作的风险行为进行实时告警。

6. 会计电子文档的防篡改管理

会计电子档案系统的一个合规要求是采用有效的方式实现防篡改管理,而区块链技术具备去中心化、开放性、自治性、信息不可篡改和匿名性的特点,是实现文档防篡改的理想技术。区块链会计是从目前的"集中式会计账本"到"分布式会计账本"的探索和尝试。目前已经有成型的区块链电子档案的解决方案,其中有些产品是把文档的 hash 值存储在区块链上,在实现防篡改的同时解决了区块链运算效率的问题。应用区块链技术实现电子会计档案的防篡改可以满足当前监管的要求,并且可以大幅提升复式记账法的效力,缩减人为调账的空间。

四、总结

面对复杂的信息安全环境,会计信息化系统面临着各种各样的安全风险,尽管近年来会计从业人员的系统安全意识逐渐提高,但是会计从业人员对整个信息安全技术的重视还不够。信息安全是会计信息化工作的生命线,只有实现了会计信息安全才能更好地去推动财务的数字化转型。

第三篇

潜在影响中国会计从业人员的五大信息技术应用解读

大数据多维引擎与增强分析

李彤、孟得胜、张亚东,北京元年科技股份有限公司

在数字化转型的浪潮推动下,各种系统产生的数据类型和数据量快速激增,如何利用数据进行科学有效决策,如何充分发挥数据的价值,成为众多企业的重要诉求。企业的数据应用主要有两个大的方向:

一是面向业务运营的数据支撑:通过对消费者数据的洞察,改变销售和交易模式,提高获客和成交效率,目前大多数企业的数据应用聚焦在改变市场销售模式方面;通过数据模型为供应链管理提供支撑,提高生产经营过程的效率,如排产和计划优化、物流优化;"大数据+算法"成为数据赋能业务运营的主要技术手段。

二是面向战略规划和执行的管理决策分析:在战略指引下对财务结果进行持续的规划和分析是管理过程的核心;管理会计的预算管理、成本盈利分析、管理报告等工具是战略执行的重要管理工具;管理会计的核心是基于对企业全方位的数据加工、分析,发现问题,制定战略和相关决策,并对结果进行预测和监控;规模越大的企业对管理会计的需求越强,支持管理决策的数据模型越复杂。

不同的应用场景对数据技术的需求不同。面向运营支撑的数据应用主要依赖"大数据+算法";面向战略规划和执行的决策场景主要依赖的是利用多维数据技术建立复杂业务财务模型的能力,以及对模型中的数据进行快速、灵活分析的能力。虽然算法在战略决策方面也有重要价值,但是管理决策体系的数据模型中更多的是显式、复杂的计算规则。

大数据多维引擎技术和增强分析技术是数字化时代支撑企业决策的核心技术。大数据多维引擎技术解决数据计算能力和效率问题;增强分析技术通过人机协同的方式帮助人来完成更高效的分析决策。

一、大数据多维引擎技术

（一）大数据多维引擎技术概述

自数据库技术诞生以来，企业对交易数据处理和数据分析的需求，一直是以一对矛盾的形态存在，两项需求的应用场景和应用特点差异较大。

交易数据处理（On-Line Transaction Processing，OLTP），主要完成对数据库记录增删改查的日常操作，通常是对一个或一组记录的查询和修改。它的特点是能够快速响应用户请求，对数据的安全性、完整性以及事务吞吐量要求很高。它的目标是保证每一笔交易记录的稳定、快速、可靠。例如，在"双11""6·18"电商大促时，每一秒产生海量的交易订单，OLTP的核心目标就是保证每一笔订单的提交都能准确可靠完成，并且不会有很长的延时，保证让客户满意。

而在数据分析领域，在线的数据分析服务关注的是决策者对整体运营情况的反映，比如，管理者会关注到目前为止产生了多少订单，有实现了多少交易额，这样的需求要对所有的交易记录、订单记录进行全量的数据汇总，会涉及海量的数据检索和计算，之后再把结果呈现给用户，但是这种分析需求对时效性的要求没有订单交易提交那么高。因此，交易数据处理和数据分析这两个需求的场景是截然不同的。

随着交易应用系统的普及，到了20世纪90年代，企业的用户对于数据分析的需求开始增长，由于2000年互联网开始发展，数据分析的需求暴增。联机数据处理技术（On-Line Analytic Processing，OLAP）开始蓬勃发展，可解决在大数据环境下多维度数据分析的需求。这项技术的目标是解决对数据的查询和分析操作，通常是对海量的历史数据查询和分析，因为要访问的数据量非常大，查询和分析的操作十分复杂。

OLAP的技术核心是多维度，维度（dimension）是人们观察事物的视角，如时间、区域、产品和客户等，与维度相关的概念如下：

（1）维的层次（lever of dimension）：表示维度概念基础上进一步的细分，如时间可以细分为年、季度、月三个层次。

（2）维的成员（member of dimension）：表示维不可再细分的原子取值，如时间维的成员可以是2022年1月10日。

（3）度量（measure）：表示在这个维成员上的取值，如销量、单价、销售额。

在OLAP技术中通常使用数据立方体（CUBE）存储和使用数据。图3-1-1的例子是非常简单的数据立方体，时间、地区、商品三个维度构成三维的空间坐标，任何一个时间点、任何一个区域上的商品都会对应一个数据的存储。因此，用这样一个多维立方体的结构、多维空间的方式存储数据，每一个机构有自己树形的结构，时间维有年、季度、月、周、日，区域维有国家、省、市、区的层次结构。这样存储结构的优点不言而喻，使用过Excel的数据透视表的用户会非常喜欢用这种多维拖拉拽的方式，灵活地搭建需要的报表，快速地改变布局，做各种条件的筛选等操作，多维分析让数据分析显得非常灵活，这就是它的核心价值。

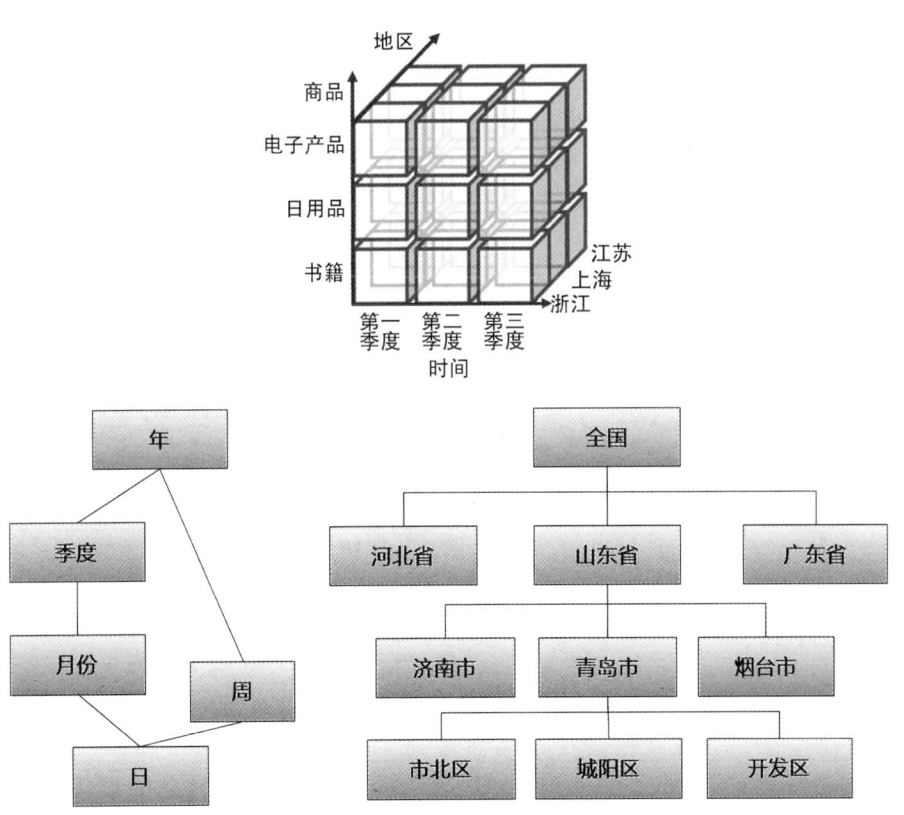

图3-1-1 多维立方体示意

通常,多维分析包括以下几个操作:

(1)下钻(drill down):维度是有层次的,下钻表示进入维度的下一层,将汇总数据拆分到下一层所在细节数据信息,如图3-1-2所示从第二季度下钻到看4月、5月、6月的明细数据。

(2)上钻(roll up):下钻的反向操作,回到更高汇聚层的汇总数据。

(3)切片(slice):切片可以理解成把多维立方体按某一个维度进行切分,就可以通过二维模式查看数据,如图3-1-2所示,按电子产品切分,看到的是时间和地理位置关系的二维数据。

(4)切块(dice):相对于切片是按一个点切分,切块就是按一个范围(区间)来做切分。

(5)旋转(pivot):维的行列位置交换,换一个视角分析数据。

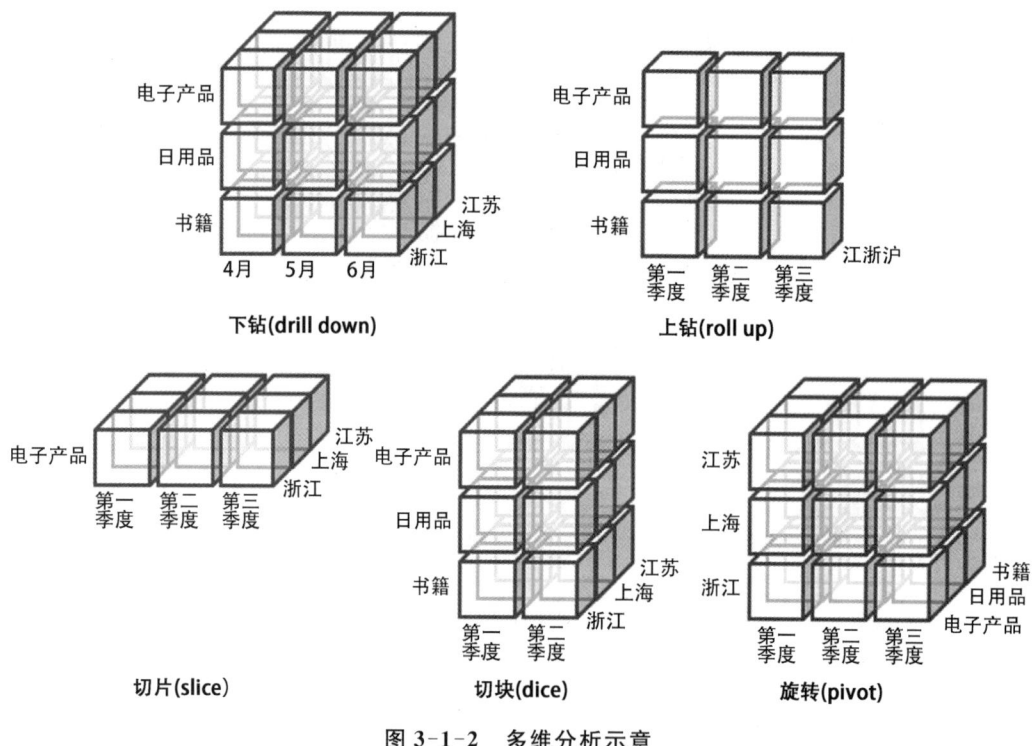

图3-1-2　多维分析示意

(二) OLAP技术的主流分支

联机数据处理技术因为应用场景的不同,有两个主流分支:第一个分支沿着关系数据库继续发展出来的,叫关系型联机分析处理(Relational

OLAP,ROLAP),底层是关系数据库,它的计算以数据的查询汇总为主,对复杂的计算场景的支撑有限,更适合做运营层面的分析。第二个分支为基于多维数据组织的 OLAP(Multidimensional OLAP,MOLAP)脱离了关系数据库了基础,面向业务深度复杂的计算业务分析设计、实现的一种场景技术路线,MOLAP 更适合以管理会计为核心的复杂经营决策分析。

1. ROLAP 技术

ROLAP 产品(代表关系型 OLAP)能够直接访问存储在关系型数据库中的数据,使企业能够利用它们在关系型数据库管理系统(Relational Database Management System,RDBMS)软件中的现有投资,更方便地对数据加以利用。最新的 ROLAP 技术与大数据紧密结合后,可以很容易地检索交易数据,对于海量数据可以支持分布式存储和计算。

图 3-1-3 是 ROLAP 原理的简单示例,左侧的电商平台有大的订单交易,它的数据结构以交易记录为主,为了保障每一笔交易记录的成功,所有的数据结构的设计、架构的设计都是为了满足交易记录的成功来设计。随着大量交易记录产生,直接利用交易系统的数据结构进行业务分析会比较困难,因为数据结构要经过很复杂的处理才能呈现出数据结果。ROLAP 在交易系统数据库外面建立一个数据仓库(或数据中台)。数据仓库的数据表结构按照 CUBE 的结构进行设计,核心数据表叫作事实表,由维度标签和数据构成。在事实表里面的三列标识了时间、区域、商品三个

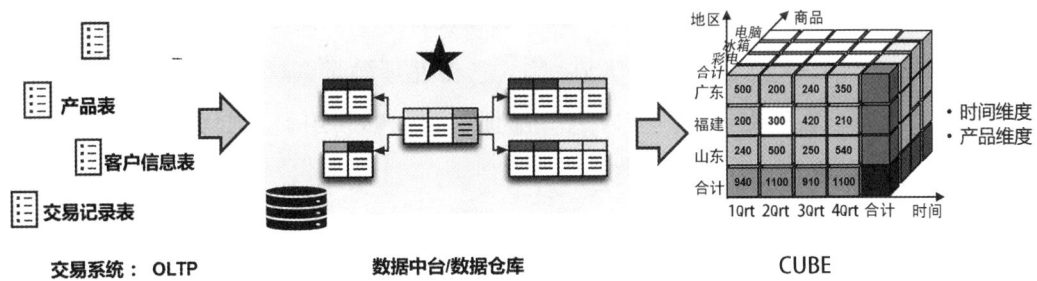

图 3-1-3 ROLAP 原理示意

维度的坐标,在 CUBE 里面有数量、单价、金额等度量存储数据。在事实表的外面还有一个星型结构存储的维度表,会把维度的层次结构记录下来。当查询第二季度广东省彩电销量时,先要到维表里面去看第二季度包含哪些月和天,广东省包含哪些市和区,彩电又包含哪些产品型号,这些集合范围确定之后到事实表里面进行数据筛选,再对筛选出来的数据,按销量指标进行汇总,将最终得到的计算结果返回给查询分析人员。

所以 ROLAP 本质上还是一个关系数据库的模型,它比较善于处理大宽表,有很多维度、很多标签、很大数据量。海量的数据需要分布存储,可以很快速地按照多维的结构对数据进行分布式的计算、汇总,把结果快速呈现给业务人员。

ROLAP 技术通常使用结构化查询语言(Structured Query Language,SQL)访问关系数据库,这是一种标准语言,用于定义和操作 RDBMS 中的数据。ROLAP 技术往往会在关系数据库之外提供中间层服务,中间层服务接受用户的请求,将其翻译成 SQL 语句,传递给 RDBMS 执行。

有些 ROLAP 产品会提供图形化的界面,让业务人员完成查询操作,但这些查询最终还是翻译成 SQL 语句在数据库中执行。依赖 SQL 语句进行多维分析,本身就是一种缺陷,SQL 语句是操作关系数据表的语言,SQL 的词汇量是有限的,它的语法在多维分析场景下的多维复杂查询和多维计算方面都显得非常笨拙。如果要在交易数据的基础上提供更复杂的计算,如损益类指标、现金流和资产负债的测算,ROLAP 技术很难实现。

ROLAP 技术的核心优势在于,它在处理海量数据时更具有可扩展性。ROLAP 位于关系型数据库之上,因此,它能够利用关系型数据库所能提供的若干功能。

2. MOLAP 技术

ROLAP 更适合在业务运营分析领域,面对海量数据发挥价值,但是在企业经营决策分析领域,ROLAP 则很难胜任。

在以管理会计为核心的企业经营决策分析领域,数据建模和计算是核心能力。以计划预测和成本分摊场景为例,管理决策数据模型具有以下特点。

(1)数据模型通常具有从业务到财务的转换逻辑,计算规则成链状、网状。

（2）数据来源既包含从业务系统导入的历史数据，又包含人工输入和计算生成的预测和计划数据。

（3）存在大数据量的分摊计算场景，分摊模型需要不断调整，需要较低的时间开销，以保障分析效率。

（4）预测和分摊模型由业务驱动，需要根据业务变化频繁快速调整，业务人员需要独立进行建模和维护。

ROLAP的技术路线是沿着关系库发展而来，主要用户是程序开发人员。但是在管理会计领域里需要给业务用户提供很好的能力，让他们去维护业财的决策模型。因此，MOLAP就是基于这样的背景在20世纪80年代出现，MOLAP的设计思想是给业务人员赋能，提供一个轻量级的可以面业务人员自助建模的工具，比如，业务用户可以在MOLAP产品里自定义，创建多维模型，决定创建维度、维护维度的层次结构和成员。

计算模型是决策分析的核心诉求，MOLAP技术的先驱们从一开始就为数据库提供了一个计算引擎。这意味着数据库不仅可以存储数据并输出数据用于分析，而且还可以在数据库中自动执行计算。这个特性一直是取代电子表格的一个决定性因素。简单的计算是沿着维度层次结构的数据汇总（聚合）。MOLAP的计算引擎可以很好地支持跨维度计算，领先的MOLAP数据库提供了大量的基本统计、数学和业务计算函数，这些函数通常与Excel的语法相同，因此，维护数据模型非常简单，业务部门的分析师可以在数据库中设置各种复杂的计算规则，比如，通过销量、单价算收入，通过销量算产量、产量算采购量、成本、利润、现金流等方式，任何一个产品销量或者价格的变动，都会连串引起现金流量的变化，任何一个底层业务单元的数据变化都会引起集团汇总数据的变化。

MOLAP的多维模型的结构不是关系数据库中的一系列关系表，而是通常被称为立方体的CUBE结构。在MOLAP中构建的立方体扩展了与电子表格（Excel等产品）相关的概念：正如电子表格中的一个单元格代表了两个维度的交点（列坐标和行坐标的组合，可能表示A产品在B地区的销量），立方体中的一个单元格代表了n个维度成员的交点（如产品、客户、地区、月……第n个维度）。如同在电子表格中，一个单元格可能通过涉及其他单元格的公式进行计算。

简而言之，MOLAP允许用户增加额外的维度，而不是像关系模型中那样增加表。而MOLAP立方体结构允许特别快速、灵活的数据建模和计算。第一，单元格的定位被大大简化——应用程序可以通过维度成员名称的组合（多个维度成员代表的数据点，如2022年7月A产品在B区域的销量）来识别单元格的位置，而不是像关系型数据库那样通过搜索索引或整个模型（通过SQL SELECT语句）。第二，MOLAP结合了先进的矩阵处理技术和算法来管理数据和计算。因此，多维数据库可以非常有效地存储数据，并以基于关系型产品所需时间的一小部分来处理计算。

MOLAP还有一个重要的技术能力——数据的实时回写。在ROLAP里面分析数据是对交易系统的反映，在技术设计上CUBE通常是只读的，一旦允许对CUBE数据的修改，就导致和交易系统里的数据不一致，会产生很多分析上的问题，所以在ROLAP设计理念以只读的方式处理数据，有些ROLAP产品支持回写，但是技术实现比较复杂，容易产生数据更新的延迟。但是在决策分析场景中数据必须要回写，例如，面向未来做模拟测算，一个模型有多个版本的数据进行综合的敏感性分析。MOLAP的设计理念就是允许用户对数据进行录入和编辑操作的，因此，它也天然支持经营预测的分析场景。

MOLAP相对于ROLAP还有一个优势是支持非对称的维度层次结构。一个维度通常是多层级的，例如，将产品细分为大类、小类、型号三个层次结构。一个维度可以被设想为一棵树，由单个的产品代表叶子。层次结构可能是"非对称的"，例如，会计科目，有些一级科目下面有三个层级，有些一级科目下面可能有四级或五级。即在树的一些分支中，比在其他分支中有更多的层次。MOLAP是按照树形结构来存储维度和数据的，在非对称结构计算方面天然具有性能优势。在ROLAP中这个问题可以用父子关系存储的方法来解决，但是同一查询中如果涉及几个非对称的结构会导致数据库中的查找数量极高且呈指数级增长。即使在最快的硬件上通过内存计算，这些数据库也比内存MOLAP系统慢。因此，层次结构越复杂，性能差异就越大。

MOLAP技术也有一定的局限性。首先，它不适合存储交易级别的数据,需要与数据仓库和大数据平台配合使用;其次,当多维立方体的维度有增减或者顺序有调整的时候,立方体要重新进行构建,立方体的数据量越大,重新构建的时间越长;最后,单一立方体无法分布式存储,制约了立方体的数据体量。

(三) 多维分析技术发展趋势

与大数据技术深入融合和内存计算是OLAP技术的发展趋势。如今,基于数据中台架构的大数据应用已深入人心,得到广泛的关注和应用,加上主数据管理、数据治理能力、对外数据服务、大数据和人工智能应用产品端,形成了新一代的信息技术数据架构。ROLAP技术跟大数据技术融合较为成熟,MOLAP大数据平台的融合也是必然趋势。

此外,基于内存计算(in-memory computing)的数据分析计算引擎,会让企业大数据分析如虎添翼。

内存计算技术实质就是CPU直接从内存而非磁盘上读取数据,并对数据进行计算、分析,实现了数据的实时更新、实时计算、实时查询,输入端数据的变动即刻反应在结果端,适用于企业构建神经系统式的实时决策平台,对业务数据实时监控,帮助管理决策者即时掌握经营状态。不仅如此,基于其架构优势,可以支持大数据分析亟需的场景化分析诉求,特别是基于实时、高性能计算的技术基础,能够实现沙箱测算,实现场景模拟,简单调整模型参数就可以实现结果的快速反馈,复杂的测算模型也可以实时计算出模拟结果,常用于目标试算、模拟利润分析、投资回报试算等需要快速试算和决策的场景。

二、增强分析技术

(一) 增强分析概述

近年来,人工智能技术发展迅速,它正在加速推动企业的变革。中国企业的数字化转型发展迅速,绝大部分企业完成了数字化的第一阶段,进入数字化的第二阶段。第一阶段的重点是完成业务在线化,第二阶段的重点是激活数据的商业价值。

若想充分发挥数据的价值,就离不开对数据的深入分析,"数据科学"由此产生,国外的学者给出了数据科学相关的学科,从中我们看到如人工智能、机器学习、模式识别、数据挖掘等诸多前沿学科错综复杂的交织关系。

这些技术围绕着解决业务问题这一关键点,包括商业分析、商业策略、领域知识、沟通、表达、探索。数据科学是个跨领域的综合学科,要求人们懂技术、懂算法、懂业务。这对普通人员而言门槛非常高,哪怕是非常有经验的数据科学家,在构建数据分析模型时也需要花费大量的时间和精力在准备数据、数据预处理、反复提出假设、模型验证等过程。有什么方法可以降低普通人员使用数据科学的门槛,简化数据科学家工作中繁杂低效的数据准备工作呢?

研究机构 Gartner 在 2017 年 7 月发表的《增强型分析是数据及分析的未来》报告中首次提出了增强型分析(augmented analytics),核心概念包括以下几点:

(1)增强型数据准备(augmented data preparation)。提供智能化的工具使得业务人员能够快速、便捷地访问数据,并连接各种数据源通过统一的、标准化的、可交互的视图展现内容、数据间的关系。

(2)智慧型数据探索(smart data discovery)。应用相关的工具能够自动化、智能化地实现数据建模、分析,输出洞察结果,可以为人们在战略方向、应对具体范围的战术活动、执行等不同层面的活动提供指导,包括关系发现、模式识别、趋势判断、预测分析、决策建议等。

从上述定义中我们可以发现,增强型分析是在用智能化、自动化的能力帮助人进行数据分析,它降低了技术门槛,并提高了分析的效率与深度。概括来讲增强分析带给企业的核心价值有三点:一是让数据准备更快,二是数据查询的效率更快,三是对数据的分析能够比传统人工的方式更加深入。

(二)增强分析技术的作用

1. 让数据准备更高效

海量数据蕴含无限价值,然而数据孤岛、业务孤岛的存在,却成为数据价值释放的关键障碍。企业内部各个业务系统数据标准不统一,也给上层应用带来使用的难题。应用增强分析的技术,可以让数据准备投入的人工工作量更小、效率更高。

1) 基于数据编织的数据虚拟化连接技术

数据编织(data fabric),Gartner将其定义为一种跨平台的数据整合方式,它不仅可以集合所有业务用户的信息,通过构建一个数据和连接过程的集成层,以支持数据系统跨平台的设计、部署和使用,具有灵活且弹性的特点,使得人们可以随时随地使用任何数据。数据编织的其核心思想有以下几个:

(1) 连接所有数据的元数据。

(2) 对元数据建立统一的语义描述层,形成以业务为中心的数据资产目录。

(3) 通过虚拟化连接访问异源异构数据库。

这样业务人员无需关注底层复杂的数据架构,实现业务与业务、业务与数据的全面连接,只需要按需选取数据目录,即可实现开箱即用,帮助企业低成本、及时地获得正确的数据。

2) 基于实体识别的数据治理

在企业制定数据标准的初期,需要对存量系统的数据库字段进行梳理,识别出高频的、重要的业务字段,作为建立数据标准的依据。人工梳理费时费力,且容易出错。通过机器学习、自然语言处理技术,可以根据字段名的业务描述快速地整理出高频词根,并进行分类,极大地提升工作效率。

在众多业务系统中,各个系统之间的主数据可能有差异,城市名有的是中文有的是英文,有的是全称有的是简称,传统技术按照不同的编码映射解决这个问题,对业务字段名进行自然语言处理,精确分词,根据词根相似性将数据标准与元数据自动映射起来,这样就可以像人一样动态、模糊地识别相同的实体,提高在数据建模、数据汇总过程中的效率。

2. 让获取数据、理解数据更方便

在传统的数据分析流程中,大量的工作由信息技术人员完成,他们要去维护系统、维护数据源、建立数仓的模型、建立数据报表,然后给到业务人员,业务人员分析的数据仅限于信息技术人员提供的报表,如果没有报表想去做一些更灵活的分析很困难。只能把数据下载到 Excel 里面,这样效率会非常低。对话式分析能力的出现,从根本上改变了这种低效的模式,让人和数据实现了无障碍交流。

1) 自然语言技术驱动的对话式数据获取

人们已经习惯了和机器人进行互动,通过手机里面的智能助手查询天气、路线;通过智能音响播放歌曲、闹铃。这种模式可以运用在企业的日常工作中,比如:

(1) 基础查询的场景:企业的管理者或业务人员常常会想了解目前企业的经营情况。例如,最近几天新签了多少合同额,回了多少款,资金情况如何,重点项目进度情况如何等。

(2) 对数据分析加工的场景:各地区销量前三的产品分别是什么,业绩未达标的业务员都有谁,上月的日均销量是多少等。

通过使用自然语言查询(Natural Language Query,NLQ)技术,用户可以用"人话"来向系统提问,在理解用户的数据查询、数据分析意图后,系统会自动从数据库中查询对应的数据进行展示。

自然语言查询技术是自然语言处理(Natural Language Processing,NLP)技术的分支,主要包括自然语言理解(Natural Language Understanding,NLU)、自然语言翻译数据库查询语言(Natural Language to SQL,NL2SQL)两个核心能力。

自然语言查询提供了比 BI 更加简单易用的交互模式,业务用户不用再学习复杂繁琐的 BI 工具操作方法,可直接通过向系统提问的方式即可获得想要的信息。同时,数据分析的范围不再被限制在有限范围的数据看板上,可以对全部数据库中的数据进行灵活的查询、筛选、运算。在与自动语音识别(Automatic Speech Recognition,ASR)技术结合使用时,用户可以用语音来驱动数据查询,解放双手。自然语言查询技术,为企业更快捷、更轻松地探索数据提供了支持。

2) 让业务用户更好地理解数据

人们日常看到的体育新闻、财经新闻中不乏出现由机器自动编写的文章,其本质是训练机器理解特定场景,然后采用自然原因生成技术对数据进行解释描述。

自然语言生成（Natural Language Generation，NLG）技术，是自然语言处理（NLP）技术的分支，可以视为反向的自然语言理解，主要是将信息转化成为自然语言的描述，让人可以更好地理解信息。主要包括自然语言理解（NLU）、数据到文本（Data-to-Text，D2T）生成两个核心能力。

在 NLG 技术的支持下，可以自动生成查询问题的答案，对数据进行更为丰富的文本描述，用来展示自动化数据分析产生的结论。在引入知识库以及垂直领域的事理型知识图谱后，可以处理更为复杂的场景，如自动生成业务运营报告、财务分析报告等。在自然语言生成技术的帮助下，用户更易于发现数据中的关键信息。

3. 提升数据的分析能力

让机器去替代人完成一些更复杂的分析过程。要知道发生了什么，为什么发生以及如何去解决。这项技术非常复杂，包含很多内容。首先，要从实际业务出发，在日常管理、经营实践上总结出标准化的分析模型和分析的算法。其次，要把这些逻辑用事理型知识图谱的方式存储。比如，杜邦分析中利润的变化，可能由哪些指标导致的。再往下推演销量可能会引起利润的波动，与销量相关的业务活动有哪些，哪些活动或者行为可能会导致销量有问题，要如何加强一些行为去提升效率，这些都以知识图谱的形式存储在系统里，系统就可以代替人找到原因，匹配可能的解决方案，推荐给前端的业务用户。这个技术非常关键，当然还有很多的挑战，不管从理论上、技术上都有很多的挑战。但是它是可行的，未来可以建立一个自动化发现问题、解决问题的决策和指挥体系。

1）数据分析的四种类型

Gartner 将数据分析能力分成描述性分析、诊断性分析、预测性分析、指导性分析四种。

（1）描述性分析（descriptive analysis），是在已有的历史数据上面总结规律，发现问题，主要解答"过去发生了什么"，如查看各产品的投入与产出情况，用来发现运营异常的产品，这通常是数据分析的第一步。涉及的数据分析方法有统计分析（平均值、中位数、众数、标准差等）、可视化分析（趋势分析、周期分析等）、机器学习（聚类分析、特征提取等）。

（2）诊断性分析（diagnostic analysis），是解释数据变化的原因，定位关键影响因素，主要解释"为什么会变成这样"，如找到收入下降的原因，用来指定改善策略。涉及的数据分析方法有统计分析（对比分析、相关性分析、循环替代分析等方法）、机器学习（可解释算法模型等）。

（3）预测性分析（predictive analysis），对未来做预测，根据预测结果指导业务采取进一步的措施。如对客户的流失行为进行预测，以便于根据预测结果制定营销策略，留住重要客户。涉及的数据分析方法有统计分析（线性回归、非线性回归等）、机器学习（决策树、随机森林、GBT等）、深度学习（CNN、RNN、LSTM等）。

（4）指导性分析（prescriptive analysis），建立在现状、预测结果基础之上，如何选择最优的决策，指导业务得到期望的结果。包括决策支持和决策自动化执行两部分。指导性分析不单依靠算法，还需进行业务输入。涉及统计分析（线性规划、动态规划等）、机器学习（马尔可夫、隐马尔可夫等）。

2）自动化机器学习

机器学习在实际应用中产生一定成果，使得对机器学习需求的不断增长。传统机器学习模型构建流程主要有数据采集、数据预处理、特征工程、模型选择、参数优化、效果评估、应用等步骤。尽可能多的工作能够被自动化工具完成，进一步降低机器学习的门槛，让没有该领域专业知识的人也可以使用机器学习来完成相关的工作，由此自动化机器学习（AutoML）应运而生。

在学术界，自动化机器学习是一个活跃的新兴领域，关于自动化机器学习的大量论文出现在机器学习会议与期刊中，同时也有很多开创性的开源项目提供完整的自动化机器学习框架。如H2O、AutoML、MLBox等。

自动化机器学习的主要问题由特征工程、模型选择、算法选择三部分构成。

（1）特征工程指的是将原始数据转化为特征的过程，这些特征可以更好地向预测模型描述潜在问题，从而提高模型对未见数据的准确性。自动化特征工程的目的是自动地发掘并构造相关的特征，使得模型可以有最优的表现。

（2）模型选择包括选择模型、设定参数两个步骤。相应地，自动化模型选择的目的就是自动选择出一个最合适的模型，并且能够设定好它的最优参数。这里会涉及超参数,它是机器学习在学习之前预先设置好的参数,而非通过训练得到的参数,如树的数量深度、神经网络的学习率等,甚至在超参学习中神经网络的结构,包括层数、不同层的类型、层之间的连接方式等,都属于超参数的范畴。手动修改调参既耗费大量的人力和时间,同时也难以寻找优化的方向,而对超参数选择进行优化既能节省大量人力和时间,又能让学习获得更好的性能和效果。

(3)算法选择指的是自动化算法选择,目的是自动地选择出一个优化算法,以便能够达到效率和精度的平衡。常用的优化方法有 SGD、L-BFGS、GD 等。

3)事理图谱

机器学习属于黑盒算法,需依赖于大量的历史数据,其可解释性较弱,而事理图谱则具有高可解释性、强逻辑性的特点,其运行原理也更类似人类思考问题的方法。其通过建立描述事件、逻辑关系、转移概率,可在日常分析决策场景中快速梳理清楚事件的发展方向、影响范围,并推荐行动建议。

事理图谱揭示事件的演化规律和发展逻辑,刻画和记录人类行为活动。本质上,事理图谱是一个事理逻辑知识库,描述了事件之间的演化规律和模式。表 3-1-1 为事实图谱与事理图谱的对比。

表 3-1-1 事实图谱与事理图谱的对比

项目	事实图谱	事理图谱
描述知识	万物本体	逻辑社会
研究对象	名词性实体及其属性、关系	谓词性事件及其内外(空间、时间域)联系
构建目标	万物互联	全逻辑库,逻辑演化模型
回答问题	When/Who/What/Where	Why/How
组织形式	有向图	有向图
知识形式	〈实体,属性,属性值〉,〈实体,关系,实体〉三元组	〈事件,论元集合,逻辑关系〉多元组
知识确定	事实是确定的	逻辑不确定,有转移概率
知识状态	相对静态,变化缓慢	动态的
知识敏感	精确性要求极高,实时性要求极高	可一定容错,参考逻辑
构建难点	知识本体的搭建、知识抽取与融合	事件的表示、事件的抽取;与事实图谱的融合

在知识的确定性上,事实图谱与事理图谱各有不同:

(1)事实图谱中的知识是以事实三元组为存储型的、确定的,知识状态相对静态,变化缓慢,但精度要求极高,实时性要求极高。用来回答"When/Who/What/Where"等常识问题。

(2)事理图谱中的知识是一个包含事件、论元集合、逻辑关系等的多元组,知识逻辑是个确定的,存在一种转移概率。用来回答"Why/How"等常识问题。

此外,事实图谱只有分类关系,事理图谱的关系更丰富,事件与事件之间除了分类关系,还存在非分类关系,如表3-1-2所示。

表3-1-2 非分类关系

事件	含义	形式化	举例
因果事理	某一事件导致某一事件发生	A 导致 B	〈地震,房屋倒塌〉
条件事理	某事件条件下另一事件发生	如果 A 那么 B	〈限制放宽,立即增产〉
反转事理	某事件与另一事件形成对立	虽然 A 但是 B	〈起步晚,发展快〉
顺承事理	某事件紧接着另一事件发生	A 接着 B	〈去旅游,买火车票〉
上下位事理	某事件是另一事件的上位或下位事件	A 是 B 的一类	〈地震,地质灾害〉
组成事理	某事件是另一事件的组成部分	A 组成 B	〈灭火,火灾救援〉
并发事理	某事件与另一事件同时发生	A 同时 B	〈睡觉,闭眼〉

无论是事实图谱还是事理图谱,本质上是一种以实体、实体属性、实体与实体/属性之间关系形成的一个知识库(图3-1-4)。比如,财税垂直领域的知识、企业内部经营分析的知识(分行业)。

知识推理是事理图谱的目标,创建事件知识库,通过事件传导路径等进行知识发现,可以在辅助决策上带来帮助;通过人工建立、半结构化数据自动抽取两种方式构造事件传导链,进行探索式分析,可以完成对既定知识逻辑路线的发现。因此事理图谱可以辅助业务决策场景。

以家电零售业热水器的细分类产业为例(图3-1-5),建立垂直领域的事理图谱,用来回答关于"Why""How"等具有逻辑推理的问题,并在回答后向用户提供可视化的逻辑推理链,让结果更具备可解释性。

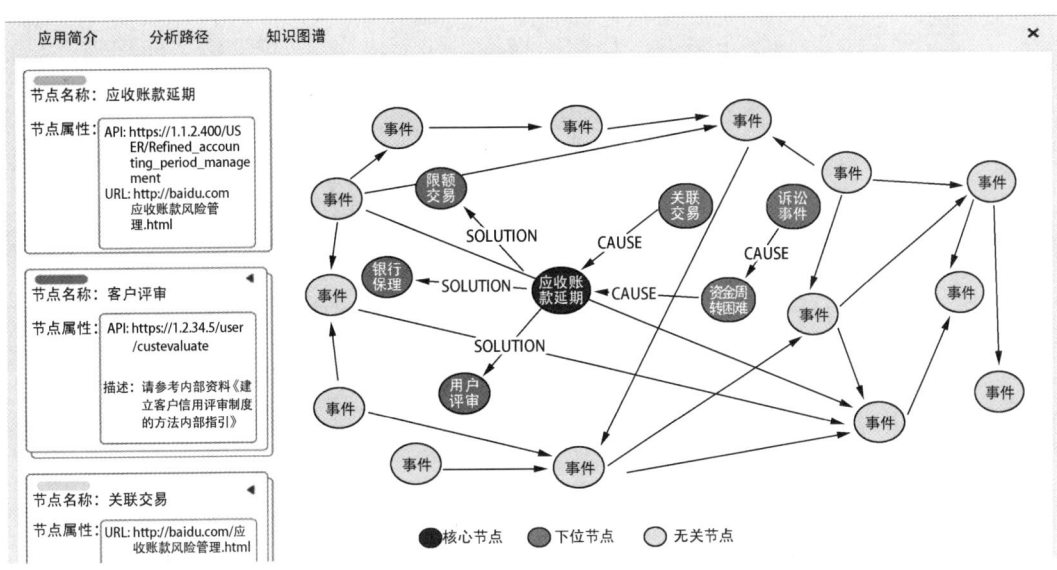

图 3-1-4 基于事理图谱的知识管理系统

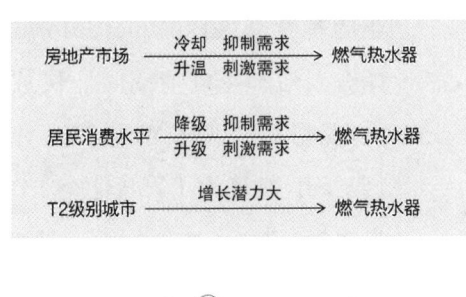

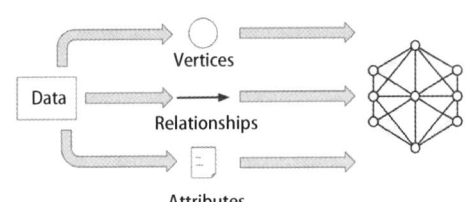

图 3-1-5 事理图谱应用示例

在进行业务决策时，会产生类似于"应该在哪个城市加大燃气热水器的推广力度？"这个问题的本意是哪个城市最具有燃气热水器的"市场潜力"，其需求量最可能增长。

基于行业权威期刊，预先构建了庞大的事理图谱，通过供需关系可以锁定部分相关的事件。例如，房地产市场、居民消费水平、城市等级与燃气热水器的关系。再通过事理图谱找到如下指标，根据指标的当期数值与预测数值,就可以完成推理来进行辅助决策。

(1) 房地产市场景气程度的指标:房屋成交量、新房竣工面积等。

(2) 民消费水平高低的指标:城镇人口可支配收入、高科技企业注册数等。

(3) 城市等级:全国新一线、二线城市名单。

事理图谱还可以应用在企业的智能运营平台,实现智能风控预警。例如上面的场景,当系统监控到某些城市出台了打压房地产市场的政策后,会通过事理图谱发现对房地产市场有抑制作用,从而影响燃气热水器的需求,这时就会进行风险预警。而传统预警系统往往要等到销售情况出现恶化时才会进行预警。

4. 自动化数据洞察

1) 海量数据带来的数据分析瓶颈

国际数据公司(International Data Corporation,IDC)曾对国内百余家企业的首席信息官(Chief Information Officer,CIO)调研,63%的受访企业选择在新冠肺炎疫情期间加快数字化进程。便随着企业信息系统的飞速建设,是爆炸式增长的数据。有预测显示,2025年,全球数据总量将达到175 ZB,换算为1 750亿个1TB容量的硬盘。麦肯锡的《Five Facts》研究报告提到,建立了数据驱动型管理的企业,其收入增长相比于同类可比组(但没有建立数据驱动系统和管理机制)达到了1.86倍,即增幅高出86%。Forrester的调研报告显示,有74%的公司希望建设数据驱动,但其中只有29%的公司把分析结论和商业动作建立了联系。这其中的阻碍体现在:面对海量信息,人类无从下手;难以发现预期以外的信息,人类常掉进思维定式的陷阱;临时性数据分析需求多,需投入较多人力与较长时间周期。

对于大量传统企业,其财务和业务分析师并不具备大数据分析的能力。但是,伴随着云计算、大数据、机器学习、人工智能等前沿技术的成熟,自动化数据分析已经可以达到用机器自动对海量数据的实时自动化分析、发掘数据异常、输出关键洞察。

2) 自动化数据洞察技术

随着企业数据的爆炸式增长,用算法代替人工进行自动化的数据挖掘会成为一个重要趋势。该研究需要将常用统计分析、机器学习、模式识别等算法和技术进行梳理，探讨实现自动从多维数据集中用常用的标准化模式，挖掘出数据中隐藏的、有用的、易于理解的、有效的"知识"，提升企业对数据的使用效率、增强数据分析能力。

自动化数据洞察（auto data insights）是综合性技术，其中包括：自动化机器学习（AutoML）、统计分析（statistical analysis）、模式识别（pattern recognition）、自然语言生成（NLG）等多项人工智能技术。在自动化数据洞察技术的帮助下，企业可以从海量业财数据中，持续发现客户的需求、市场环境的变化，并迅速调整自身的产品与经营模式，不断迭代产品、提高运营效率，持续降低成本，最大程度减少市场环境改变带来的风险。

自动化数据洞察技术可以在极短的时间内完成海量数据的自动分析，业务人员无需掌握复杂的算法，机器会自动把分析结果以便于理解的可视化加文本的形式展示。这将使企业数据分析模式产生巨大变化，尤其是与数据打交道的业财相关工作者。

3）实现的原理

在进行海量数据探索性分析时，机器会将一个庞大的数据集切成无数个小数据集，来降低运算的时间复杂度与空间复杂度，并按照重要性优先的原则，对小数据集进行数据特征检验，这里包括一系列算法模型与统计分析模型，最终把有价值的结果呈现出来。下面简单介绍一些常见的数据特征检验方法。

（1）离群点检验。该洞察类型使用密度聚类模型来查找非时间序列数据中的离群异常值，检测那些与其他类别显著不同的特定类。

（2）时序异常点检测。对于跨时间序列的数据，检测何时存在与其他日期/时间值显著不同的特定日期或时间。通过计算得到时序数据的谱残差，当谱残差大于动态阈值时被判定为异常点。

（3）首位贡献度检验。在聚合结果不为负的对照组中，符合首位贡献检验的首位值将显著高于其余所有值。通过计算度量值分布与其相应幂律分布之间首位值的差异。

（4）周期检验。查找时间序列数据中的周期性模式，如每周、每月或每年的季节性。通过对时间序列进行（seasonal—trend—loss）分解，对分解后的周期项使用 anova 方差分析。

（5）趋势检验。检测时间序列数据的上升或下降趋势。通过对时间序列进行 STL 分解，对分解后的趋势项做 Mann—Kendall 检验。

（6）相关性检验。检测两个度量在针对数据集中的相似趋势的情况。通过计算两度量值的 spearman 相关系数得到其相关性指标。

通过上述典型的算法模型与统计分析模型，可以根据具体的需求，把有价值的结果快速准确地呈现出来。

三、总结

数字化时代对数据分析及决策的实时性、智能化要求越来越高，大数据多维引擎和增强分析技术将在这个领域中发挥越来越重要的作用。

大数据多维引擎的价值主要在提升计算机处理数据的效率。它通过内存计算、分布式计算等核心技术实现对海量数据的高速存储、检索和分析计算。ROLAP 在海量数据分布式处理领域，MOLAP 在复杂分析建模和计算领域，各自发挥着不可替代的作用。

增强分析技术通过人工智能来提升人在数据分析决策过程中的效率。它通过成熟的 AI 算法的快速应用，帮助数据分析人员提升从数据准备，到数据查询、数据分析和洞察全过程的效率提升。

大数据多维引擎技术发展多年相对成熟，应用普及率相对较高，在智能财务的管理会计领域也有很成熟的应用，未来会在更多智能财务领域被采用。增强分析技术目前处于探索阶段，随着技术和应用场景的成熟，未来会发挥更大的技术价值。

业财税融合与数据编制

韩敏,上海家化联合股份有限公司

随着云计算、人工智能及大数据时代的来临,企业管理迎来了数字化与智能化管理变革的浪潮,促使信息化管理、数字化转型逐渐成为企业提高价值创造能力和决策支持能力的新趋向。

我国也在一步步往数字化转型的道路上积极发展。政府相继出台了各项相关政策来推动中国企业的转型,如《新一代人工智能发展规划》《关于加快推进国有企业数字化转型工作的通知》等。

本文将结合业财税融合与数据编制技术,浅谈一些关于财务领域在数字化转型上的理论与实践。

一、数字化转型

(一) 数字化转型势不可挡

随着互联网技术以及抖音、快手等各类新型电商平台的快速发展,大众消费行为发生了巨大的改变。越来越多的消费者接受、喜爱这种基于互动和场景化的新型购物方式。企业从传统B2B的销售模式自然而然地往B2C转型,所需要面临的客户体量也随之呈几何式上升。

另外,近年的新冠疫情同样也使传统的、以线下为核心的企业,开始思考如何在疫情和后疫情时代借助数字化转型求得生机,实现持续的增长。

在这样的大背景下,企业如果不跟上时代发展的步伐,加紧实现数字化转型,将在未来失去竞争力,从而面临淘汰。

（二）数字化转型的挑战

数据是企业数字化转型中不可或缺的元素。在海量的数据当中迅速做到归类、调取、分析，挖掘出企业的风险点、机会点，将会成为企业的制胜法宝。但当企业设法调用自己的数据时，会遇到数据来自不同的数据源，各自有着不同的标签、类型、结构，分别适用不同的数据环境和平台等各种问题的挑战。尤其当企业采用混合多云架构时，这种多维数据困境的复杂性将进一步增加。

另外，目前对于许多企业而言，营运数据在很大程度上仍是孤立而隐蔽的，这些营运数据背后存在着大量的暗数据，如何获取并利用它们为企业赋能也是目前数字化的一大课题。

以上海家化联合股份有限公司（以下简称上海家化）为例，4年前，上海家化还是一家以传统B2B生意为核心的日化美妆企业，每年主要面对2 000多个核心经销商，订单等业务数据基本均为线性增长。然而，随着天猫、抖音等电商平台的崛起，越来越多的资源开始向C端投放，生意从线性增长转变为不可控的指数增长。每天需要面对的客户不再是固定的经销商，而是成千上万的个人消费者，每年需要处理的是十亿级的订单及包裹数量，各维度业务数据也由之前的可控变为不可控。因此，如何在这海量的数据中进行收集、清洗以及价值最大化，是数字化转型阶段最为看重的核心所在。

1. 财务职能转型

对于从事财务工作的人员而言，像过去那样进行基础的核算、出具报表已经远远不够，越来越多的企业要求财务部门能够为业务部门提供经营分析和决策支持。那么如何实现财务的数字化建设，进而满足业务和企业经营对财务的信息化要求，是时代向从事财务工作的人员提出的挑战。当然这既是挑战也是机遇，数字化思维和技术赋能将使得财务人员在整个企业中发挥更具战略性的作用。

2. 财务数字化建设

对于财务领域的数字化建设，相当一部分的大中型企业都在引进大量系统软件，如财务结算系统、ERP系统、各类办公OA系统等。但是，对大多数企业而言，由于管理思维并未跟上信息化的变革浪潮，管理者并未站在战略角度进行前瞻性、系统性的布局，使得企业陆续建设的系统与软件之间衔接度不高、数据之间存在"信息孤岛"现象,企业的数据资源被严重浪费;同时,由于系统与软件之间存在信息壁垒,使得管理工作难以从全局的角度上实现统筹,仅仅是实现了最浅层的孤立的"无纸化"办公,并不能实现全面管理信息化的预期目标。

因而想要成功的实现财务系统建设的数字化转型,需要企业从全局角度整合已有信息系统,并从整体性、前瞻性的视角出发,制定整体的信息化建设方案。

例如,参考数据化时代下数据价值体现的"三化",配合企业信息化建设的程度来制定相应的演进方案。

(1)业务数据化。其指的是建设或者升级现有的财务系统,使得新的财务系统能够支撑企业数字化转型的需求,相应的财务业务数据能够留存。

(2)数据资产化。其指的是财务系统及周边相关的应用数据,如人员数据、商品数据等,将这类应用数据实现统一的汇聚和清洗,进而能够按照不同维度的主题对数据进行资产化的沉淀。

(3)资产价值化。其指的是依托沉淀的资产化数据,实现财务报表可视化、效能化,实现财务数据的自助式服务等数据赋能业务的场景。

如何保证这三化在企业数字化转型道路中顺利落地,除了管理能力外,更需要信息技术的支撑,尤其是搭建一个完善的数据治理体系和平台,这是数字化建设必不可少的保证。

(三)数据治理能力建设

在快马加鞭的数字化转型中,至关重要的是,如何保证数据的质量。如果取得的数据没有质量保障,再多的业务和技术投入也不过是徒劳。而数据治理则是保障数据质量的有力手段。

谈到数据治理,首先要做的是了解企业的数据分类,通常将数据分为主数据、业务数据、分析数据三大类,具体描述如表3-2-1所示。

表3-2-1 企业数据分类表

数据分类	描述
主数据	• 描述业务对象特征,相对稳定,具有唯一、准确、权威的数据源 • 具有高业务价值,可以在企业内部跨流程跨系统中重复使用的数据 如商品主数据、客户主数据、供应商主数据、成本中心主数据等

(续表)

数据分类	描述
业务数据	• 描述企业的运作状态和行为,日常业务活动产生的交易数据,本质是主数据活动产生的数据 • 交易数据建立在主数据基础之上,无法脱离主数据独立存在,具有较强的时效性,通常是一次性的 如销售订单数据、发货数据、采购入库数据等
分析数据	• 按不同维度统计分析业务活动的数据,辅助绩效评估和经营管理决策,是经加工处理后的数据 • 通常需要对不同来源的数据进行清洗、转换、整合,形成维度、指标,以便更好地进行分析 如品牌销售日报等

数据分类很重要,因为对每类数据进行治理时,关注点、使用的治理方法和能达到的效果都有所不同,需要区别对待。

同样以上海家化为例,企业数据治理建设参考的核心是国际 DAMA 数据治理体系标准(图 3-2-1),该标准从 10 个维度全面地分解了企业数据治理的能力,企业可以依据自身的信息化建设需求分能力逐步建设。

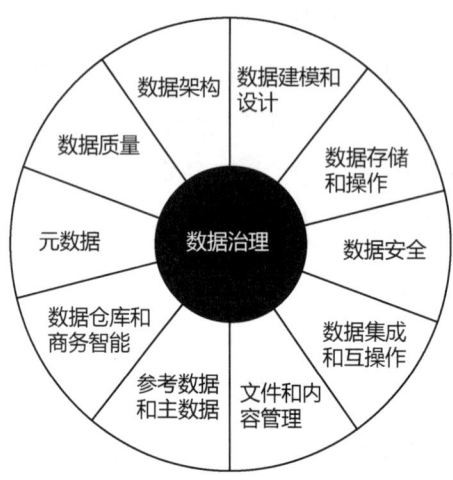

图 3-2-1　国际 DAMA 数据治理体系

基于前文提到的企业数据分类及国际 DAMA 数据治理体系,再结合上海家化自身的信息化程度,公司首先制定了两条数据治理建设路径。

1. 数据架构和数据集成治理

建立企业内外数据跨系统、跨应用的融合集成平台,从数据架构上规范企业的数据和系统集成,使得数据链路有规划、有设计、有监控。

将这两个能力作为首要建设路径的原因是,在2021年当中整个公司进行了流程的优化,把现有683条流程全部一一打开,找到断点,希望未来系统从业务到业务端,业务到财务端,财务到财务端,实现真正的无断点全流通,同时尽可能地简化流程。基于此,我们需要对整个系统架构进行升级。

应用系统的建设本身并不难,流程设计也不难,最难的一件事是系统和系统之间的数据交互。为什么难?是因为我们只有数据架构的管理,没有统一管理的集成平台去规范和管理数据系统集成。于是公司就确立了数据架构、数据集成这两个治理能力的目标。

2. 主数据治理

解决了数据在企业跨系统和跨应用的集成问题后,公司发现数据源头的质量存在各种各样的问题,比如,数据的源头到底从哪个系统获取,数据源头的质量如何保证?这些都是在集成平台很难实现控制的问题,所以我们需要从源头去治理数据,也就是主数据治理。

主数据是企业运营的基础,是企业内部跨系统和跨应用最多的一类数据,只有基础治理好了,才能保证在这个基础上产生的业务数据和分析数据的质量,主数据治理可以说是数字化改革道路上的当务之急。

(四) 数智文化建设

数字化转型是一个需要长期投入的工作,涉及业务和技术等方方面面,影响范围大,复杂程度高,因此,如何让公司全员主动参与并愿意拥抱转型显得尤为重要。企业需要建设一套完整的体系和文化作为支撑,让所有人都参与数字化转型,使得人人会用数字解读业务,会用数字发掘业务亮点,进而驱动业务的快速拓展。

上海家化在2020年提出的"123"战略中就将数字化作为三个助推器之一,将信息化建设上升到公司战略的高度。为此,公司有针对性地培养了一批高素养的综合管理人员,他们除了能够熟练运用相关软件完成实际工作以外,还能够综合运用扎实的管理知识,敏锐地发现实际工作中存在的问题,同时具备数字化思维习惯,并能够使用信息技术的表达方式描述需求,提出解决问题的思路与技术路径,从而与信息技术人员密切配合,最终解决管理数字化转型建设中存在的各类问题。

此外，上海家化也将数据管理纳入公司 ESG（Environment，Social and Governance，环境、社会和治理）中长期战略规划中，希望通过长期可持续发展的绿色战略目标与行为，不断加深以数智文化来推动企业的转型升级。

二、财务系统建设与升级

作为一家拥有众多品牌、部门、子公司与合作伙伴的综合性集团，上海家化的财务管理工作复杂且庞大，需要投入大量的人力资源。为了提高财务管理水平，公司在财务管理信息化系统建设领域投入了大量的资源与资金，构建起了一套包括全面预算管理、财务共享、合同管理、营销费用管理、差旅管理、费用管理、发票税务管理、资金管理、财报合并、电子档案与 ERP 等多个子系统在内的综合智慧财务系统，以财务共享为核心，集成财务管理的核心七大流程，实现财务管理专业化、流程化、标准化、自动化、智能化，将财务管理工作深入业务，为公司的经营决策提供坚实的财务支持。

下文将从多个业务系统分享相关经验。

（一）媒体数字管理系统

如果说 2020 年的首轮新冠疫情让企业看到了数字化的价值，那么 2022 年的这一轮疫情，令企业重新审视数字化布局对企业未来竞争力的重要性。从用户洞察到渠道开拓，企业品牌正在加快向数字化进化的速度。

在传统媒体时代，对大多数企业而言，营销约等于广告，广告费用往往是营销支出中比例最高的费用，广告投放也被普遍认同为是最具规模增长能力的营销手段之一。因此，广告的数字化也同样是营销数字化中最重要、最基础的能力，希望通过对广告业务的数字化转型，帮助品牌实现"增强效果""提升效率""累积资产"这三个重要的目标。

1. 营销数字化的必要性

上海家化作为国内日化领域龙头，旗下产品品类齐全，覆盖美妆、个护

家清、母婴多个品类,拥有多个细分市场领导品牌。目前上海家化在媒体投放过程中,就面临着一些实际的问题:

(1) 媒体采购下单流程存在断点的情况。企业内部的沟通、对接大多仍依赖邮件和线下确认。从营销计划制定、媒体采购到营销活动执行和营销效果监测,涉及大量跨部门合作,如果没有系统性串联,很难提升员工的工作效率。

(2) 在媒体平台投放的数据,没有进行有效的数据汇总,无法沉淀企业的数据资产,也不能有效地指导后续的营销投放。

基于以上问题,企业品牌的数字化布局被摆在了一个非常重要的位置。

2. 媒体数字管理系统

为实现企业营销数字化的转型,需要先推行媒体数字管理系统,打造坚实的数字化建设基石。

在此阶段,媒体数字管理流程(表3-2-2)应以营销计划管理和媒介监测为主。即在数字广告投放过程中,首先需要解决跨部门协作问题,其次确保广告可以被监测,品牌根据监测结果对不同营销活动进行效果复盘,进而实现后续的营销资源优化。

表3-2-2 媒体数字管理流程

投放前	① 根据营销计划和活动排期,自动生成营销日历。 ② 系统性维护每个品牌全年营销活动的日期区间、预算。 ③ 设定营销活动的投放媒体、预算、投放策略及投放指标。 ④ 根据营销活动排期自动创建媒体订单。 ⑤ 全流程各节点自动化审批、审批后订单一键导出。 ⑥ 对接财务系统、电商站内投放系统的一站式预算申请和财务充值
投放中	① 对接三方监测平台,将监测统计数据和个体数据回流到一方,实现数据分析和资产沉淀。 ② 根据监测数据和排期计划数据对比,呈现活动执行进度和效果情况
投放后	① 营销效果分析,支持营销和销售前后链路数据归因。 ② 广告投放结束后,投放计划和结果对比,展示核心业务指标,发现优化点,为下次投放提供洞察和辅助决策,形成完整闭环

推行媒体数字管理系统后,前文中提到的公司目前面临的问题即可得到解决。

1) 解决断点、提高效率

（1）实现自动化：媒体订单和任务在系统内统一审批、自动流转，待办事项系统消息通知，提高管理效率。

（2）实现线上流程化：降低跨部门员工之间邮件和线下对接的沟通成本。

（3）实现决策科学化：实现投放的媒体平台数据回流落地，生成公司的数据资产，同时能够为每次的媒体投放复盘提供数据支持。

2) 数据沉淀、支持决策

（1）程序化投放：在对数字广告进行监测时，不断提升数据回传和留存的比例，并将多方数据打通，构建完整的数据能力闭环，同时实现程序化投放广告的能力。

（2）决策智能化：根据目标受众，科学地选择媒体平台和广告投放方式，并对预算进行科学合理的分配，对人群和排期进行自动、实时的优化，实现全流程规模化和自动化，提升目标受众的覆盖规模和比例。

（二）合同返利系统

合同返利系统涉及销售合同管理、返利管理、基础数据和 SAP 共享接口，并实现 Web、企业微信的协同办公。合同返利系统对接企业工商信息，增加风险预警；利用销售合同通过 OCR 技术进行全文比对，减少合同篡改风险，减少人工核对；通过返利规则配置，完成对经销商合同内相关返利金额的自动计算、费用占用和最终返利下达。

1. 合同模块核心问题及系统功能

上海家化合同版本多样化，面临字体格式不统一，同样的商务条款表达方式不同，合同信息收集和汇总难度大、周期长，渠道手工填写错误率高，审核效率低，合同修改或者补充需要切换不同合同版本，商务条款依据历史信息未提前确认，审核制度不完善，无电子文档存档，查询不方便的困境。

合同返利系统项目致力于通过销售合同管理及返利功能建设，对合同模板版本管理功能实现了线上审批版本自动流转代替线下 Word 版本邮件传递审核。合同版本大规模缩减，统一化、标准化、可视化、各个渠道商务条款审批流程化，规范化内容更直观、完整，模板尽可能准确，大幅提高签订速度。合同几乎杜绝手工填写,避免错误和不规范。

通过全流程线上操作能实时了解合同审批流程动态信息,代替线下确认、提交审批的繁琐流程,大幅提高了合同审批流转速度及审核效率;同时,经法务审批通过生成的合同模板无需法务重复审批,提前进行风控预警,降低了法律风险,提高了合同审批流转速度;对于非标准合同的审核,通过结构化填写返利要点,系统自动对比往年差异,直观展现差异条款,增加辅助功能,提升审核决策效率;充分优化审批流,建立合理规范的销售合同电子存档制度,多维度对合同条款进行分析,按需定制呈现方式。

2. 返利模块核心问题与系统功能

上海家化销售合同类型多、返利计算逻辑复杂、返利政策多种多样、返利计算量大,数据来源不一;费用核销重复工作量大、手工处理预提数据、与客户对账结算效率低。这些问题影响了返利结算周期及返利下达时效。

为保证数据来源的真实性,合同返利系统开发27个接口,可对接SAP、各个渠道商城、零售POS系统、经营部费用台账、办公自动化系统(Office Automation,OA)、企业服务总线(Enterprise Service Bus,ESB)、人事系统七个系统。取数更便捷,减少系统切换,保证了数据来源的真实性。

合同返利系统增加调整单审批流程,帮助简化返利流程,提高准确度;实时反馈待返利金额,保留调整痕迹,做到有迹可循。

3. 合同返利系统功能实现

上海家化目前的合同返利系统分为如下5大模块,共计开发27张单据流程和18张查询报表。

1)合同模块

合同模块用于销售合同的签订,系统实现合同模板的标准化配置,在合同申请时根据合同模板自动化设定返利规则、进行预算管控。实现同类型合同合并审批提升效率。在合同相关报表中可展示各渠道销售合同的签订进度、金额、返利类型、印花税等信息。系统更规范、高效地对销售合同进行签订、管理、审批。

2)预算模块

预算模块用于系统预算控制,预算池分为全年预算、事前申请预算、返利预算,根据合同签订与返利结算进度分阶段管理。结合实际业务场景,对预算控制、预算调拨进行优化,对多品牌渠道在预算控制时占用公共预算,实际结算过程中系统根据发生品牌自动拆分进行结算,灵活、高效地对预算进行管控。预算报表可查询系统各维度预算使用情况、执行情况,并可下钻使用单据查看明细。

3）返利结算模块

返利结算模块用于自动化计算销售返利、销售预提。系统根据实际销售情况与合同中签订的返利规则,按返利结算周期自动进行返利结算及月末自动预提。用户也可以根据实际业务情况,经审批后对自动化计算规则或返利计算基数进行调整改变返利计算结果。在返利结算相关报表中可展示各渠道已申请合同的销售返利结算、支付情况。

4）销售业务模块

销售业务模块用于对客户返利下达、资金支付等,相关单据可用于票扣、账扣、货返、现金支付等业务。业务端、财务端在合同返利系统审批通过后对接 ERP,实现流程系统间无断点对接。在销售业务相关报表中可从多维度查看各费用、发票、订单在 ERP 中立账情况,便于业务、财务进行追踪、统计、分析。

5）其他模块

其他模块包含预付款黑名单、人员离职交接、审批代理等系统功能。实现对单据状态,流程审批时效的系统管控,根据业务使用场景,加强系统风险控制的同时提升用户使用感受。

通过该系统,实现销售合同由录入、审核、归档、执行、费用支付、数据分析等全生命周期管理,打造业财一体、可信、可靠、便捷、合规的高效合同管理模式。从事前审核到事后核销的各个环节,提高工作效率,避免不必要的人工浪费。

(三) 渠道促销管理系统

快消品行业是国内市场竞争最为激烈的行业之一。分销渠道商多、层级多、线下销售人员也多。促销策略复杂多变,线下费用种类繁多。B2B、O2O、F2C、C2B 各种概念层出不穷,新营销、新经销、新零售,各类新的理念不断冲击管理人的思维。

亚马逊CEO贝索斯曾说："与其关注未来十年会有什么样的变化，不如去关注，未来十年什么是不变的"。未来十年，企业需要致力于自身效率的提升，这一点不会变。数字化、信息化是企业提升效率的关键点。未来十年，做好数字化管理，实现人员、客户、市场活动、渠道订单、通路库存在线化，提升企业效率是数字化和信息化的重中之重。

上海家化身处日化快消行业，拥有10多个品牌，覆盖商超、百货、电商等全渠道业务模式，渠道促销活动形式多样、计算逻辑复杂多变，各种促销政策层出不穷，渠道促销基数数据来源既有内部数据还有外部数据，导致在促销活动的管理上存在各式各样的问题。例如，数据抓取困难、审核依据可追溯性差，预算管控难度高、费用核销计算量大、人工参与度高、计算准确率低、费用预提及时性要求高、与客户对账耗费时间周期长等。

公司现有的渠道促销管理（Trade Promotion Management，TPM）系统是基于商超渠道通路行销部门的需求，于2012年开发设计的针对促销活动及费用管理的系统。其功能包括：活动方案创建、门店及预算配额、活动申请及审批、活动执行核检、促销费用核销等。侧重于单部门的流程管控，与其他系统如SAP、SFA、财务共享平台等不对接，财务数据无法打通，数据分析的能力与业务运营优化的能力不足。且仅覆盖了商超渠道下面一个通路行销部门，商超其他部门、公司其他渠道均无法使用，不能适应新的业务需求，亟需升级重建。

1. TPM系统目标

构建以销量和利润为导向的费用投放机制，构建从预算编制、方案制定、活动申请、活动执行、活动评价和检核、活动结案、费用核销，到活动分析全流程高效管理闭环，保障企业活动流程可管控、活动执行可管理、费用核销有凭据、活动效果可评估。费用类型全覆盖，不让一笔费用游离管理之外。最终完成以投资回报率（Return On Investment，ROI）为核心监测指标的费用管理体系。

1) 管理体系关键目标

（1）方案阶段：构建活动产出预测分析模型；通过平台系统构建，可实现多维度、细颗粒度的基础数据采集和抓取，后期可结合BI工具对数据进行重组分析，实现活动产出预测分析。

(2) 计划阶段：实现费用计划的预计值与目标值的数据分析比对。

(3) 结案与核销阶段：实现实际值与预计值的数据分析比对，实现各品牌、客户、门店的多维度数据采集统计及分析投入—产出比、客户分析、预实分析、方案费用分析等。

2) 管理更全面、高效

当前上海家化费用平台较多，且数据分散，费用统计分析需要消耗大量人力精力，全面预算系统、合同返利系统等多个费用平台之间费用无统一入口管理和归集；通过 TPM 系统建设，将全部费用及核销材料全部归集到 TPM 平台，构建一个可灵活自定义活动和计划的策源地；同时，通过多系统互联互通，搭建核销材料的集散地，尽最大限度实现入口统一，核销材料归集统一，形成财务管理的前哨站，助力公司更全面、更高效地进行费用管理。

3) 数据更及时

TPM 系统的搭建，将人员及费用在线化，实现业财联动。营销费用执行真实性、及时性得到保障，执行数据获取及时。后期可借助 AI 能力，AI 自动评价及虚假照片识别，实现自动化结案与无纸化核销，提升公司数字化建设高度。TPM 系统将通过完善的 API 接口，与多方系统对接，实现数据及时获取，解决当前费用平台较多，数据分散及时性差的问题。

4) 数据分析更多维

通过 TPM 系统建设，以 TPM 平台为核心，与其他系统多维度、多类型的数据对接，实现更多维度的 ROI 分析，如活动效果分析和损益报告、活动申请执行和费用核销明细报告以及业务相关其他分析报表；以 TPM 平台为基础，其他系统对接为辅，可获得全面全量的基础数据，后期可结合 BI 工具，对现有数据进行多维度的分析，助力企业决策。

2. 核心问题及现状

(1) 预算管理：当前上海家化预算管理模式基于财务预算科目，并未与渠道业务的活动类别进行关联管理，导致预算分析很难按照业务的活动口径进行分析。同时，对于跨部门跨品牌的联合营销活动，特别是类似"双11"主要线上线下的大活动，目前仍为分渠道的分散式管理，使得审批及预算分摊繁琐。

（2）促销活动计划：未建立以 ROI 为核心的监测体系，计划执行前难于控制费用的投入。决策无从对比分析，难于入手；存在过度或重复促销的问题。

（3）活动结案的核销与分析：自动化程度低，手工操作繁琐，海量数据使得分析无从下手；业务侧执行数据难以获取，过程难以追溯，费用执行进度、真实性、效果无从追踪，缺乏数据支撑和保障；相关报表分析滞后，维度单一。

3. TPM 系统建设思路

公司需要细化 TPM 预算管理，分析数据下沉；预算申请时冻结预算，结案时释放预算，灵活控制预算，保证 ROI 的真实性；自定义审批流和分摊规则，保证多系统、多渠道、多部门的审批规范性和灵活性，分摊数据的实时性和准确性；建立以 ROI 为核心的监测体系，构建智能决策算法模型，建立多维度申请控制体系，实现事前管控数据支撑，助力决策，避免过度重复促销；提高系统自动化、智能化等级，当前通过 API 提高系统联动效率及规范，保证数据及时性；后期可通过 AI 能力提高自动化能力；建立多维度的报表分析体系。

4. TPM 系统能力

TPM 系统借助于平台已有的标准化功能及能力，以此为基础，针对各渠道各部门项目建设目标进行部分定制功能和改造，实现多系统的对接，从而达到全渠道费用数字化管理的目的。

（1）构建营销活动闭环管理体系：构建预算、方案、申请、执行、结案、核销、分析的营销活动闭环管理模式，以及营销费用事前申请、事中管控、事后分析的费用管理机制，形成融合营销活动和营销费用的业财一体化管理体系。

（2）活动方案管理：合理规划活动方案，规范并高效地指导后续整个业务流程的执行和跟踪方案支持自定义执行周期、上报模版、活动商品、参与客户范围、活动执行要求及兑付标准、申请周期、结案费用规则（包括费用计算规则、结案方式等）等，满足企业不同业务场景的管理诉求。

（3）辅助管理者智能决策：依据费用金额、销量、历史活动效果等数据，对每一次费用申请单做全面的数据画像，并给出智能审批建议，以此辅助管理者进行审批决策，将高效智能渗透到每一个工作环节。

（4）预算编制灵活可拓展：针对不同的费用类型，可定义不同的预算编制维度和费用管控策略支持预算手工编制和自动编制，比如根据销售目标乘以费比，自动计算期初预算，根据实际销额自动滚动调整预算，使预算编制更加贴合实际业务情况支持企业自定义预算期间，满足企业预算期间非自然期间的管理需求。

（5）效果分析贯穿活动全程：按活动方案自动汇总活动执行情况及相关数据，如上报率、完成率、费用使用情况、销量等，系统自动生成活动效果报告，帮助管理者更准确地评估每一场市场活动，为以后的活动做出指导，对活动费用的期初预算、预算调整、预算追加、预算冻结、预算扣减、可用预算实时分析，并支持数据钻取和链接查询。

（四）财务共享服务系统

通过系统对业务前期的宣传投入、中期的合同管理、销售活动等进行数字化升级后，财务核算系统仍需要持续升级优化。过去的财务共享平台，主要是将各个子公司的财务管理进行统筹、不断标准化。这几年随着公司前端业务的转型，特别是B2C业务的快速拓展，财务需要适应新的数字化商业领域；面对业务系统的上线，我们面临数据实时性受限，多样系统与多套数据管理难度剧增，同时亟待提升流程优化或再造的能力。基于此，公司升级现有的财务共享平台，对流程管理进行大幅调整，利用新的科技技术打通业务、财务系统，使得数据变得更加透明、可视，从而增加用户部门的体验，将传统的财务共享升级"流程优化创新中心"。

1. 财务共享服务系统的定义

财务共享服务系统是依托信息技术，以财务业务流程处理为基础，以优化组织结构、规范流程、提升流程效率、降低运营成本为目的，为内外部客户提供专业化生产服务的分布式管理系统。

2. 财务共享服务系统的意义

（1）利用规模经济降低财务管理成本，消除流程断点，进一步提升财务人员工作效率。

（2）整合各方资源，强化组织及人员控制的管理方式，统一业务规则及规范，提升工作质量，充分贯彻企业战略思想，并落地执行。

（3）加强业务粘性，支持业务拓展，突破时间及空间限制，针对业务前沿提供快速反馈及支持，结合企业发展战略，实现卓越运营目标。

（4）通过共享模式，使原本以手工为主且多体系流程的分散控制转为借助专业平台实现统一标准流程的集中控制，实现去除内部冗余。

3. 财务共享服务系统的实施策略

（1）借助信息系统建立远程财务流程网络系统。

（2）将实行财务管理制度的标准化作为财务共享服务模式构建的基础。

（3）将原来分散式管理模式向集中管理模式进行转变。

（4）再造财务管理流程，实现真正的业财融合及数据统一。

（5）完善统一管理体系，由上至下地形成财务共享服务管理及决策思想。

4. 财务共享服务系统对业财融合的量化表现

财务共享服务系统实施完成后，财务工作人员基础工作时间大量降低，人员成本也大幅下降，工作内容由原来的基础工作实施更多地转向了全面预算管理、企业全方位重要财务指标分析，建立各类分析模型，协助业务部门进行事先规划、事前审批、事中监督、事后落地核销。依赖先进的信息系统及规范的财务管理制度，在快消品行业快速变化的领域，进行全面数字化管理，抢占信息快车道，进一步提升企业核心竞争力。

以上海家化为例，公司在升级财务共享服务系统后，在会计实务、报表及控制、财务分析及决策等方面实现了降低财务管理成本，提升了财务人员的工作效率（表3-2-3）。

表3-2-3　降本增效量化表现

项目	共享前	工作权重	共享后	工作权重
会计实务	单据审核	60%	单据审核及推送	30%
	审批流程复核			
	会计凭证		财务核算	
	财务核算			
	资金收付			
	银行对账			

(续表)

项目	共享前		工作权重	共享后	工作权重
报表及控制	会计报表		30%	事前申请	40%
				事中审核	
				事后核销	
	预算编制			会计报表	
				预算编制	
	资金计划			资金计划	
				预算控制	
财务分析及决策	普通财务报告		10%	精细化财务报告	30%
				盈利模型分析	
				现金流量模型分析	
				降本分析	
				库存分析	
				产品毛利分析	
				绩效考评支持	

（五）数字化带来的经济效益

自2020年推行"123"战略以来，上海家化在管理信息化、数字化转型上取得了诸多建设成果，各类信息系统的应用简化了业务流程，数据中台与集成平台的建设进一步挖掘了数据资源的深层价值，促进了业务的成长。

公司不仅顺利化解新冠肺炎疫情带来的冲击，还取得了更大进步：2021年，上海家化实现销售收入超过70亿元，营收同比增长8.73%；净利润超过6亿元，同比上升50.92%；扣非净利润6.76亿元，同比增长超过70%；此外，上海家化的全球战略布局也取得了不错的成效，2021年实现海外营收17.93亿元，在集团业务的占比超过20%。

三、总结

对现代企业而言，信息和数据逐渐成为企业竞争的核心战略高地，如何获取更多的数据信息、如何在更深层次上挖掘数据资源的价值,成为企业培养核心竞争力的"兵家必争之地"。

通过前瞻性、全局性的信息化、数智化管理思维的转型,实现对企业整体信息化建设的全面布局,打破各个孤立的管理信息系统之间的"信息孤岛",搭建起各类信息数据资源之间沟通的桥梁,达成集成管理并进行深度挖掘与分析,充分发挥数据资源的价值,将为企业的高质量发展提供源源不断的核心竞争力和健康活力。

在此背景下,上海家化坚持管理全链数字化转型,顺应管理创新的新理念与新格局,构建了一套以消费者为中心的环式价值网,洞察消费者需求,优化产业资源配置,不断满足和创造新需求,通过对消费者需求的培养带动产业链的价值创造方式,进而带动整个行业加速向管理的数字化、信息化转型,充分展现领头作用。

超级自动化让会计更智能

何贤杰、邹欢、季伟伟、汪苇杭,上海财经大学

随着新兴信息技术的不断涌现和成熟,企业的组织方式和商业模式发生了深刻变革,企业正面临着从信息化到数字化的转型,这给会计行业带来了巨大的挑战。超级自动化作为推动未来企业数字化转型进入新阶段的主要技术之一,连续多年入选 Gartner 重要战略技术趋势及 2022 年影响中国会计人员的五大潜在影响技术。因此,本章从超级自动化视角出发,首先回顾这一技术概念的提出与发展,厘清其和自动化之间的区别与联系,剖析其关键技术的内涵与优势;其次深入分析其对企业管理决策转变产生的深远影响,并积极展望其在赋能会计超级智能化方面的可能成效及应用场景;最后总结提炼出超级自动化进程中会计职能的两个悖论,并对会计人员应对转型挑战提出相应建议。

一、超级自动化的内涵

(一) 超级自动化概念的发展

超级自动化[1](hyperautomation)最早是由 Gartner[2]在《2020 年十大战略技术趋势》中提出的一个概念。按照 Gartner 的定义,战略技术指那些具有重大颠覆性潜力的技术,这些技术抑或处于突破萌芽阶段,正在不断扩

---

[1] 超级自动化、超自动化、智能自动化等常见词名称不同,但作用和特性等趋于统一,本文统一使用"超级自动化"一词。

[2] Gartner(高德纳,又译顾能公司),成立于 1979 年,总部设在美国,是全球最具权威的信息技术研究与顾问咨询公司之一。

大影响力和应用,抑或正经历高度不稳定的成长,并将在未来五年内达到临界点。Gartner 提出,超级自动化是将机器学习、套装软件和自动化工具等手段相结合用于完成工作的技术。超级自动化不仅包含机器学习、套装软件、自动化工具等工具组合,还涵盖自动化本身的所有步骤(发现、分析、设计、自动化、测量、监控和再评估)(图3-3-1)。其重点在于理解不同自动化手段的作用范围、彼此之间的关联以及组合与协调方式。

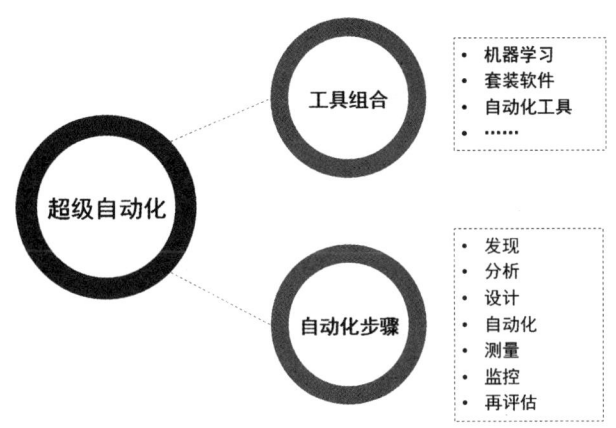

图 3-3-1 超级自动化工具组合和实现步骤

超级自动化连续入选《2021年重要战略技术趋势》和《2022年重要战略技术趋势》,Gartner 分别对其进行了进一步的定位细化和内涵完善。Gartner 在《2021年重要战略技术趋势》中指出,许多企业往往会被组织中一些复杂而过时的技术或流程拖累,如存在不同的技术拼凑而成的业务流程,这为企业带来了非常高昂的成本和应用难度,而超级自动化作为韧性交付的一部分,保障了企业服务交付的灵活性。Gartner 在《2022年重要战略技术趋势》将超级自动化定义为,强调以业务为驱动,协调使用多种技术工具和平台,识别、审查和自动执行尽可能多的业务和IT流程。全新业务驱动观下的超级自动化,使得用户也可以参与扩展和加速数字化进程,从而识别出尽可能多的业务和流程并将其自动化。

除了 Gartner,其他公司也从不同角度对超级自动化进行了阐述。自动化软件公司 Automation Anywhere 认为,超级自动化是将传统的自动化扩展到单个业务流程之外的一种方法。它将人工智能(AI)工具与机器人流程自动化(RPA)结合起来,使得大部分需要人工操作的重复性任务都实现机器自动化。简言之,超级自动化就是将自动化本身自动化。而IBM则使用了一个简洁明了的定义,即超级自动化为"自动化一个组织中所有可自动化的工作"。

尽管超级自动化这一新生事物的概念和定义不尽相同,对超级自动化的理解也有各自的侧重点,但我们还是可以从中发现几点共性。

首先,超级自动化是基于企业层面的一种全方位的自动化战略,而传统自动化大多只是基于某个具体的任务或流程的。传统自动化囿于其技术特点,其应用规模难以扩展。也就是说,即使一个组织中所有的流程都实现了自身的自动化,但从组织整体角度来看,各个流程的衔接与配合依然需要依赖人工干预,因此,无法实现超级自动化。由此可见,超级自动化不等于单个任务或流程自动化的简单加总,而是需要结合人工智能、大数据、流程管理和挖掘以及任务挖掘等技术和方法,打通组织中的各个环节,才能实现整个组织层面的全方位自动化。

其次,超级自动化也强调了工具和技术的多样性。相较于传统自动化主要依赖于RPA技术,超级自动化尽管也以RPA为基础,但必须融合多种工具才可以实现。这些工具包括人工智能(AI)、机器学习(ML)、智能业务流程管理套件(iBPMS)、集成平台即服务(iPaaS)、事件驱动软件架构、软件包、低代码/无代码工具、流程管理以及任务挖掘等。这些工具配合完成超级自动化部署过程中的各项功能。例如,人工智能和机器学习主要用于扩展RPA的适用场景和功能,iBPMS有助于自动化的调整和重用,RPA、iPaaS、事件驱动软件架构等用于具体任务的自动化开发和使用,流程管理和任务挖掘则有助于识别自动化机会。只有这些工具和技术配合使用,才能实现超级自动化。

再次,超级自动化的目的并不仅仅停留于降费增效,它也是企业数字化转型的一条路径。传统的基于单任务或单流程的自动化,本质是使用机器来完成人工操作的步骤,它给企业带来最大的好处是降低成本,提高效率。然而,它无法发现企业整个流程中可能存在的问题。超级自动化通过组织层级的全方位自动化,不仅进一步降低成本,提高效率,更重要的是,它在实施过程中自动积累起了全流程的海量内部数据。利用相应的技术对这些海量数据进行分析,可以帮助企业精确计算出单个产品、员工、时段等多种维度的成本、质量和效率等指标，识别出全流程中可能存在的问题，从而实现真正的数字化运营。

最后，无论不同行业、不同机构对于超级自动化有着如何不同的理解，这种新兴技术已经成为一种势不可挡、无法避免的趋势，这是一致认同的判断。作为企业的一项重要功能，财务和会计的作用及任务也将随之发生巨变，财务与会计从业人员也应该主动拥抱技术，利用技术，实现自身能力的转型升级。

（二）自动化与超级自动化的区别与联系

与传统 RPA 相比，超级自动化可以让自动化适用于更复杂的场景，并将自动化的重点转移到决策制定和更复杂的工作上。Gartner 在相关报告中指出，自动化是指企业利用技术自动完成原本需要人类进行判断或操作的工作，而超级自动化是指企业综合运用多种技术手段以快速识别所有业务流程并将其自动化。① Gartner 解释说，"超级自动化"一词与自动化不同，因为它不仅与产品或服务有关，而且包括公司从 IT 基础设施到设计业务流程和决策方法的重大变化，因此，超级自动化是一种全面的自动化方法。

已有文献（例如，黄闽粤和杨泉，2022）通常根据自动化技术的发展进程，将其分为三个阶段。传统 RPA 是自动化技术的第一阶段，它通过模仿用户在电脑上的手动操作，实现用户手动操作的自动化，主要适用于规则简单、重复强的操作任务。例如，网络爬虫模拟了人工在浏览器中从特定网页的特定位置拷贝相关内容的操作，邮件收发或 OA 工单处理也类似地模拟了特定的人工操作。"RPA + AI"则是自动化技术的第二阶段，和第一阶段的 RPA 技术不同，"RPA 与 AI"的结合，赋予了自动化技术理解、分析的思维能力，就像人类"手"与"脑"的结合，RPA 负责执行指令，而 AI 倾向于发布指令；"RPA + AI"通过理解组织内的决策行为，随后进行统计分析来制定相关规则，从而能够应对更加复杂的业务环境。而超级自动化则是自动化技术的第三阶段，它是一种技术合集，融合了自动化工具、套装软件、人工智能等多种丰富的技术工具，是基于企业层面的一种全方位的

---

① 资料来源：Gartner，《2020 年十大战略技术趋势》《2021 年重要战略技术趋势》《2022 年重要战略技术趋势》。

自动化战略，是推动数字化转型进入新阶段的主要技术之一，帮助企业实现更高水平的自动化。

（三）超级自动化的应用趋势

Gartner 在相关报告中提出，超级自动化是"以业务驱动为核心，协调使用多种先进技术、工具或平台"的方法论，它可以帮助企业实现任务自动化、流程自动化、跨应用自动化和重塑业务运营。[①] 具体来说，一是任务自动化，用于解决个人用户的操作自动化问题，它将可自动化运行的任务和脚本通过工具进行自动化执行，进而提升个人用户的工作效率。二是流程自动化，用于解决的是业务、职能等各部门内部的流程管理问题，如 OA 和 BPM 系统解决各级业务或流程审批的流程、财务系统解决企业财务管理流程等，它可以提升各部门内部工作任务的流转效率，从而减少流程债务。三是跨应用自动化，用于打通企业内部各个孤立的应用系统和部门协同流程，打破各种部门墙与业务墙，打破数据孤岛和业务孤岛，它可以协调和融合不同职能团队，提高服务弹性和应对市场变化的快速适用性。四是重塑业务运营，用于全面整合企业数字化资产和业务服务流程，提供创新业务和快捷改造现有流程以适应市场竞争的变化，通过弹性的可快速组合的商业模式，助力企业数字化转型。

二、超级自动化的关键技术

相关企业与研究院[②]认为，超级自动化以机器人流程自动化（RPA）、智能业务流程管理套件（iBPMS）等技术为基础，采用集成平台即服务（iPaaS）灵活连接不同的应用程序和系统，运用低代码应用平台（LCAP）降低技术应用门槛，提高开发效率，使用流程挖掘、任务挖掘等工具打通业务链上下游，填补流程断点，借助人工智能、大数据与云计算等技术拓宽能力边界。随着用户自动化需求的深入，超级自动化还将不断融入更

---

① 资料来源：Gartner，《2022 年重要战略技术趋势》。
② 资料来源：中国信通院与华为技术有限公司，《超级自动化技术与应用研究报告（2022 年）》；Gartner，《2022 年重要战略技术趋势》；上海精鲲计算机科技有限公司，《什么是超级自动化》。

多的智能创新技术。超级自动化包括如下关键技术。

（一）技术基础：RPA 与 iBPMS

1. RPA

RPA，即 Robotic Process Automation（机器人流程自动化），起源于20世纪美国华尔街的金融家对于信息的需求。为了作出最准确的行情判断，交易员们需要在网上搜集各种各样的信息，然后将这些数据手动输入到金融模型中。这些信息搜集和数据键入的工作每天耗费了交易员们大量时间和精力，为了提高这些机械重复操作的速度，各种自动化工具孕育而生。这些便是 RPA 的前身。当今的 RPA，是通过使用用户界面层中的技术，模拟并增强人与计算机的交互过程，执行基于一定规则的可重复任务的软件解决方案。它让软件机器人自动处理大量规则性强、重复度高的工作流程任务。RPA 的工作范围主要包括自动化流程的开发设计、管理监控和工作执行环节，适用于业务稳定、规则固定的流程，是超级自动化的技术基础。但由于 RPA 不涉及流程自身的分析和优化等任务，应对灵活多变、规则不固定的业务流程时存在困难，所以在超级自动化应用中，需要结合人工智能、流程挖掘其他智能创新技术，扩宽 RPA 的能力边界，从而将自动化价值发挥到最大，实现组织业务流程的全局优化，创造更高的商业价值。

2. iBPMS

iBPMS，即 Intelligent Business Process Management Suites（智能业务流程管理套件），是 BPM（业务流程管理）软件的集成与智能化延伸。它以 BPM 为基础，融合人工智能、流程自动化、云功能、业务活动监控、面向消息的中间件等相关技术或工具，主要用于在策略层构建系统的整体自动化架构方案，并承担一定的业务流程自动化任务，能够自动收集数据并进行预测和分析、开展业务活动监控、实时决策管理等。iBPMS 通过调度包括 RPA 在内的各种自动化组件，以及端到端工作流程的整套方案，保证业务流程自动化的最佳实践。在超级自动化应用中，iBPMS 统一连接和管理个人用户、自动化机器人和业务流程，与 RPA 技术互补，可以为流程挖掘、任务挖掘、人工智能等技术提供集成应用环境，从而协助企业开展更高水平的自动化能力建设。

（二）灵活应变：iPaaS 与 LCAP

1. iPaaS

iPaaS，即 Integrated Platform as a Service（集成平台即服务），是平台即服务（PaaS）的一种。iPaaS 是一种基于云的自助服务解决方案，它允许用户使用连接器、应用程序接口（API）和代码集成多个应用程序，标准化应用程序的集成方式，开发人员、顾问甚至非技术用户都可以使用开箱即用的 iPaaS 快速构建集成流程，以便在组织内或与多个公司共享数据。在超级自动化应用中，无论是托管在本地、私有云中还是在公共云环境中，组织借助 iPaaS 可以更轻松地连接不同的应用程序、数据、业务流程和服务，并在不同的应用程序和系统之间迁移数据，可以灵活地完成自动化业务流程等。

2. LCAP

LCAP，即 Low-Code Application Platform（低代码应用平台），是指一种通过零代码或者最小化手工代码量快速设计和生成应用的平台①。通过低代码平台提供的可视化开发界面、逻辑、对象、流程等编排工具，通过模块化、拖拽式、图形化、模板化等功能，以最小的代码量快速实现业务需求，降低软件开发中的不确定性和复杂性，降低 IT 开发成本，从而大幅提升开发效率，并降低技术门槛，帮助技术和非技术用户都能通过低代码灵活重构流程，快速创新应用，实现快速试错，敏捷迭代。在超级自动化应用中，LCAP 可用于实现任务、端到端流程和复杂工作流程的自动化，快速灵活地应对和实现业务需求，并使得超级自动化具有普惠的自动化能力。

（三）填补优化：流程挖掘与任务挖掘

1. 流程挖掘

流程挖掘（process mining），也叫工作流程挖掘。这种技术是结合了数据科学和流程管理的各自特点而诞生的。数据科学有一套分析数据的工具，但缺乏对流程细节的关注；流程管理注重流程细节，但是却忽略对数据的分析。于是一位荷兰计算机科学家 Wil van der Aalst 在 1999 年提出

---

① 资料来源：上海云扩信息科技有限公司，《RPA+LCAP，打造智慧财务的利器》。

了"流程挖掘"这个概念。2000年,一种名为阿尔法挖掘法(α-miner)的流程挖掘算法被首次提出。此后,各种流程挖掘算法层出不穷。

流程挖掘是从工作日志中提取有用信息的一种技术,核心原理是应用数据科学来发现、验证和改进工作流程。通过结合数据挖掘和流程分析,组织可以从其信息系统中挖掘日志数据,以了解其流程的性能,揭示瓶颈和其他可改进领域。流程挖掘利用数据驱动的流程优化方法,让管理人员在围绕现有的流程资源,做出分配决策时保持客观。例如,利用ERP系统中的工作流日志数据,创建流程模型或流程图,通过端到端流程的检查分析,发现流程中的问题。在超级自动化应用中,流程挖掘基于业务数据对流程进行多维分析,发掘高价值信息,并揭露和降低潜在的风险或隐患,追踪、监控自动化业务流程,明确优化方向,有效识别自动化机会,填补自动化流程断点,持续改进自动化流程。

2. 任务挖掘

任务挖掘(task mining),包含多个步骤的流程或子流程的较小组件,通常由员工在其工位上手动执行,通过监控追踪用户的操作;从这些操作中收集数据,发掘具有高价值自动化潜力的任务。任务挖掘通过分析用户交互数据(也称为桌面数据,如鼠标点击、数据输入等)来审查用户如何管理运营,识别操作时常见的错误,找寻运营效率低下的问题,评估流程中任务的效率。例如,通过任务挖掘,企业可以计算每个业务流程执行的耗时,识别哪些业务流程耗时较多,以简化和完善工作流程。在超级自动化应用中,任务挖掘使企业能够通过跟踪用户活动和收集用户交互信息来更好地了解他们如何执行任务,从而帮助企业高效识别自动化机会,为实施自动化提供智能决策,加快大规模自动化应用进程。

任务挖掘解决方案被认为是流程发现的一部分,而流程发现则是流程挖掘的一种(最早的流程挖掘算法α-miner即为一种流程发现算法)。但由于流程挖掘与任务挖掘常常被混淆使用,为了更好地分清两者的内涵和区别,以实际中的应用作对比[①](图3-3-2):流程挖掘一般包括创建请求、批准请求、创建订单与接收货物等企业流程;而任务挖掘更关注员工

---

① 资料来源:RPA中国,《一文看懂任务挖掘和流程挖掘的区别》。

的任务操作,如打开 SAP①、点击订单、选择发票、点击"确定"等操作步骤。

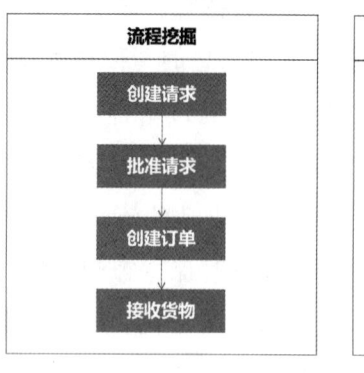 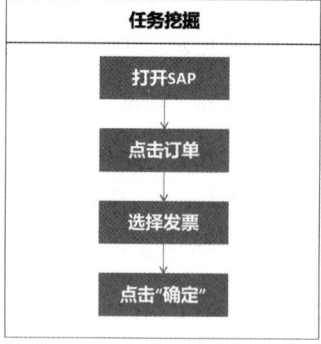

图 3-3-2 流程挖掘与任务挖掘的对比

具体来说,任务挖掘和流程挖掘的差别包括:

(1) 任务挖掘的范围是任务中的步骤和操作,而流程挖掘则是端到端流程及其子流程。

(2) 任务挖掘的数据来源是用户桌面日志、数据,而流程挖掘的数据来源是 IT 系统事件日志。

(3) 任务挖掘所用的技术包括数据挖掘、模式识别、NLP(自然语言处理)、OCR(光学字符识别)等,而流程挖掘则是包括数据挖掘算法、流程建模等。

(4) 任务挖掘面向用户,而流程挖掘面向流程。

(5) 任务挖掘可以细化到具体操作步骤和行动,而流程挖掘细化到任务。

(四) 拓宽能力:人工智能、大数据与云计算技术

1. 人工智能

人工智能(Artificial Intelligence,AI),是研究、开发用于模拟、延伸和扩展人的智能的理论、方法、技术及应用系统的一门新的技术科学。常见的人工智能技术包括机器学习(ML)、自然语言处理(NLP)、知识图谱(KG)、计算机视觉和语音识别技术等。这些人工智能技术赋予了超级自动化"视听、读写、思考、类比、推理"等方面的能力,让超级自动化能够识

---

① SAP 为德国 SAP 公司开发的一款著名的企业应用软件。

别更多种类的数据模式,使得那些存在非结构和化非标准化的数据业务场景同样有机会实现自动化,从而达到持续发现并优化更多的业务流程自动化应用场景的效果。尽管目前阶段 AI 的创造能力还相对较弱,但相信未来随着人工智能技术赋能的加深,超级自动化的感知和认知等类似人脑的能力也会显著提升,超级自动化的能力边界将随之不断被突破拓宽,发展空间不可限量。

2. 大数据与云计算技术

大数据与云计算技术,两者通常一起出现,相辅相成。具体来说,根据麦肯锡全球研究所定义,大数据是指一种规模大到在获取、存储、管理、分析方面大大超出了传统数据库软件工具能力范围的数据集合;而云计算是分布式计算的一种,指的是通过网络"云"将巨大的数据计算处理程序分解成无数个小程序,然后,通过多部服务器组成的系统进行处理和分析这些小程序得到结果并返回给用户。云计算是大数据的 IT 基础,没有云计算的加入,就无法实现大数据的处理、储存与计算。在超级自动化应用中,很多业务处理需要大数据分析结果提供指导,云计算技术为大数据分析工作提供灵活支持。大数据与云计算技术的结合,可以深度发掘数据价值,提升超级自动化服务的精度、效率和广度,并充分利用云端服务,支持用户随时随地使用超级自动化应用,同时,还有利于企业的成本控制和数据安全防控。

三、超级自动化与管理决策转变

在大数据、人工智能的技术背景下,管理决策的信息来源、决策主体、理论依据、决策方法等产生基础性转变,从而产生新型决策范式,就是所谓的大数据决策范式(陈国青等,2020)。而以 RPA 为基础,集成了自动化工具、人工智能与大数据等多个关键技术的超级自动化,它是推动未来企业数字化转型进入新阶段的主要技术之一,将帮助企业重塑业务运营,逐步实现更高水平的自动化,从而对企业的管理决策转变产生深远影响。

（一）手工或初级自动化的管理决策范式

首先，在信息情境方面，手工或初级自动化的管理决策由于技术的限制，其仅能获取部分决策所需的要素信息，所涵盖的信息范围也多集中于单一领域。随着信息技术的发展，使得全面获取管理决策相关的要素信息，以及利用其进行更科学的管理决策成为可能。

其次，在决策主体方面，手工或初级自动化的管理决策以人为决策主导，主要是人运用机器，计算机技术为辅助。阐述管理与信息技术的关系，最有代表性的是决策支持系统（Decision Support System，DSS）。决策支持系统是一种计算机程序，用于支持组织或企业的决定、判断和行动过程（Segal，2022）。管理者在履行职能时扮演着三种角色，信息技术还是处于被支配地位。

（1）人际角色主要基于面对面的互动，在某些情况下，可以使用计算机通信媒体。

（2）信息和决策角色是由各种信息系统支持的，这些信息系统提供信息，辅助决策和作为交流的手段。

（3）决策角色是其中至关重要的方面。经理以一种新颖的方式汇集资源，决策支持系统帮助企业家考虑选择方案并规划实施方案（Maurya，2019）。各种信息系统已成为许多组织不可缺少的手段。

再次，在决策方法方面，手工或初级自动化的管理决策通常基于某一专业领域内经典假设，构建理论模型，进而提出并解决具体的现实问题。比如在公司治理领域，通过股东和管理者都是个人利益最大化的经济人假设，构建了委托代理问题的基本理论框架，据此从引入独立董事、聘用外部审计、设计薪酬激励、提升会计质量等诸多方面寻求解决方案（Jenson 和 Meckling，1976）。

最后，在方法流程方面，手工或初级自动化的管理决策是线性，是一个高度结构化的过程。根据这一观点，管理层通过根据问题，收集和分析所有相关信息，审查所有可能的替代方案，然后冷静、理性地选择以最小风险提供最大利益的行动方案来做出决策。例如，财务经理的工作以公司利润最大化为目标，然后审查确定公司需要的资金。为此，他需要将所涉及的费用与预期收入进行比较，然后预测现金流，再根据期末现金是正还是负来决定投资或融资策略(罗斯,2021)。

手工或初级自动化环境下的管理决策范式如图3-3-3所示。

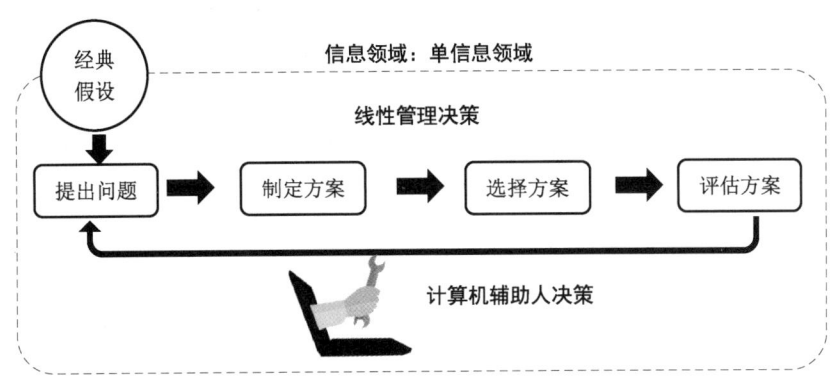

图3-3-3 手工或初级自动化环境下的管理决策范式

图片来源：改编自陈国青等(2020)。

（二）超级自动化的管理决策范式转变

在超级自动化应用下,数字化转型逐步推进,企业的自动化水平将不断提高,企业内外部、上下游等多渠道的信息将通过技术手段快捷、及时、准确地传输到决策者面前,且人工智能等技术的发展将赋予超级自动化更加聪慧的大脑,使其逐步深入企业决策的业务流程,这些都会对管理决策的转变产生较大的影响,具体来说有如下几方面。

首先,在信息来源或决策依据方面,超级自动化下管理决策的信息来源不再局限于传统单一职能部门或学科领域。超级自动化的应用将企业上下游、各部门、各系统的信息链条打通,有利于企业更加便捷地获取决策相关的跨域信息。这些跨域信息帮助决策要素计量更完善可靠,进而提升管理决策的准确性(Davenport等,2012;McAfee和Brynjolfsson,2012)。例如,在财务会计领域,传统的决策范式采用资产负债表、损益表、现金流量表来描绘企业的偿债能力、盈利能力和资金变动状况。这些数据都难以准确反映企业现状和未来发展趋势。进入互联网和移动技术的新时代,企业成长和扩张的能力更多地受到非财务因素的影响,传统的估值方法已难以对企业形成准确的估值。由此,王俊清和陈艳(2022)提出我们需要引入第四张报表。把互联网环境中有关用户属性、选择偏好、交易记录、信誉、评价等的外部信息,引入到新的财务报告中,用来快速反映企业未来价值。而超级自动化的应用将帮助企业快速、便捷、及时地整合企业内外部来源的各种数据,同时利用超级自动化的"视听、读写、思考、类比、推理"等多方面的能力对其进行高效分析,这种整合内外部数据资产来实现企业战略目标、愿景的方式创造了财务管理新范式。

其次,在决策主体方面,超级自动化的应用有助于决策者与计算机之间的人机协同以及交互融合。大数据作为超级自动化关键技术之一,其优势在于决策的准确与自动化。大数据决策能够突破事件之间隐性瓶颈,充分阐述主客体、全过程、全时段的数据变化,通过机器学习和人工智能模型分析和预测判断来提高企业判断能力。新型管理决策范式以人与智能机器人共同作为决策主体,逐渐趋向于管理决策全过程的主体智能化(Rahwan 等,2019)。

再次,在决策方法流程方面,超级自动化的决策环节、要素关联反馈日渐"非线性"。所谓的非线性,是指神经网络可以成功地逼近不遵循线性的函数,或者可以成功地预测由非线性决策边界划分的函数的类别(Ledner,2022)。一方面,超级自动化应用中的大数据及人工智能方法使全局计量成为可能,现实场景的个体具有多维交互、全员参与的现象,涉及问题也复杂多样,这时通过机器学习的非线性决策模型可能更适用现实场景。另一方面,随着计算力的增加和计算成本的飞速下降,超级自动化的应用可以充分收集企业业务流程中单个业务单元的相关信息,并及时反馈,以改善决策。

最后,在理论假设方面,在大数据环境下,管理决策对于传统理论假设的依赖大幅降低(陈国青等,2020)。陈国青教授指出,大数据所提供的新途径、新手段能够帮助我们识别经典假设与现实情况之间的差异,且有助于放宽或消除那些为了简化问题而设置的经典假设。未来超级自动化应用下的企业管理决策,将逐渐放宽传统假设中的约束条件,并根据具体问题的决策情境特点构建新的决策模型,再根据超级自动化应用中的一系列智能分析技术与方法完成模型求解,从而提升管理决策效果。

四、超级自动化赋能会计超级智能化

自从计算机发明以来,信息技术、计算机技术以及管理理论和实践的不断发展,已经给会计行业带来了深刻的变化。在 20 世纪开始的会计电算化过程中,传统会计从基于纸质账本的工作逐渐转变成了主要基于电子化存储介质的工作,这个过程使得会计从业人员从繁琐且极易出错的手工计算和登账的工作中解放了出来,实现了从记账凭证到登账的自动化,极大地提高了会计信息的准确率。而从 21 世纪初开始,一系列智能化技术的发展,推动了 RPA 在会计中的应用,使得会计工作中的一些重复性机械劳动被机器替代,会计工作实现了一定的智能化,这显著地提高了会计信息的生产效率。而随着超级自动化的发展,各种人工智能和大数据技术将全面融入企业的各个层面,这会使得当前仅局限于局部任务的自动化,得到进一步地升级和扩展,从而实现会计的超级智能化。

1. 会计流程的超级智能化

虽然当前大多数企业已经实现了会计工作的电子化,甚至一定程度的智能化,但是依然存在很多业务,因其数据或逻辑无法直接被机器所理解和处理,还需要人工参与才能得以完成。特别是一些企业与外部各实体交互的信息,以及诸如合同等非结构化信息,其无法直接进入企业的 ERP 信息系统并电子化,需要人工对其进行加工,提取出相关数据后录入系统。例如,在很多组织中,员工差旅过程中发生的费用,若其相关单据是非标准格式的话,依然需要进行人工审核,并由财务工作人员手动录入数字,原始凭证依然需要以纸质存档。这样的流程不仅繁琐,而且还依赖于操作人员的个人能力,极易出错,更是阻碍了会计工作的效率和准确性的提升。超级自动化的实施和应用,将会进一步推动企业各项业务的全流程电子化。原先会计信息系统无法直接处理的原始单据,可以以电子化的形式传输并存储,并且可以借助 OCR 及机器学习等相关技术,自动提取出原始单据上的信息。随着数据的积累,智能化技术将使得原始单据审核的流程更加准确而迅速,从而实现会计流程的超级智能化。

2. 业务识别的超级智能化

会计的主要目标是向会计信息需求者提供对其决策有用的信息。而企业的各项业务活动种类繁多,数量巨大。为了实现会计的主要目标,准确反映企业的业务活动如何影响企业的经济状况,会计从业人员需要对企业的业务活动进行识别,以判断是否以及如何将这些业务活动用会计语言记录下来。这个过程体现在操作上,即是从原始凭证到记账凭证的系列操作。这个过程在当前未实现超级自动化的条件下,较难实现高水平的自动化。由于一项具体业务的关键信息可能在企业的信息系统中是缺失的,单靠原始凭证无法完整地理解该项业务的全面信息。例如,有些非标准化的业务,其合同条款无法完整地被系统识别;有些业务则需要根据其目的来决定记入哪个会计科目(如采购电脑为了自用还是为了销售),但其目的往往难以直接被系统获取。这就使得业务识别无法由机器来完成,而必须依赖人工的判断。超级自动化的引入,使得全流程都在系统中自动执行。如此一来,和业务相关的信息会更加完整地被记录在系统中,从而更加便捷地实现业务的智能识别。例如,当超级自动化系统通过物联网监控,发现某台办公用计算机各项运行性能下降,很可能在短期内报废,便可自动下单采购一台新计算机来替换。而由于该笔采购业务由系统自动发起,其逻辑和目的也为系统所理解,则该笔业务中购买的电脑便可以很容易地被自动识别并记入相应的会计科目。

3. 会计方法的超级智能化

会计是一门历史悠久的行业,很多场景下因为一些关键参数难以观测和度量,所使用的会计核算方法包含诸多假设和预测。这些核算方法以今天的技术条件来看,显得精确度不够。例如,固定资产折旧方法中的直线折旧法,存货发出成本核算方法中的先进先出法,都依赖于一些关于资产使用情况的假设。因此,这些方法核算出来的数字,难以精确地反映企业的真实经济状况,有时甚至会被刻意操纵而导致错误的信息。超级自动化的应用,使得组织中的全流程数据采集更加方便,而会计系统通过跨流程调用这些数据,使得更加精确的核算方法成为可能。例如,通过物联网采集的机器设备运行数据,有助于资产折旧的精确核算。不仅如此,超级自动化引入的多种人工智能和大数据分析技术,使得企业能够通过分析各种行为数据来提高预测精度,从而提高会计方法的准确度。例如,企业可以通过客户的各种行为数据(包括浏览、收藏、下单、付款、退货、评价等)来给客户进行用户画像,会计信息系统也可利用这些信息来判断客户的付款概率,从而实现对坏账更精确的核算。由此可见,超级自动化可能会带来会计方法的革命性变化,从而实现核算方法的超级智能化。

4. 报告生成的超级智能化

各种财务报告是会计工作的重要产物，也是会计服务于企业中其他功能的重要途径。超级自动化的实施和部署，为各种会计报告的智能化生成，创造了条件。在信息的及时性方面，由于超级自动化实现了企业级的数字化，会计报告的使用者可以要求按照自定义的时间段生成报告，而不必局限于月度、季度或年度这样的时间段。甚至会计系统还能生成实时的报告。在信息的丰富性方面，传统的会计报告大多数都是表格化的格式，这也限制了部分价值信息的披露。超级自动化引入各种可视化技术，使得会计报告可以将多源异构的大数据信息充分披露，同时，在允许的场景下还可以按照信息使用者个性化的需求和多样化的格式生成报告。例如，报告可以采用各种图来更加直观地展示信息。而一些电子化的云端报告，则可以以互动图表的方式来生成，提升使用者与报告的互动性。

五、超级自动化在会计中的应用场景

超级自动化这一技术的发展，给会计的自动化应用增添了更多的可能性。在传统企业会计场景中，较多的财务工作依赖于财务人员的重复操作。例如，在应付账款发票的处理中，需要财务工作人员检查采购发票，并将相关数据手动输入系统，再进行发票的后续处理；在应收账款的处理中，需要财务工作人员根据客户的不同，人工设置不同信用额度和赊销批准，并仔细核对客户订单、销售单、发货单、应收账款、发票等繁多的会计原始凭证；在差旅费报销的处理中，财务工作人员需要对出差员工所提供的发票信息、出差业务信息等仔细核对；在单据审核的处理中，部分单据可能涉及多个部分，需要财务工作人员与其他部门的工作人员沟通，并对单据信息仔细核查等。通过上述部分会计场景的描述，可以发现企业现有的财务工作中存在部分工作可以通过超级自动化技术实现自动处理，减少会计工作人员冗余的重复操作，减少公司成本。超级自动化可以通过流程挖掘、任务挖掘等技术，充分识别财务与会计工作中能够被自动化取代的任务，并通过集成平台即服务（iPaaS）灵活连接不同的应用程序和系统，实现业务与财务的有效对接，同时，通过低代码应用平台（LCAP）降低技术应用门槛，为非技术人员提供更多便捷，通过人工智能、大数据与云计算能力的加持，赋予自动化更多感知和认知、数据分析、逻辑推理等技能，从而可以处理更加复杂的应用场景。

超级自动化在会计领域的应用可以提高部门效率，减少人力支出，节约成本。同时在容易出错的关键环节应用超级自动化可以有效减少差错。超级自动化可以使得会计服务响应及时，缩短服务周期[1]。甲子光年（2021）报告显示，在全球 RPA 应用中，财务领域的应用占比达到 21%，属于第一大职能应用部门。首先，自动化理念已经在会计领域深入人心。上海国家会计学院调查中心（2021）调查会计从业人员对财务信息自动化的态度显示，39% 的人认为"需要全面自动化"，59% 的人认为"至少半自动化"，仅仅 2% 的人认为"少部分自动化即可"。其次，自动化理念与会计职能十分适配。42% 的财务活动可以通过成熟的技术实现全自动化[2]。最后，根据"智匠"RPA 应用案例的征集数量来看，人力密集的财务会计领域以 55% 的份额占据主导位置[3]。超级自动化在会计领域的应用非常广泛，下文将从企业会计应用场景中常见的应付账款与发票处理、应收账款处理、差旅费报销以及单据审核等方面，介绍超级自动化的应用案例。

（一）超级自动化和应付账款与发票处理[4]

Equinix 是一家专注于网络连接和数据服务的美国跨国公司。像许多跨国公司一样，Equinix 每天通过多种渠道收到大量供应商发票。在收到供应商发票后，财务工作人员需要人工阅读发票的相关信息，将数据手动输入系统，并将发票数据与采购订单进行比对。此项工作需要大量的应付账款处理人员。这也导致财务工作人员的时间几乎都应用于供应商发票的处理，没有精力投向其他更有生产力的工作。此外，应付账款业务的管理者也无法对不同系统端到端的业务流程进行监督，这也导致企业从

---

[1] 资料来源：中国信通院与华为技术有限公司，《超级自动化技术与应用研究报告（2022 年）》。
[2] 麦肯锡全球研究院（Mckinsey global institute），《自动化和人工智能如何重塑财务职能》。
[3] 中国信通院"2021 年可信 AI 成果发布会"揭晓"智匠"RPA 入围结果。
[4] 本案例信息来源：Blue Prism, Equinix Transforms Accounts Payable with Solution from Blue Prism, ABBYY, and WonderBotz; RPA Master, How Equinix Transformed Accounts Payable with RPA Solution.

处理发票到最后的付款流程耗时较多。

随后，Equinix 同服务供应商 Blue Prism、ABBYY 和 WonderBotz 一起建立了一种新的应付账款业务流程的超级自动化运营模式。其中，WonderBotz 提供了咨询服务；ABBYY 提供了光学字符识别（Optical Character Recognition，OCR）工具 FlexiCapture；Blue Prism 提供了 RPA 互联平台 Digital Workers 来运行管理任务。具体情况如下。

Equinix 和 WonderBotz 仔细研究了 Equinix 的所有财务和会计流程，并认为应付账款是最好的超级自动化起点。

Blue Prism 的 RPA 互联平台 Digital Workers 通过以下方式处理"采购到支付"过程（图 3-3-4）：

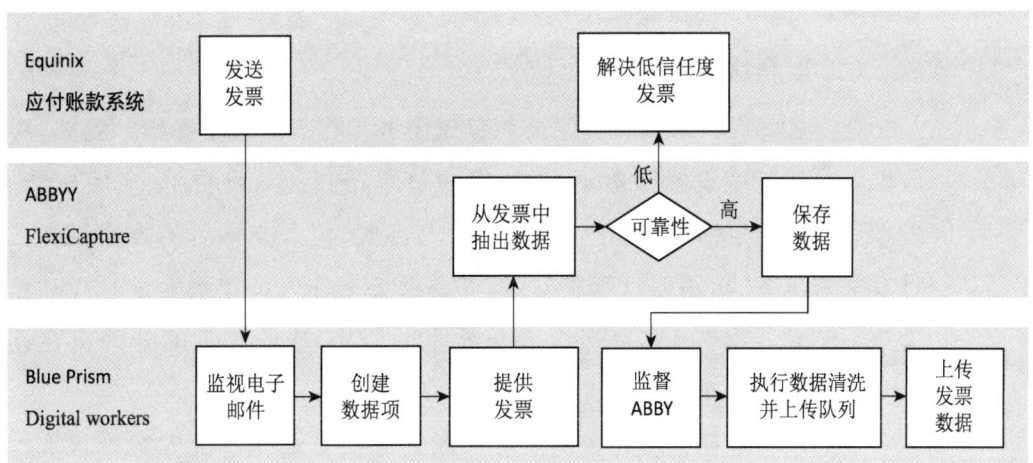

图 3-3-4 发票与应付账款的超级自动化流程

资料来源：图改编自 Equinix 公司 PPT。

（1）Digital Workers 密切关注接受发票的"应付账款"收件箱，并对发票进行排序和分类。

（2）当收到发票时，它们下载文件，将其重命名，包括供应商的名称和发票号以及时间戳，保存到网络文件夹，然后发送给 ABBYY。

（3）ABBYY 的光学字符识别（OCR）工具 FlexiCapture 对发票进行识别、捕获和提取关键数据和行项目细节。FlexiCapture 软件打开了 Digital Workers 平台的眼睛，同时提高了 Equinix 内部支付业务的效率和准确性。这使得 Digital Workers 平台能够扫描文件、PDF 或数字表格，因为它们可以自动"查看"内容,并将结果数据转化为对业务有意义的输出。

(4) 如果对数据的准确性有很高的信心,ABBYY 的 FlexiCapture 软件将数据发回给 Digital Workers 平台。如果没有,则将发票传递给人类员工进行验证。当发现异常时,应收账款工作人员对数据进行必要更正,并将其加载回队列,供 Digital Workers 平台重新处理。

(5) Digital workers 平台将来自 ABBYY(Equinix 软件)的数字信息上传到应收账款系统中,并附上发票的副本以备将来参考。

Equinix 应付账款服务团队采用超级自动化技术,优化了从采购到付款的流程,预计每年将为财务团队节约 14 000 个工时。供应商查询响应时间减少 60%(从 1 周降至 2 天)。财务人员可以专注于分析供应商报表和管理发票账龄等重要工作。

(二) 超级自动化和应收账款

企业之间应收账款流程主要依赖于财务工作人员人工操作。例如,应收账款信用额度设置和赊销批准,客户订单、销售单、发货单、应收账款、发票、收款金额等原始凭证信息的核查与匹配,以及交易后的收款、催收、计算坏账准备、核销账目等业务,都需要财务工作人员花费大量时间和精力进行细算匹配。随着超级自动化技术的应用,应收账款的处理也在逐渐从人工转向自动化操作。

目前市场上存在多种针对应收账款的超级自动化解决方案。其基本思路大致如下。

(1) 先利用 AI 工具将交易凭证转化为结构化数据存储到企业数据库中。利用光学字符识别(OCR 技术)工具识别图片格式的交易凭证,将其转换为文本。再利用自然语言处理工具提取关键信息,如供应商名称、日期、销售项目、金额等。然后再将其存储到类似 Oracle 等结构化数据库。

(2) 利用 RPA 工具串联起各个平台。这样在不用打破原来各职能部门运行方式和数据库的基础上,低成本地实现数据比对和处理。

所以基于 AI 的超自动化文档处理系统可以对文档进行分类、提取数据,以结构化数据的方式存储至数据库,并且与产品和服务目录匹配。并将数据通过 RPA 工具或平台在各个分割的销售系统、财务系统、仓库系统、物流系统、生产系统流转,从而实现没有人工参与情况下的订单处理。

根据King(2022)的相关研究,某公司在应收账款引入超级自动化工具,使会计从业人员的速度提高20%,计费时间缩短70%,准时收款提高53%,账单查询时间减少20%,客户支持查询减少25%,未结销售额减少30%,获得付款速度提高80%,未结销售天数减少28%。

(三) 超级自动化和差旅费报销

在企业差旅费报销处理的会计场景中,虚假发票、虚假业务、低金额高开票、不按规定级别报销是常见的相关问题。这也导致财务工作人员需要花费大量时间对出差员工所提供的发票信息、出差业务信息等进行核对。

针对上述差旅费用报销的相关问题,浙江大华技术股份有限公司(以下简称大华公司)[①]的解决思路如图3-3-5所示。

(1) 跟知名差旅服务提供商携程合作,指定为员工的机票、住宿、专车等一站式解决平台。同时,将员工的出差信息,以电子化方式推送给公司,掌握人流信息。

(2) 全面推进差旅费支付的信用卡化,将员工的差旅费信息转化为电子数据,并与中国建设银行合作,将信用卡支付信息推送回公司,掌握资金流信息。

(3) 要求员工对出差事项,进行事先审批,并且建立个人出差日记账,对出差的必要性和真实性进行控制。

在上述基础上,公司出差的业务审批信息、日记账、人物出行、资金支付等多个系统的数据进行逻辑和时间的比对,确认无误后,再将差旅费打进员工出差专用信用卡。

大华公司的差旅费自动化报销方案受到业内推崇。其报销流程的全程电子化,免除了开发票、贴发票再报销的冗余流程。这不仅确保了资金安全,杜绝了假发票、金额虚开、滞留等一系列问题,也有效地节约了差旅经费。差旅费的原始凭证、资金支付、业务流程完全电子化,为自动匹配

---

① 浙江大华技术股份有限公司是全球领先的以视频为核心的智慧物联解决方案提供商和运营服务商,A股上市公司。

相关会计科目打下了基础,实现了账务处理自动化。

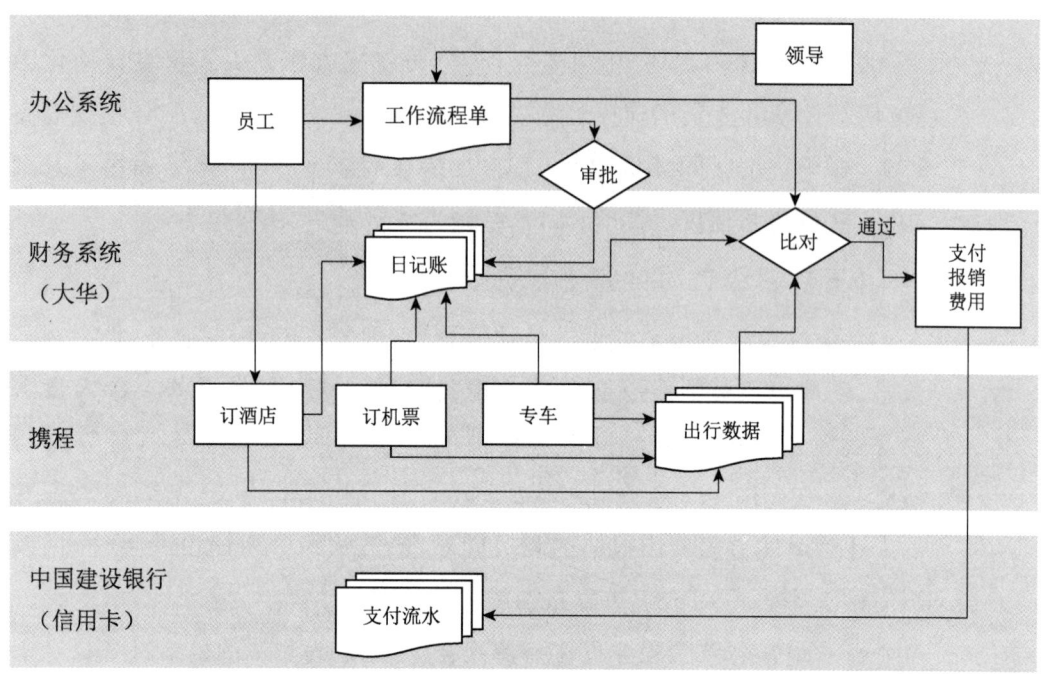

图 3-3-5　大华公司差旅费报销自动化流程

图片来源:笔者根据郝智伟(2011)文字阐述绘制。

(四)超级自动化和单据审核[①]

在票据审核方面,超级自动化可以帮助企业通过票据扫描、验证真伪、信息查验、系统录入等操作,自动完成票据信息批量采集和录入工作。

鞍钢集团股份有限公司(以下简称鞍钢集团)作为典型的传统制造业企业,其共享财务平台的单据审批流程存在大量重复、繁琐的操作任务。比如,通用费用单据审批类型繁杂,将近有约 700 类,这也使得人工审批的工作量繁重、耗时、费力,导致费用报支差错,对公司造成财务损失。同时,由于费用报销的操作、审核人员被事务性工作占据,无法将其精力投放到服务、管理、咨询等建设性工作,导致员工满意度差。

为了缓解上述问题,鞍钢集团与华为合作,通过引入华为 WeAutomate

---

① 本案例信息来源:RPA 中国,《中国 RPA 市场洞察与优秀实践案例解读(2022 年)》。

的超级自动化解决方案(图 3-3-6),对财务共享中心通用费用报支、单据审核工作流程进行再造。华为 WeAutomate 整合了机器人流程自动化(RPA)、低代码(Low-code)、人工智能(AI)三项关键能力自动化解决方案。

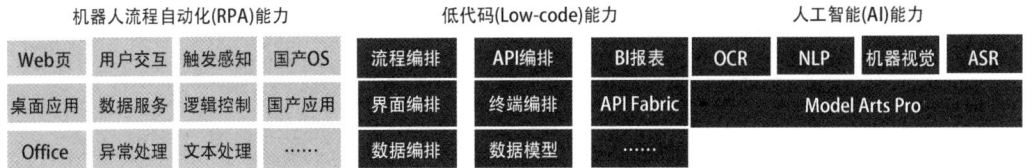

图 3-3-6　华为 WeAutomate 超级自动化解决方案

首先,鞍钢集团根据业务环境建立起各种经济事项的审计规则的描述,然后抽练出审批规则,建立起通用费用的审批模型。其次,引入华为 WeAutomate 流程自动化功能,建立 RPA 流转平台,从各个应用系统中抽取数据,利用审计模型建立起自动对通用费用报销单据进行财务审核。符合全部已设定规则的单据,进入下一环节。单据审核员对存在一项及以上不符规则的单据,填写审批意见,驳回或转人工复核;对于无法明确规则的审核事项,在审批意见中说明,并转人工审核处理。

在费用报销时,经常需要将单据与合同进行比对。传统的人工比对耗时耗力,工作模式已不能满足企业发展的需求。鞍钢集团财务共享中心采用自然语言处理(NLP)技术对合同类文档提取关键信息。比如,合同甲方和乙方、合同金额、合同日期等。华为 WeAutomate 流程自然化套件支持图片和文档格式读取(JPG、PNG、TIFF、DOC、PDF 类型)。如果合同类型是图片格式,需要先调用光学字符识别(OCR)模块提取图片的文字,再进行自然语言处理(NLP)处理。套件将 NLP 提取合同的关键要素保存为结构化数据,提交给系统审核使用,也方便日后查用。

鞍钢集团引入审批业务、智能协同补录等机器人助手后,减少了大量重复性劳动。财务共享中心审批人员的工作效率提升 30% 以上,降低整个环境的手工操作比重 70% 以上。并且审批准确率、内部管理水平、生产效率都得到提升。在实现流程及人员效率提升的同时,释放员工创造性,提升人员价值,有效支撑财务数字化转型,实现业务创新和增长。

六、未来应用

在新信息技术的推动下,中国电子商务蓬勃发展,产生了各种互联网平台,包括外卖(美团、饿了么等)、B2C商家(淘宝、京东等)、B2B商家、物流平台(菜鸟、顺丰、京东、德邦等)、差旅(携程、飞猪等)。这也随之带来了一些新的迹象:订单、货运单、车票等原始凭证全面数字化;资金支付全面电子化(个人二维码支付、对公U盾);企业对外交互行为存在全面电子化业务轨迹。因此,对于财务会计职能来说,其已经进入全面自动化的转换节点。

(一)财务报告过程全面自动化

传统手工或初级RPA过程基于关系型数据的管理信息系统,主要关注记账凭证、账簿、财务报告三个环节的信息化、自动化,原始凭证是其薄弱项。随着AI发展,可以将图像识别技术应用于发票原始凭证的扫描,计算机自然语言处理技术应用于非结构化的文本数据的提取关键词等,原始凭证的自动化处理即将被攻克。从原始凭证至财务报告完整的信息化链条被打通,对传统会计产生翻天覆地的冲击。

(二)财务报告审计全面自动化

2021年,中银协与中国注册会计师协会共同搭建的银行函证区块链服务平台投入实际使用,银行存款函证自动化迈进重要一步。目前企业已经在推进应付账款、应收账款、费用报销、单据审核自动化。加上目前业务、现金支付、交易凭证的电子化,使得制约自动化审计财务报告的因素大为减少。理论上,如果业务、资金支付、物流信息都可以实现数字化,取得第三方的交易凭证,财务报告审计也极有可能全面自动化。

(三)企业涉税业务全面自动化

税务机关数字化税收征管建设对会计职能产生深刻影响。金税工程三期,只是将国家税务机关与地方机关的税务处理数据连接,采用税控机对企业增值税进项和出项进行管控。到了2022年,金税工程四期由各部委、人民银行及部分商业银行等共同参与,搭建与各机构之间信息共享和核查的通道(标普云,2022)。这就意味着将企业业务轨迹、资金运动、物流信息、空间信息等所有信息都可以连接,开启所谓的开启"以数治税"新时代。作为金税工程四期的一部分,2019年个人所得税缴纳已经实现全面自动化。

国家税务总局拥有体量庞大的数据集(全国所有自然人、法人、社会组织信息等),又有丰厚的智力、资金资源,可以产生一系列基于AI的先进税收征管模型,削弱了税收筹划的空间。理论上,跟个人所得税会汇算清缴一样,企业涉税业务可以实现全面自动化。

(四) 企业银行贷款融资全面自动化

依托阿里巴巴集团的客户资源、数据资源和技术支持,网商银行从2015年开业以来,就实现了将人工智能运用于小微风控,以全自动放贷。实现3分钟申请,1秒放款,全程零干预。根据其2021年年度财务报告,网商银行小微贷款不良率为1.53%。而截至2022年第二季度末,商业银行不良贷款率1.67%,较年初下降0.06%。[①] 因此,一方面,网商银行依托AI放贷模型,贷款效率高于抵押模式的传统商业银行。另一方面,银行放贷属于企业贷款融资。在AI数据模型之下,银行可以不依赖传统的财务报告和抵押物发放贷款。

七、未来挑战

虽然会计在走向超级自动化时代,但是会计从业人员的作用仍然至关重要。一方面,企业必须建立灵敏、具有新时代数字化能力的创新型员工队伍,这意味着会计部门的员工要更加多元,要将更多具有人工智能、计算机学科背景的员工纳入工作团队中。另一方面,效率改善必然导致员工冗余,产生裁员的压力。这也是财务部门节源增效的源头之一。

结合前文内容,进行演绎、推理,可以得出超级自动化进程中,会计职

[①] 数据来源:中国银行业协会,《2022年度中国银行业发展报告》。

能的两个悖论。

悖论一： 为赢得竞争，每个企业财务职能追求个体最优，导致会计在整体上的没落。

如果一个企业的财务报告、审计、涉税业务、贷款融资都实现自动化之后，企业会计只剩下投资、管理会计①。我们应该如何给会计赋予新的时代内容，是每个会计从业者的使命。会计职能必须勇敢地向数据资产的核算、无形价值评估、互联网企业价值评估等蓝海进军。

悖论二： 应用技术越高级，会计职能整体上对于从业人员素养要求越低。

信息技术愈发展，应用越简单。从以往的机器语言、汇编语言、高级语言、脚本语言、低代码开发来看，对于代码编写人员的要求越来越低。机器语言、汇编语言时候，需要精通处理器、寄存器、内存器等硬件操作，到后来越来越简便。例如，以往操作电脑需要会输入命令，现在都是基于触屏的手势操作。当越来越多的会计从业人员，学习人工智能、大数据与云计算的时候，可能没有意识到，整体上会计职业对他们的要求比上一辈要低。

在超级自动化的过程中，如何在人、流程和技术三角范式取得平衡，并获得创造新价值机会？这是每一位会计从业人员都难以逃避的问题。

八、总结

超级自动化已连续多年入选 Gartner 发布的《重要战略技术趋势》，它以 RPA 为基础，集成自动化工具、人工智能与大数据等多个重要工具或技术，对推动未来企业数字化转型具有技术上的战略性意义。与传统的 RPA 自动化相比，超级自动化将自动化的重点转移到决策制定和更复杂的工作上，适用于更复杂的场景。它将帮助企业重塑业务运营，逐步实现更高水平的自动化，从而对企业的管理决策转变产生深远影响。同时，随

---

① 通常包括预算、平衡记分卡两大内容，其中预算早就可以实现自动化。平衡计分卡，一般属于会计职能，但是企业管理认为是属于管理职能。

着超级自动化的发展,各种人工智能和大数据技术将全面融入企业的各个层面,这使得自动化不仅限于局部任务,而是得到全面升级和扩展。这项技术的发展有望实现会计流程、业务识别、会计方法、报告生成等多方面的超级智能化。

注：本文主要目的是对超级自动化的概念和应用等进行科普性介绍,在搜集、查阅相关资料后,梳理、归纳了超级自动化的相关概念、发展、关键技术和应用场景等情况,因而叙述内容以基本定义、概念框架和共识性问题等为主,并非作者的原创性观点,而是对各种观点的综合,同时可能个别之处存在没有引用到位的情况。

分布式记账与区块链审计

陈耿,南京审计大学会计学院

2022年影响中国会计从业人员的十大信息技术评选结果已经出炉。另外,本年度还评选了五大具有潜在影响的信息技术,分别是金税四期与大数据税收征管(47.47%)、业财税融合与数据编织(42.93%)、大数据多维引擎与增强分析(41.92%)、机器人任务挖掘与智能超级自动化(36.36%),以及分布式记账与区块链审计(35.86%)。其中,排名第五的具有潜在影响的信息技术"分布式记账和区块链审计技术"属于区块链技术范畴,2017年"区块链"首次出现在十大技术中,列第9位(46.22%),2019年"区块链发票"名列十大技术中的第8位(41.1%),2022年"区块链技术"再次出现十大技术中的第7位(45.73%),未来与区块链相关的技术会越来越多地影响会计行业。

评选委员会主任、中国会计学会会计信息化专业委员会主任委员、上海国家会计学院副院长刘勤指出:"所谓潜在影响的信息技术是用来预测未来三到五年内可能对会计从业人员有较大影响的信息技术,而这类技术目前在会计行业内只有少量成熟的产品和应用场景。"本文先分析了比特币的发币史及其背后的区块链,然后从区块链中最主要的两个技术(分布式记账和区块链审计)切入分析对会计行业的潜在影响。

一、区块链:比特币背后的技术如何改变世界

2008年11月1日,一位名叫"中本聪"(Satoshi Nakamoto)的人在"metzdowd.com"网站上发表了一篇论文,题为《比特币:一种点对点式的

电子现金系统》(Bitcoin：A Peer-to-Peer Electronic Cash System)，论文中详细描述了如何创建一套去中心化的电子交易体系，且这种体系不需要创建在交易双方相互信任的基础之上。

2009年1月3日，中本聪开发出了实现比特币算法的客户端程序，挖出了第一批50个比特币(Bitcoin，BTC)，在位于芬兰的服务器上建立了第一个区块，这标志着比特币金融体系的正式诞生。

2010年5月22日，美国程序员Laszlo Hanyecz用1万枚比特币兑换了价值25美元的披萨，这项交易第一次实现了比特币作为"货币"的支付职能，诞生了比特币的第一个公允汇率，后来比特币投资者将5月22日定为比特币披萨日。

2011年2月9日，比特币价格首次达1美元，与美元等价。2013年11月29日，比特币在数字货币交易所MT.GOX①的交易价格创下1 242美元/盎司的历史新高，而同时黄金价格为一盎司1 241.98美元，比特币价格首次超过黄金。2014年9月9日，美国电商巨头eBay宣布，该公司旗下支付处理子公司Braintree将开始接受比特币支付。2021年3月24日，埃隆·马斯克宣布特斯拉即日起接受比特币支付购买。

货币的职能是交易媒介、记账单位、价值储藏等，由上可见，比特币已经成功地成为一种货币。在现代社会，人们信任一张成本极低的纸张(法币)来交换有用的商品和服务，是依靠法律手段，任何拒绝法币作为支付手段的行为，在世界各国司法系统中都会受到惩罚。可见，纸币的发行是依靠政府的强制力，与信任无关。而比特币的成功发行则是依靠区块链技术，在人与人之间建立起了信任机制。因此，2015年10月，《经济学人》杂志发表封面文章(图3-4-1)，题目为《信任机器——比特币背后的技术如何改变世界》，文中提到区块链能解决信任问题，可以改变世界，这将区块链更广地带入全球视野。

2016年12月，区块链被写入"十三五"国家信息化规划。2017年1月，浙商银行上线区块链移动数字汇票产品。2018年6月，蚂蚁金服上线全球首个区块链电子钱包跨境汇款服务。同年8月，深圳一家餐厅开出全国首张区块链电子发票。2019年10月，中国把区块链上升到国家战略

---

① 其为日本东京的比特币交易商。

图 3-4-1 《经济学人》杂志封面文章

高度。2020年4月,国家发改委将区块链纳入新基建。2021年1月,国务院印发《"十四五"数字经济发展规划》,区块链成为七大数字经济的重点产业之一。

二、区块链如何实现"信任机器"

作为比特币的底层技术,区块链的最大价值是去中心化的信任机制,它是数字经济时代的生产关系。比特币的成功实践,让人们对区块链的未来充满无限遐想。区块链通过以下四个方面的机制成为一部"信任机器"。

1. 分布式账本

分布式账本包括技术基础结构和协议,在分布于多个位置的网络中以不变的方式验证,同时进行访问和记录更新。在区块链上,把交易捆绑成块,将交易广泛传播到网络中的节点,然后将这些块链接在一起,各个节点各自记账,形成各自的账本。账本的一致性是通过共识机制实现的。

分布式账本技术通过共同记账、各自保存、多方印证的方式体现了公开公平的原则,防止交易被篡改。

2. 共识算法

共识算法是分布式账本网络中的节点如何验证交易过程的规则和协议。在分布式账本技术中通常都具有一些共识算法。"拜占庭将军问题"是共识算法的理论基础之一。目前一些流行的共识算法包括股权证明、工作量证明(Proof of Work,POW)和权益证明(Proof of Stock,POS)等。共识算法体现了公平公正的原则,如果输入恶意或错误数据,该节点将立即从网络中被驱逐,以防止少数人控制和合谋。

3. 时间戳系统

时间戳是使用数字签名技术产生的数据,它对数据产生的时间进行认证,从而验证这段数据在产生后是否经过篡改。时间戳系统用来产生和管理时间戳,签名对象进行数字签名产生时间戳,以证明原始文件在签名时间之前已经存在。区块链通过时间戳系统保证每个区块依次顺序相连,且每个区块上的交易都具有时间标记,任何人都无法篡改。

交易的真实性除了交易行为本身必须是真实发生的,交易时间的真实也是交易真实性不可或缺的元素,必须保证时间不被篡改。时间戳在区块链中扮演公证人的角色,而且比传统的公证制度更为可信。

4. 数字签名

数字签名是只有信息的发送者才能产生的别人无法伪造的一段数字串,这段数字串同时也是对信息的发送者发送信息真实性的一个有效证明。它是一种类似写在纸上的普通的物理签名,但是是使用了公钥加密领域的技术来实现的,用于鉴别数字信息的方法。一套数字签名通常定义两种互补的运算,一个用于签名,另一个用于验证。数字签名是非对称密钥加密技术与数字摘要技术的应用。数字签名算法有 RSA、ElGamal、Fiat-Shamir 等。数字签名技术可以保证发送数据的完整,并且发送者无法抵赖,作用相当于合同中的骑缝章。

目前区块链的应用处于早期阶段,未来若干年,将是区块链基础设施搭建的加速期。凭借区块链所创造的公开透明、不可篡改、可追溯等特点,将重塑会计主体之间、元素之间的信任机制,极大降低信任成本,提高会计运行效率,颠覆会计运作模式。总而言之,区块链赋能会计并非简单的技术叠加,而是一种新技术逻辑的构建。

三、分布式记账对会计的潜在影响

下文从会计信任生态圈、实时与可信会计、会计供应链、审计电子证据的可靠保存等几个方面,分析分布式记账对会计、审计的影响。

1. 形成"会计信任生态圈"

企业可以使用分布式账本技术来加快交易速度,因为它消除了对中央机构或中间人的需求。此外,分布式账本可以帮助降低交易成本。根据专家的说法,他们相信使用分布式账本技术会更安全,因为网络的每个节点都拥有记录,这反过来又使系统更难以被操纵或攻击。分布式账本技术生态系统有硬件、业务、软件和协议四个不同方面。

建立在该系统上的会计信任生态圈(图3-4-2)包括上游企业、下游企业、银行、保险、企业等区块链节点。为企业之间提供了一种透明且安全的方法进行对等商务活动,为不同会计主体之间提供真实记账业务。本企业会计与其他企业的会计对链上产生的每一笔业务进行分布式记账,形成了全新架构的、业务可信的、数据分布的智能财务系统。

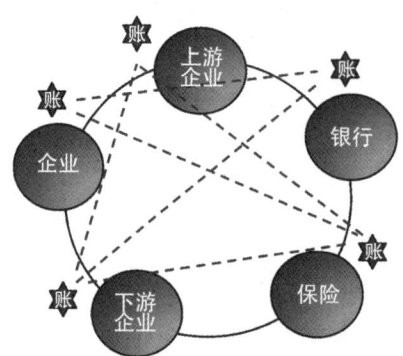

图3-4-2 会计信任生态圈

会计主体之间通过这种分布式记账方式就形成了相互信任、相互印证、难以抵赖的"会计信任生态圈",进一步推动业财融合从企业内部拓展到企业外部,重塑了会计主体之间的信任基础,成为数字经济时代智能会计的新架构。针对交易对手多、环节多、管理链条长、离散程度高等应用场景,分布式记账可构建时空折叠、立体交互的可信交易架构,可极大地提高记账的透明度、可信度、效率等,实现了记账无人化。

另外,分布式账本提供了一种更透明的方式来处理记录,因为共享的信息将在整个网络中得到印证,这种通过去中心化的方式极大提高了会计数据的可靠性和安全性,系统的鲁棒性最好,远超财务云。

2. 实现"实时会计、可信会计"

物流、资金流和信息流之间关系极为密切,这三者互为前提,互相依存。企业的物流和资金流总是单向流动的,而且两者相辅相成。信息的流动是双向的,它伴随着物流和资金流的发生而产生,反过来又对它们起着控制作用。物流、信息流对资金流有着指导作用。

在物流方面,使用行之有效的信息管理系统,通过需求预测、销售管理、生产计划、物料需求计划、车间管理、采购管理等功能,逐步实现对物流管理的控制,以及与信息流的高效整合。

在信息流方面,利用准确完备的客户关系管理系统,实现快速、有效的供需关系协调,通过畅通的物流、资金流和信息流实现企业的高效运作。

在资金流方面,通过财务管理系统的应用,有效地提高信息的准确度和集成度,从而进一步实现对资金流的控制。

但是,市场经济是信用经济,导致资产流、信息流、资金流三者是不同步的,这无疑增加了会计准确描述经济活动的难度,甚至为会计舞弊提供了"便利"。

区块链上的分布式记账可以解决传统 ERP 难以解决的问题。企业之间的交易全部上区块链,进行分布式记账,即企业分别记账,各自保存账本,交易实时产生,可以确保物流与信息流一致,资金交易也在链上实时生成,所以资金流与信息流也是一致的,物流与资金流虽然不一致,但是交易的关联性是不可抵赖的,实现了信息流、物流、资金流的一体化(图3-4-3)。

因此,区块链上的分布式记账实现了实时会计(交易被实时记录)、可信会计(交易是真实可信的)、无人化会计(交易的同时数据自动生成,完全没有人为干预),最大限度减少舞弊的可能性,从技术上保证了"不做假账"。

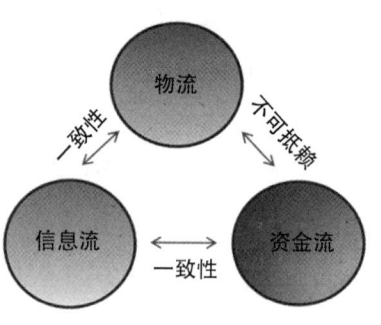

图 3-4-3 "三流"关系图

3. 构建"会计供应链"

供应链是指提供生产、交付产品和服务的整个系统,包括从最开始的原材料采购到最终将产品或服务交付给用户。供应链体现了企业之间在货物层面所构成的利益共同体。

从采购原材料开始,制成中间产品以及最终产品,最后由销售渠道把产品送到消费者手中,区块链可以将供应商、制造商、分销商、零售商连成一个整体,大家一起上链,通过分布式记账方式形成信任基础,它被称之为"会计供应链"(图 3-4-4)。

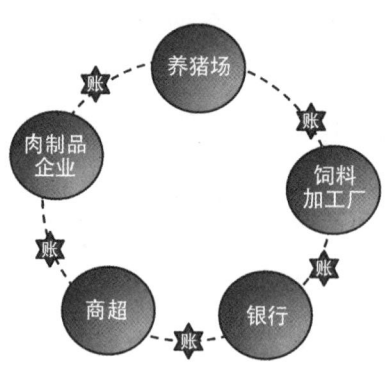

图 3-4-4 会计供应链

在会计供应链上,可以实现业务、产权、授权、合约、股权、债权等交易,实现价值链、供应链、财务链、金融链一体化,重构企业的融资模式,会计供应链本质上是一种控制风险的方式,从内部资金调剂余缺和外部资金流入两个层面,加速资金循环。会计供应链能优化整个产业的现金流,能缩短现金流量周期,利益各方都能用较低资金成本实现较高的经营绩效。

因此，会计供应链使得企业在资金层面结成利益共同体，盘活资产，解决三角债难题，使得资产能够高效流动起来，提高会计对资产和风险的控制力，特别在经济下行期间这种抗风险能力显得尤为重要。会计供应链具有优化和发展供应链的能动作用，不仅能解决资金问题，还能帮助提升企业核心竞争力。一项技术要能够被社会广泛接受，关键在于它对提高效率的贡献。在未来，会计供应链将会成为企业最重要的价值链。

4. 审计电子证据的可靠保存

审计证据以电子形式存储，它在内容原始性和法律效力的保障方面存在一些缺陷。第一，在将审计证据存储到电子数据存储中心前的电子数据真实性无法保证，当前电子审计证据存储到数据中心前并没有任何保全措施，存在审计人员恶意或者在电子审计证据的使用、传输过程中被人为更改且审计人员未发现而上传存储虚假的审计证据的可能性，这些审计证据可能无法反映真实的业务状况。第二，电子审计证据储存在数据存储中心期间的完整性不能得到保证，电子数据一般是以二进制编码规则存在，这就导致其结构、字符长度、内容极容易被篡改，且不会留下痕迹。第三，当前计算机技术已经支持签名和印章完全复制，被审计单位可能以此为借口对以往提交的审计证据进行抵赖，使得电子审计证据的不可抵赖性较差。

企业使用分布式记账后，审计人员从被审计单位取得的审计电子证据，经过双方确认，达成共识后全部上区块链。这种"记账"方式，是在达成共识后上区块链保存的，这样保存的审计证据不但具备无法抵赖的属性，还多了一个属性：多方认可，难以篡改。

区块链节点主要分为审计组织、被审计单位、第三方询证机构以及监管机构四类。其中审计组织节点是证据的主要上传者及其对存证系统进行管理（包括节点接入、节点授权）。审计组织节点包括了提交审计证据的项目组成员和负责审核的审计组主审、审计组组长、质检处、法规处、办公室、总审计师和审计机关负责人。第三方询证机构和被审单位经过审计组织授权后参与达成共识和校验数据。监管机构（上级审计机关以及同级政府派出的巡视组）只有经授权后，才能获得接入存证系统查看分析审计证据的权限。这些节点共同构成了审计证据数字存证系统(图3-4-5)。

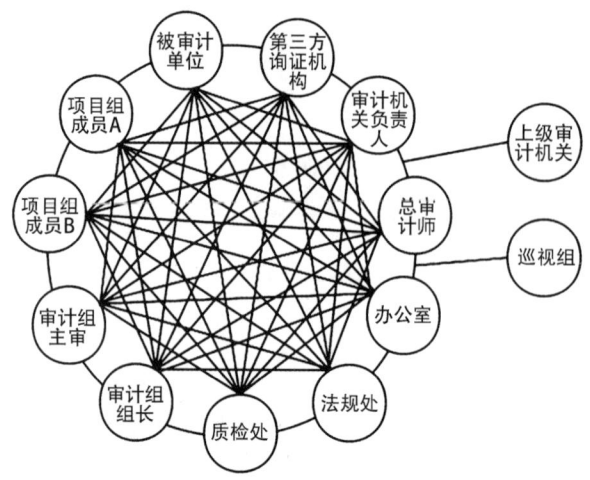

图3-4-5 审计证据数字存证系统

首先,审计证据数字存证的真实性保证指的是,确保不同来源的审计证据通过审计组织、被审计单位或第三方询证机构等多方共同认可,保证其能够真实地反映被审计单位的情况以及审计人员的判断。由于区块链存证系统中各个节点之间互相独立,每个节点在接收到审计证据后可以不受干扰地判断,最后达成一致认可的审计证据才能上链并被存储。这种要求各方达成一致认可的行为作为审计证据的入账机制,能够保障电子审计证据的真实性。

其次,审计证据数字存证的完整性保证指的是,从宏观层面利用区块链的分布式记账本的内容一致性特点,从微观层面利用哈希算法检验进而确保已上链的审计证据不会被篡改,即通过构建审计证据内容一致性机制和完整性检验机制,来保证审计证据数字存证的完整性。

审计证据经过共识层认可上链后,将会被所在的审计节点进行公告,其他节点在收到公告之后将审计证据同步到自身所对应的独立数据库中进行备份这种存储方式为审计证据内容的一致性机制。一旦出现审计证据在某一节点被更改的情况则都会被反映出来,从而保障已上传审计证据完整性。

哈希算法本质是一种映射关系,能够将审计证据明文单转化为密文,即 $a \rightarrow h(a)$,且当审计证据明文内容被恶意人员篡改以后,最终形成的哈希值都是不同的,即若 a! = b,h(a)! = h(b),构成审计证据的完整性检验机制。

最后,审计证据数字存证的不可抵赖性保证指的是,利用区块链相关的时间戳和非对称加密算法,构建审计证据时间属性不可抵赖机制和审计证据签名属性不可抵赖机制,确认审计证据在提交时已经存在并且经过被审计单位或第三方询证机构亲自认可,保证被审单位或第三方询证人员后续无法对审计证据时间和内容进行抵赖。

在节点验证审计证据时,需要确保每一个节点本身都对审计的内容进行确认,要求每一节点在确认时添加其"签名"或者"印章"。非对称加密技术中的私钥就是实现审计证据存储过程中"签名"和"印章"数字化的一种重要手段。公钥是由私钥通过算法推导出来的,两者一一对应,因公钥无法倒推出私钥,于是具有公钥加密、私钥解密,私钥签名、公钥验证签名的功能。利用私钥实现节点签名以此来保证被审计单位不可抵赖,即审计证据签名属性不可抵赖机制。

对审计证据进行数字化存储时,时间同样以电子的形式存在,需要利用一定的技术手段对审计证据的时间进行确认。可信时间戳服务是由中国科学院国家授时中心出具的电子签章,时间戳证书与其认证的每份审计证据均具有唯一对应性,其中包含审计证据摘要、产生时间等。从时间角度构建审计证据不可抵赖机制。

四、区块链审计对会计的潜在影响

下文从可编程的智能审计、提升内部审计价值、碳审计的最佳解决方案几个方面,分析对会计、审计的影响。

1. 可编程的智能审计

与比特币的区块链相比,以太坊在区块链技术上最大的贡献是基于区块链设计并实现智能合约。智能合约(smart contract)的概念于 1994 年由计算机科学家和密码学专家尼克·萨博(Nick Szabo)提出,但是当时由于计算机技术的限制,智能合约的概念并没有得到太多的关注。2015 年,以太坊的出现成为智能合约的最佳实践。以太坊将智能合约定义为一种特殊的计算机合同协议,使用信息化的方式传播、执行和验证,整个过程都通过计算机来实现。

以太坊上的智能合约是一段写在区块链上的代码,一旦某个事件触发合约中的条款,代码即自动执行。因此,智能合约要顺利运行就必须要满足两个基本条件,即"确定性"与"可终止性"。

"确定性"是指,如果一个程序在不同计算机或者在同一台计算机上的不同时刻多次运行,对于相同的输入能够保证产生相同的输出,则称该程序的行为是确定性的。由于智能合约运行于网路上的多台电脑,如果一个智能合约是非确定性的,那么不同节点运行的结果就可能不一致,从而导致共识无法达成,网路停滞。

"可终止性"是指,每执行一次智能合约,以太坊虚拟机(Ethereum Virtual Machine,EVM)都会向用户收取非常小的 ETH(Ether,以太币)维护费,也就是 GAS 费①,以提供智能合约需要使用的计算能力。所以以太币的核心意义不是作为一般等价物的货币,而是类似于石油一样作为动力驱动以太坊网路的服务。由于每次执行智能合约都需要 GAS 费做驱动,若有人企图使用智能合约消耗以太坊网路上的资源,一旦燃料耗尽,合约就会执行失败,并且不会退回消耗掉的费用,借此防止死循环的发生。

以太坊提供了一个 EVM 虚拟机来执行智能合约的字节码搭建开发部署。类似于 Java 源码被编译为 JVM 可执行的字节码,最常用的开发智能合约的语言是以太坊专门为其定制的 Solidity 语言。一个智能合约被编译后就是一段 EVM 字节码,将它部署在以太坊的区块链时,会根据部署者的地址和该地址的只使用一次的随机数值(Number once,Nonce)分配一个合约地址,合约地址和账户地址的格式是没有区别的,但合约地址没有私钥,也就没有人能直接操作该地址的合约数据。要调用合约,唯一的方法是调用合约的公共函数。

合约地址,可以接收 ETH,也可以发送 ETH。合约内部也可以存储数据。合约的数据存储在合约地址关联的存储上,这就使得合约具有了状

---

① 强制性区块链交易费。

态,可以实现比较复杂的逻辑,包括存款、取款等。合约在执行的过程中,可以调用其他已部署的合约,前提知道其他合约的地址和函数签名,这就大大扩展了合约的功能。

智能合约主要包括状态、价值和触发条件等。区块链上的智能合约具备三个优势:

(1) 智能合约满足条件就自动执行,执行过程无法人为操控。

(2) 智能合约的代码是公开透明的。

(3) 智能合约的代码一旦确认就无法修改。

智能合约的出现让人们开始觉得区块链有实际的用途,能广泛运用在各行各业中解决问题,而且智能合约也让区块链的开发变得更加简单,使得更多企业能够将自己的去中心化应用建立在以太坊之上,并发行自己的加密货币(token),这让区块链的开发进入一个崭新阶段。

代码不会受到篡改且完全公开透明,没有人能够改变智能合约的内容与执行,为合约双方提供更好的保障与强制力,在传统的 ERP 环境中,任何审计程序都不具备这种特点。因此,区块链环境中,其执行的智能合约具备可信任的属性,这种属性使智能合约成为一种新的、可编程的、全自动的智能审计形式。审计的公信力可以通过智能合约技术得到保障,使区块链审计具备强大的发展前景。

2. 提升内部审计价值

我国的审计法规定审计的基本职能是对经济活动的真实性、合法性、效益性进行监督。真实是基础,是合法的前提,真实的未必合法合规,但不真实的肯定不合法或不合规。进一步地讲,真实和合法又是效益的基础和前提。真实、合法对企业未必有效益,不真实、不合法可能为企业带来"微观效益",但这种"微观效益"肯定危害社会宏观效益,因此,只有在真实和合法的基础上,再去评价效益水平才是有意义。

首先,区块链上的交易本身具备真实性,交易一旦成功就无法篡改,因此没有必要对交易真实性进行审计。其次,区块链上的交易虽然不能保证是合法的,但是这些在链上是公开的、透明的、难以抵赖、无法篡改的,所以违法行为容易被发现,且发现后难以抵赖和篡改。这样极大地提高了违法的成本,区块链上交易的合法性基本可以得到保障。这样在审计区块链上的交易活动中只需要审计评价其效益,这是区块链审计与传统审计的本质差异。

在传统审计过程中,真实性审计是基础,合法性、效益性审计是真实性审计的延伸、发展,三者是一个统一的整体,不能将它们割裂开来,更不能对立起来。不能超越真实性去单纯查处违法,也不能超越真实、合法去评价效益,这样治标不治本。同时,也不能脱离合法性、效益性审计,单纯追求真实性审计。而区块链审计减少了多目标给审计工作带来的复杂性,更加专注于交易的经济效益问题,从事后诸葛亮式查问题转变为预警风险和辅助决策。

此外,区块链审计不是抽样审计,对于经济效益的评价更加全面、客观、合理,不会因为样本偏差导致评价准确性下降,从而保证审计质量的客观、公正和科学。

3. 碳审计的最佳解决方案

"低碳经济"这一概念最早来源于英国,2003年在《英国能源的未来——创建低碳社会》白皮书中出现后,它在世界范围内引起强烈反响。2009年,在哥本哈根会议上,"低碳"主题以对抗气候变化为主。随后,越来越多的国家开始在低碳领域内出台相关政策,积极推动低碳经济的发展。碳审计是全球变暖的时代背景下出现的概念。Janek Ratnatunga 指出,碳审计是碳排放市场交易过程中企业碳账户和碳信息交易的保障性因素。

目前,碳排放权的计量模式可以分为动态评估模式、历史成本模式、公允价值模式和现行市场价值模式等类型。以排污权为基础制定了严格的会计审计框架,并逐步形成了相对规范的会计管理体系。碳审计需要以法律制度为准绳,以审计主体为核心,以规范体系为参考,合理应用审计程序和方法,从碳排放管理、碳排放政策制定、碳排放信息披露等方面加强鉴别,确保碳审计工作的独立性。从本质上而言,碳审计工作是在合法的前提下,以公益性为基础的审计工作扩展。

碳排放权交易市场是实现"双碳"目标的一种市场化手段:通过"总量控制与交易"(cap and trade)的体系,构建了一个企业能通过产业升级、低碳转型,在碳市场中获得合理收益的"正向激励"市场化体系。《京都议定书》签订后，各个国家纷纷立足于本国国情以低碳排放为目标构建碳交易市场体系，全球范围内碳交易市场体系不断发展和完善。对国外的发展状况进行分析可知，市场体系建设速度快、内容丰富且完善。从国际层面来看碳交易规模最大和内容最完善的平台为欧盟排放权交易体系，该体系的服务对象是欧盟的各个成员国，采用强制性配额交易方式操作，覆盖面广泛，以市场工具作为解决温室效应的有效手段且取得了丰硕成果。在此基础上，各个国家纷纷效仿并推动本国碳交易市场体系的完善。2003年，美国启动了芝加哥气候交易所，采用资源减排的方针操作，对6种温室效应气体加强监管，该交易所成为美国最早的碳排放交易市场，虽然现在该交易所已经关闭，但是其成功经验仍然是碳交易市场体系的典范，值得众多国家学习。与此同时，美国建立了四个区域性的交易体系，严格控制温室气体排放，并将碳排放交易纳入贸易计划和强制监管的范畴。

我国碳市场则是从2011年起走出了"区域化试点"进入"全国性纳入"的特色道路。区域化碳市场坚守服务国家"双碳"目标的初心，因地制宜地开展碳配额交易和各类衍生的碳金融服务，促进碳配额的流动性，也为控排企业提供融资便利。全国碳市场则成立于2021年，目前参与交易的主体主要为电力企业，所覆盖企业的总体排放量为世界第一。全国碳市场借鉴了全球成熟碳市场和区域性碳市场的建设经验，保证了碳价格发现机制的有效性，但目前的交易约束尚未完全放开，可能会抑制全国碳市场的活跃度。

企业的碳排放和碳交易如果全部上区块链，会形成全国性的碳交易系统，采用区块链审计技术（智能合约形式），可以进行全智能的碳审计。面向碳交易系统的区块链审计具有以下特点：

（1）全样本审计，彻底排除了传统抽样审计的局限性。审计抽样作为一个现代的审计方法早已被提出，审计抽样主要以样本结果来推断总体特征，本身存在局限性。实务中常有的是通过抽样推断未能发现被审计单位的错误，就很可能导致审计人员形成不正确的审计结论。一旦出现这种情况，会降低审计效率、增加审计成本，也会影响审计人员的信誉。因此，审计质量与抽样质量密不可分，但是在碳交易的区块链上进行审计,采用全样本空间,审计质量有质的飞跃。

(2) 碳交易量大,采取人工审计的方法不可取,只能采用自动执行审计。碳审计与一般审计工作相似,具备独立性和公正性的基本特征,同时,也具备其特殊性。因此,区块链审计的代码是公开和透明的,并且难以篡改,具备独立性和公正性的属性,同时,代码是自动执行的,完全可以应对碳交易巨大的特殊性。

(3) 前面已经分析过,区块链上的碳交易一定是真实和合法的,因此,审计只要关注碳交易的合理性。正如 Susie Moloney 指出的,碳审计是以审计方法为核心,根据相关国家法律制度、审计规范和行为准则等进行碳排放量和碳消耗行为的独立性审查,同时,对审查工作出具审计报告,从而达到经济控制的目的。碳审计对全球能源模式从高耗能阶段向低碳阶段转变有重要的推动作用。

因此,这种区块链审计是碳审计的最佳解决方案,审计结论可以为碳交易的合理性、政府政策调整、风险管控等提供科学依据。

五、总结

首先,区块链是一种有助于建立信任网络的认证机制,它被认为是继互联网之后又一个颠覆式技术,改变的是生产关系。区块链对会计的影响主要通过外部环境产生,重塑了不同会计主体之间以及不同会计元素之间的信任基础,把业财融合的边界从企业内部拓展到外部,把交易、融资、税务、审计、抵押、众筹、产权、证据、支付等通过区块链实现互联互通与互信。

其次,区块链的影响力正在显现,而且持续时间长、涉及程度深、影响范围广。区块链是数字经济时代构建生产关系的技术,对会计造成全方位的和根本性的影响。

最后,虽然区块链前途无量,但是在各种应用场景中还面临许多困难,需要广大会计从业人员勇于探索和创新,区块链在会计中的应用任重道远。

金税四期与大数据税收征管

杨川,博世中国(投资)有限公司

在 2022 年影响中国会计从业人员的十大信息技术评选过程中,有一项重要的技术连续两年被专家们评为未来五年潜在影响中国会计从业人员的五大信息技术之首,这就是金税四期与大数据税收征管。受上海国家会计学院刘勤副院长委托,作为财务领域的一个老兵,我将对这个话题做一次仰望星空式的畅想,抛砖引玉供业界同仁参考和指正。

一、话说税收征管

(一) 税收征管概述

1. 税收的定义和特征

税收是指国家按照法律的规定,为了满足社会需要向社会提供公共产品,参与社会产品分配,强制、无偿取得财政收入的一种规范形式。

税收的强制性、无偿性、固定性三个特征是统一的整体。其中,强制性是实现税收无偿征收的保证;无偿性是税收本质的体现;固定性是强制性和无偿性的必然要求。

2. 税收征管中的主体

赋税或税收征管,是社会经济和政治发展到一定阶段的产物,它是私有财产和国家形式出现之后的必然结果。国家,作为一种社会形态和管理职能,必须通过政府去行使代理管理的职能,利用税收征管工具去筹集国家机器运行的燃料。因此,税收征管中会涉及如下主体:国家、社会、政府(国家公共权力的代理人)、纳税组织、纳税个人。

(1) 国家,除去意识形态或文化精神层面的引领,主要是在环境保护和绿色经济等方面参与税收征管的循环。

(2) 社会,这里是广义范畴,包括各种组织(政府、商业机构、非营利机构)和个人(纳税人和非纳税人)。

(3) 政府(国家公共权力的代理人),负责进行税收征收管理的机关,包括国家税务总局和财政机关、海关等单位。

(4) 纳税组织,国家行使课税权所指向的各类型单位。

(5) 纳税个人,国家行使课税权所指向的自然人,如常见的个人所得税。

众所周知,社会稳定是文明持续发展的关键因素,而社会稳定又取决于社会公平规则的设定和执行程度。税收征管,作为社会公平的主要调节工具,也就相应地成为政府用于影响宏观经济和实现社会治理最重要的工具之一。

3. 税收征管的目的

税收征管,区别于其他财政收入形式,具有强制性、无偿性和固定性,其从起源开始就表现出特有的规范性和制度性,而且与政府是相互依存的关系。

马克思曾指出:"捐税体现着表现在经济上的国家存在。赋税是政府机器的经济基础。"由此可见,税收征管的目的之一就在于维持政府的运转,而政府的正常运转是社会稳定和发展的前提。

(二) 税收征管中的博弈

1. 税收征管中的博弈

1) 定义

当谈到税收征管中的博弈,就一定会涉及逃税和避税这两种行为。逃税属于违法行为。而避税是指纳税人在不违反税法规定的前提下,将纳税义务减至最低限度的行为,最大限度地利用税法中的漏洞,少纳或不纳税款。

2) 避税原因

(1) 利益驱动,是纳税人追求利益最大化过程中的内在驱动。

(2) 税务不公平性,即由于税收管辖权的选择和运用、税制要素和征税方法等方面存在差别,给避税行为提供了便利的外在条件。

(3) 税收法律和法规本身的漏洞。

(4) 各国各地之间为了吸引外来投资,以改善投资环境为由,出台优惠政策,牺牲一定税收的利益。

2. 税收征管中的变化

由于不同国家的不同税率政策和为吸引投资而提供的优惠力度不同,所谓合理避税,便成为跨国公司躲避税收和降低税负的重要经营方式。例如,苹果公司作为世界上市值最高的公司之一,通过全球布局,利用避税天堂(开曼群岛、百慕大群岛、瑞士等),公司的综合海外税负竟只有1%,远远低于其美国境内的税负19%。

早在2017年,受二十国集团(Group of 20,G20)委托,世界经济合作与发展组织(Organization for Economic Co-operation and Development,OECD)便通过建立近140个国家和地区参与的多边合作平台,推进了制定应对数字化税收挑战的多边方案。2021年7月,OECD发布公告,GDP占全球90%以上的130个国家和地区同意设置全球企业最低税率为15%,以确保对跨国企业更公平地征税,减少其避税的机会。粗略估计,此举每年将为全球带来约1500亿美元的额外税收收入。

3. 税收征管的潜在变化

随着金税工程大数据平台的建立,大数据平台抑或进一步出现的人工智能税务核查分析,将使得各行业的平均利润率、上下游业务往来、关联交易经营状况、市场动态与变化趋势,都得到了360度全方位的监控。再加上未来跨国税务机关的密切合作,跨国企业的合理避税空间将被进一步减少。

二、话说金税历期

(一) 金税的发展历程

1. 金税工程概要

金税工程,是1994年经国务院批准的跨部门国家税控系统建设项目。它是运用科技手段并结合我国增值税管理的实际而设计的管理系统,是利用覆盖全国税务机关的四级计算机网络（总局＋省＋地＋县），对增值税专用发票和增值税纳税状况进行严密监控的体系。

金税工程的组成，是一个全国税务网络和四个软件系统，具体包括防伪税控开票系统、防伪税控认证系统、计算机稽核系统、发票协查系统。

2. 金税工程发展历程

随着近三十年的发展，金税工程获得了巨大的成功。2021年11月16日，国家税务总局进一步提出了建设金税四期的设想，并开启了依托金税四期推进税收征管数字化以构建智慧税务之路。金税工程的发展历程如图3-5-1所示。

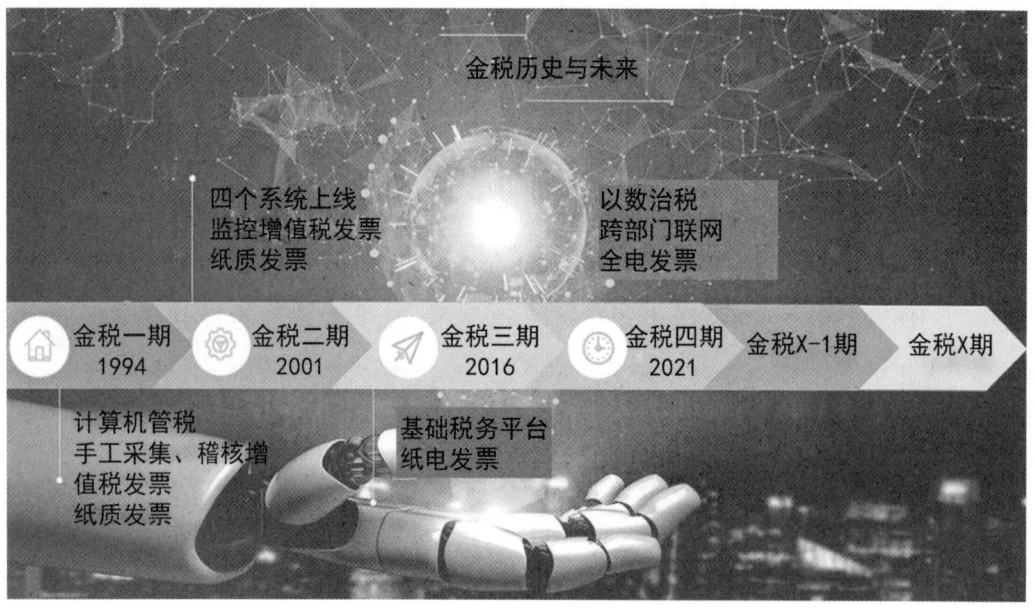

图 3-5-1　金税工程的发展历程

下文将以金税四期为起点，对未来大数据成熟运用之后的人工智能进行一系列的畅想，特别是金税X期中社会治理和税收征管所面临的机遇和挑战。

（二）金税四期的范畴

金税四期（图3-5-2），是在金税三期近五年发展建立的基础税务平台和纸电发票之上，建立税收大数据并和非税业务数据进行相应的持续拓展，以实现多维化、全方位、全流程的监控。

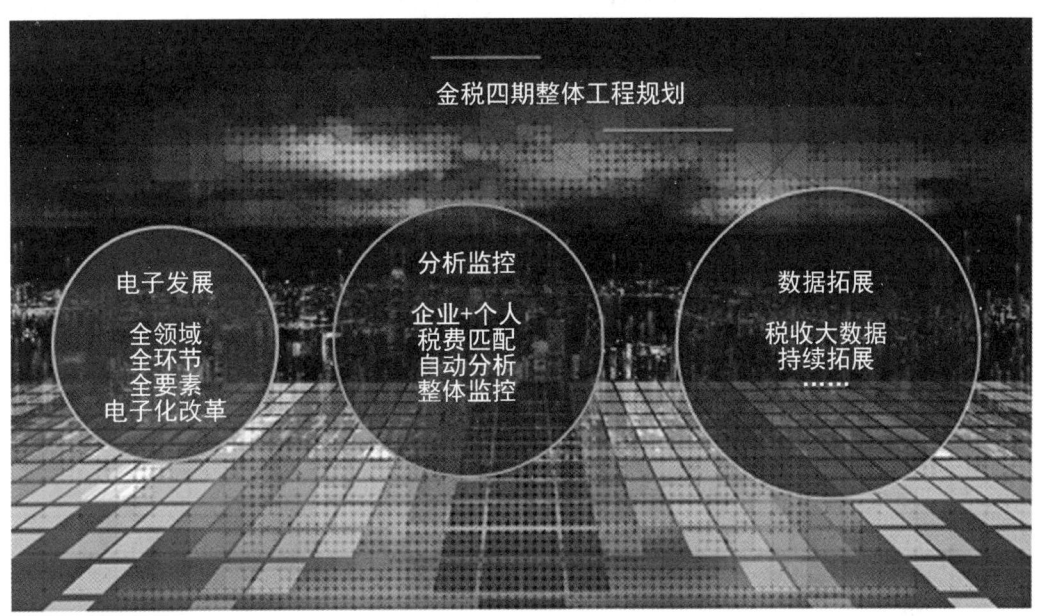

图 3-5-2　金税四期的规划

短期目标是加快实行全领域、全环节、全要素、全方位、全周期的电子发票,通过先试点再铺开的策略,计划在 2025 年全面完成。

中期目标是建立整体监控体系,对纳税企业或个人实行全方位自动分析和匹配校验。所谓整体,其最大的边界可能将延展到如下领域:税收征管、企业账务、银行交易、外汇管理、海关申报、工商监管、质量监督、环境保护、社保缴纳、审计底稿、个人金融等。以 2019 年 6 月的四部门联合会议为例,中国人民银行、工业和信息化部、国家税务总局和国家市场监督管理总局启动了信息共享平台——企业信息联网核查系统。这将会成为打造整体监控体系的标志,纳税人的经营状况和应纳税情况得以全面透明化,从而逐渐形成守法合规、公平竞争的良性经营环境。

长期目标是从金税三期的"以票管税"到"以数治税",通过对税收大数据的建立,实现全方位、立体化的分类精准监控,并进一步为人工智能的发展提供大数据基础,为宏观治理提供各种可能的支持和指导。

(三) 金税四期的影响

1. 对会计职能的影响

随着金税四期的全面实施,会计职能的重要性将获得进一步提高。无论是对专业性的强调还是对税务风险的管控,都需要会计从业人员对业务的精准理解和真实记录,必须在回归业务的商业本质的同时,反映业务的来龙去脉。

2. 对部分民营企业的影响

随着金税四期的全面实施,当税收大数据平台和跨部门监管平台得以建立之后,任何不规范或不合规的商业行为,都将被税收征管平台的算法分析轻易地发现,并被自动发指令要求解释和纠正。民营企业尤其是经营规模比较大的民营企业,应该尽快投资引入相关的人才,建立规范的财务体系、管理制度和信息技术系统。

3. 对"千户集团"的影响

"千户集团"是国家税务总局确定的、定期发布并实行动态管理的企业集团,包括全部中央企业以及年度缴纳税额达到税务总局管理服务标准的单一法人企业或集团总部。2015年,集团年纳税额3亿元以上的1 062家重点大企业集团入选"千户集团"。

2018年,随着金税三期的稳步推行,国家税务总局将年纳税额3亿元以上的标准调整为年纳税额1亿元以上,扩围后当年有2 050家企业入围。

可以预见千户计划将会被金税四期进一步赋能,使得管控范围加速扩大。国家税务总局通过对集团企业的数据采集(细化到核算科目余额),进行从风险分析到推送应对和反馈考核的闭环管理,并与财政部、国资委等监管部门建立数据共享机制,逐步形成从宏观到微观的经济运行调控能力,为新政策的发布和行业精准指导提供数据和技术基础。

4. 对社会诚信体系建设的影响

社会诚信体系,是一种以社会诚信制度为核心,维护经济活动和社会活动的正常秩序并且促进诚信的社会机制。它是2014年政府推动下全社会参与的社会系统工程,由诚信三大主体(政府、企业、公民)构成。

金税四期的建设,将为诚信企业和诚信公民的信用评级和政策激励提供实时的跨部门大数据基础。这必将加速我国社会信用体系的建设和升级,使规范守信的企业得到尊敬和鼓励,逐渐形成良币驱逐劣币下健康公平的竞争环境,让越来越多的企业重视品牌经营和美誉度的提高。

三、话说大数据技术

(一) 大数据概述

1. 大数据的定义

2012年,Gartner修正了大数据的定义:大数据是指大量、高速或多变的信息资产,它需要新型的处理方式去促成更强的决策能力、洞察能力和最优化处理。

2. 大数据的特点

大数据的创造者是全体人类,它是人们一切行动的历史记录,IBM曾将其特点总结为 5 V(图 3-5-3):

(1) Volume——海量,指数据大小,其起始计量单位是 P(1 000 个 T)。

(2) Velocity——高速,指数据输入输出的速度,其对时效性要求高。

(3) Variety——多变,指数据的多样性,不同来源、不同结构和非结构化的数据,包括网络日志、文字、音频、视频、图片、地理位置、交易记录、生产信息、物联网信息等。

图 3-5-3 大数据特点

(4) Veracity——真实,指数据的真实性,不仅包括数据本身,还包括数据的处理和利用过程。

(5) Value——价值,指数据的价值密度,随着物联网的广泛应用,海量信息无处不在,但如何实现数据价值,是需要解决的问题。

通过对大数据的研究和应用,组织可以逐渐发现客户群体的偏好规律和不同需求,更好地为客户提供服务。一方面,大数据可以为企业和个人提供决策参考,使人更聪明,如精准营销、用户需求、市场拓展、趋势预测、资源配置等方面。另一方面,大数据可以训练机器设备和人工智能,让机器更聪明。

3. 大数据技术

1) 大数据的分类

(1) 内部数据是指政府数据、企业数据、机构数据、终端数据(物联网采集),体量相对较小,数据相对集中,但获取难度比较大。

(2) 开放数据是指所有人可见的公开数据,如网站、APP、大众媒介等,数据体量相对较大,但是杂乱无序,需要挖掘。

2) 大数据的应用

大数据的应用,一般需要数据采集、数据建模、数据分析和数据应用四个步骤。大数据技术,目前是一个宽泛的概念,是大数据价值体现的手段和进步的基石。从大数据的应用步骤来看,从数据采集、处理、存储到形成结果,大数据技术包括云计算平台(分布式架构)、分布式处理技术(大规模并行处理 MPP 数据库、分布式数据库、分布式文件系统)、存储技术(可扩展的存储系统)和感知技术、数据挖掘、互联网技术等。

(二) 大数据的影响

1. 大数据带来的思维变革

(1) 大数据利用全体数据,而不仅仅是部分数据或随机样本。

随着互联网技术的发展,大数据研究的数据集是数据的全体,而非随机采样得到的样本。这一特征与建立在部分数据或样本上的传统的抽样分析截然不同,可以挖掘到隐藏在其中有价值的细节信息。

(2) 大数据接受不精确性,拥有混杂性。

大数据包括非结构化的、非抽样的多种类型的海量数据,其价值密度相对较低,因此,其接受不精确性,甚至按原来的标准属于错误的数据。大数据的价值就是在不精确的数据中挖掘出有价值的信息。

(3) 大数据找到相关关系,而非因果关系。

与"小"数据追求线性的因果关系所不同的是,大数据可以从海量的数据里利用统计学寻找出一定的相关性,如商场里"啤酒+尿布"的销售相关性、网络搜索感冒用药与流感发展趋势的相关性。大数据的相关性特征形成一种新的思维,成为决策的依据。

(4) 大数据从场景出发,连接消费用户。

大数据是建立在用户行为基础上的,核心是满足消费用户的需求,因此更侧重于场景化的融合,对消费用户进行实时、多维、立体式画像,洞察消费用户的需求,实现精准化定制信息推送。

2. 大数据带来的管理变革

数据是未来竞争中新的生产要素,将逐渐成为一切竞争力的能力源泉和最重要的战略资源。

数据作为一种资源或者可以重复创造价值的资产,如何衡量(边界、所有权)、评价(合理定价、公允评估)、保护(隐私、安全)、交易(记录、加密),都将是管理中的新挑战。

数据将是未来价值创造中的燃料,它通过算力和算法相结合的引擎,促进深度学习的迭代进化,进而形成人工智能以辅助人类,迸发出新的视角和新的维度,赋能组织以创造价值。

大数据的养成和运用,需要日复一日地积累各种业务数据,并挖掘数据背后的价值。同时,还需要以更开放的心态构建潜在合作的数字生态圈,形成"1+1大于2"的商业模式升级。

3. 大数据带来的挑战

1) 大数据和算法对工作方式的改变

通过大数据形成的人工智能,将极大地改变未来工作的方式,使各种可重复性的工作被机器人或背后的算法所替代。由于效率的提高,使得生产力得以大幅提高,成本也得以快速下降。人们的工作很可能更多是和创造相关,这也对人的创造力提出更高的要求,工作的意义是为了人生的自我实现。

2)预见性监督中对个人隐私的潜在侵犯

大数据分析可以进一步深入到个人层面,通过了解和分析各种历史记录,预测个人潜在的思想或行动并由此安排各种防范举措。这将引起对道德选择、人类意志和生存意义的各种挑战,如何构建信息安全机制,需要各方的共同努力。

3)相关思考

大数据时代的终点是哪里?是否将会是人工智能和人类的终极博弈?人类文明的发展将如何延续?一切都尚待进一步的探讨和思考。

四、话说金税 X 期

(一)税收征管的终点畅想

1. 提高纳税缴费的便利性

以人民为中心,为人民服务是国家治理的根本所在。如何提高纳税缴费的便利性,全国统一的电子发票服务平台,将是下一步税收征管工作的重点。

2. 精准的税费服务

在发票电子化的基础上,"一户式"或"一人式"的税收数据管理方式,将为向纳税人或缴费人提供精准的税费服务创造了前提条件。

3. 以数治税

建立以"信用+风险"监管为基础的智能税收监管体系,通过后台跟踪实现风险的识别及管控,做到全过程强智控和无风险不打扰。

4. 以税协同

通过税务部门与相关部门常态化和制度化的数据共享协调机制,使税收大数据在行业管理、产业投资、优化竞争环境和国际税收合作等方面提供及时详尽的分析和预测。

5. 智能税收

通过大数据技术形成关键数据的收集、分析和集成,从而为算法这个驱动引擎提供燃料和基础。大数据和算法推动人工智能发展,使国家和社会治理中的行业决策更科学合理,大大提高了政府的整体工作效率和方向的正确性。

(二) 金税 X 期的企业边界

1. 企业边界的由来

企业一词源于日语,是日本明治维新之后,大规模引入西方文化与制度的过程中翻译而来的汉字词汇。它是指把人的要素和物的要素结合,自主地从事经济活动,具有营利性的经济组织。

企业本质上是一种资源配置的机制,其能够实现整个社会经济资源的优化配置,降低整个社会的交易成本。

新制度经济学的创始人科斯,在1937年发表了著名的论文《企业的性质》,并使其最终获得了诺贝尔经济学奖。他通过解释企业为什么存在,在进行市场运行成本、交易成本与企业边界的思考中,指出企业产生和存在的理由是降低了交易费用和生产成本,这奠定了现代企业理论的基础。

企业边界是指企业以其核心能力为基础,在与市场的相互作用过程中形成的经营范围和经营规模,其决定因素是经营效率。其中,企业的经营范围,即企业的纵向边界,确定了企业和市场的界限,决定了哪些经营活动由企业自身来完成,哪些经营活动应该通过市场自身来完成。而企业规模的大小,形成了企业生产经营的横向边界。

在市场交易成本和企业内部组织协调成本的相比较当中,管理效率(管理效益和管理成本相较的结果),将是可能决定企业边界的最关键因素。

2. 大数据对企业边界的影响

大数据将逐渐赋予一切现实生活数字镜像,为潜在的人工智能提供各种优化的可能性。随着机器学习和算法的迭代进化,人工智能将成为企业经营中最重要的智囊和搭档,就好像星际迷航中2336年诞生的赛博机器人。

企业的大数据之旅,也将是一个漫长的里程,但是其加速度将随着海量的数据,大规模的算力和迭代的算法变得越来越快,而且将逐渐改变企业的边界,使企业向虚拟化和无边界发展。虚拟化是指企业经过数字化建设,形成的全面经营数字孪生化,并且可以通过数字资产进行价值创造和变现的一种经营方式。无边界是指企业的组织规模和形态,在经过数字孪生和共享经济的发展之后,实体边界可能聚焦变小但虚拟边界无限扩展的状态。

但是,近十年企业的数字资产还是将处在初始投资的在建阶段,而且绝大多数企业距离大数据的海量、多源、多结构等特点,还遥不可及。而且,大数据在单一的企业组织内是极难获得实现,除非形成数据联盟生态圈,但是由于数据所有权和数据安全性等方面的分歧和顾虑,数据联盟生态圈的合作依然是局部功能,而不是全面深入。

与此同时,回到税收征管的范畴,另一维度的大数据却发展迅猛,那就是政府职能部门的大数据已经初具规模,形成了对企业快速有效的监管。这无疑也将对企业和市场未来的走势和变化起到重要的影响,甚至可以大幅提升计划经济对市场和行业的宏观调控和国有企业的竞争效率。

(三) 区块链的概述

1. 区块链的起源和性质

区块链概念起源于1991年的数字化文档的时间戳,兴起于2009年中本聪的白皮书和加密货币比特币。区块链并不等同于比特币,它只是比特币的底层技术和基础架构,是一个以分布式记账的去中心化数据库。它不依赖第三方,而是通过自身分布式节点进行网络数据的存储、验证、传递和交流的一种技术方案。

换句话说,区块链是共享的、不可篡改的账簿,用于记录交易、跟踪资产和建立信任。几乎任何有价值的东西都可以在区块链网络上进行跟踪和交易,降低各方面的风险和成本。只有获得许可的网络成员可以访问,并且端到端地查看交易的全部细节,从而赋予网络成员更大的信心和机会,并提高了效率。

2. 区块链的特点

(1) 去中心化,指的是可以帮助点对点的交易,无需第三方的批准和中心管制。

(2) 开放性,指的是区块链是开源技术下高度透明的系统,除了交易各方的私有信息被加密,任何人都可以通过公开的接口查询区块链数据和开发相关应用。

(3) 安全性,指的是不受任何人或实体控制,数据在多台计算机上完整复制。

（4）不可篡改，指的是信息通过密码学进行加密，任何信息都无法更改。

（5）匿名性，指的是各区块节点的身份信息无需公开或验证，一定程度上很好地保护了用户的隐私，但也为一些违法犯罪行为提供了便利。

区块链之所以能够建立信任，因为它代表了真实的共享记录。每个人都可以相信的数据将有助于构建能够显著提高效率、透明度和置信度的其他新技术。

3. 区块链相关的概念

1) 加密货币的权变

区块链以其在比特币等加密货币系统中的关键角色而闻名。加密货币又称密码货币，是数字货币的一种，是使用密码学原理来确保交易安全及控制交易单位创造的交易媒介。

2022年2月，印度宣布加密货币交易不属于非法活动，但将被以最高税率30%对虚拟资产交易征税。2022年6月，欧洲议会发布消息称，欧盟就加密货币反洗钱规定达成一致，这意味着野蛮生长的加密货币市场将面临严格的监管。规定要求加密货币公司获取并保留加密货币交易者信息。

2) 大数据的中心化和去中心化

大数据是公认的一种趋势，对于政府职能部门或行业巨头来说，在未来谁能更好地管理数据，谁就具备了优势。区块链相当于一个数据库，而且是以去中心化的方式帮助巨头解决这个问题，这也是加密货币受到巨头们和市场关注的原因之一。

什么是中心化？举例说明，我们日常购物的中心化软件平台，它能够获得用户在这个过程中的全部数据，甚至可以决定卖家店铺销量的好坏（影响搜索排名），它是整个过程中的中心角色，也是属于中心化的范畴。

而所谓的去中心化，就是把中心去掉，使原来属于中心化角色的权力分散化，用户之间能自由地进行点对点的交易。比如，用户购物产生的数据，中心化的平台无权查看，也不能去做搜索排名，无法影响商家的销量。

去中心化的好处主要体现在两个方面：一方面是权利相等的多节点维护，降低了网络的安全风险，即使黑客攻破了一个节点，影响也小很多（相比中心节点被攻破）。另一方面，由于权利的分散化，避免了数据垄断的出现,让用户的信息隐私得到了保障。

简而言之,如何让大数据的发展处于一个平衡可控的轨道中?既为社会的发展创造了效率,又避免数据被个别利益集团所垄断?这将不仅是技术路线的问题,还是人类社会发展的公平原则问题。大数据时代,如何保持客观公正的市场竞争?是否需要独立第三方AI算法的公正审计机构?我们认为,非常有必要。

(四)畅想未来企业和人类社会

1. 畅想未来企业和运作模式

关于畅想未来的企业,我们认为随着物联网的快速发展和大数据平台的形成,市场的数字化呈现将相对清晰地被表达出来,譬如用户需求与趋势、竞争动态与策略、价格透明度和相应成本差异、服务评价等。一些头部企业和数据平台企业通过联盟将形成新的数字生态圈,它们利用大数据分析和人工智能辅助决策,以快速地反应和纠偏迭代,可以逐渐赢得竞争优势。

大量的企业都将面临组织规模变小的压力,尤其是数字化转型成功的企业和没有数字化实施能力的企业。前者是因为主动变革,提高了内部管理效率,导致交易费用降低,从而不仅可以获得更多的市场份额,还可以打造轻资产运营的核心竞争力。而后者是被动的,因无力应对数字化浪潮,被侵蚀不得不缩小企业的运营边界,让渡给更灵活更有竞争力的企业或自由职业战队。

关于未来企业的经营模式,我们认为相比今天会出现很大的变化。强者之间,竞争关系可能逐渐转为竞合关系,由此重新确定竞争态势,希望实现赢者通吃。而因为管理效率的提高和其他生产要素的近似无限供给(光能、风能、潮汐能等),商品的价格将逐渐下降,供给反而越来越充裕,形成新的无限供应的时代。

也许在人工智能的加持下,计划统筹将重新成为政府的主要工具,有效地梳理并优化市场资源配置,最终提供无限的供给以满足人的所有基本需求(生存自由和安全感),为下一步共产主义的实现创造了基本条件。

2. 畅想未来社会中人的角色和意义

未来的社会将是什么样的?物联网已经渗入到每个人和社会,各种大数据被垄断的数据平台联盟所收集、清理、校验、分析以形成用户画像。

而少数利益群体通过大数据和人工智能拥有了先知能力。一方面,他们优化市场资源配置,使得生产最优状态可以持续,为社会和消费者提供最经济的优质产品。另一方面,他们可以做到一切他们想让普通人去做去想的事情。那么,谁是可以保证整个人类社会的文明不偏离公平公正方向的监督者呢?最令人担心的是,为了少数权贵的利益或使命,跨地域的数字帝国通过大数据和人工智能建立起来,破坏了现有的社会秩序和国家体制,包括人类文明长期推崇的价值观。

从人的角度来看,未来人的生活是什么样的?随着未来社会中物质丰裕时代的到来,近似无限的供给将使人们过上了衣食无忧的富足生活,那么工作是否还是必要的生活方式呢?工作的目的和意义是什么呢?如果不工作,人类将如何消磨度过这漫长的悠悠岁月呢?

带着这些问题,我们发现人类有可能将被人工智能倒逼到另外一个新领域,从现在的简单工作生活但可以无意义,到无需工作但必须找到生活的意义。也许,这就是人工智能带给人类的最大的财富,尽可能让每个人都可以去达到马斯洛理论中的最高境界——自我实现。

回到税收征管,未来时代还会有税收的必要吗?只要政府和社会存在,税收征管就一直是社会分配和治理不可或缺的重要手段。它将是政府运行的资源供给者和社会分配的工具提供者。未来时代的税收征管,也只是形式上的变化,那就是精准和高效。精准体现在对企业的纳税状况、经营状况和运营风险的把控;高效是对不同市场和各个行业的及时反映和趋势分析。这不仅可以及时反映整个社会和行业的动态发展,而且还可以通过激励实现良币驱逐劣币,使市场本身的健康得以保障。

五、寄语未来

不管是金期四期还是金税 X 期,就像丘吉尔曾经说的那样:"成功不一定是终点,失败也并非末日"。所以让我们假设金税四期和金税 X 期,通过大数据技术的赋能,完美地建构了人工智能的洞察,成功实现了规划中的税收征管目标,我们仍有几个问题希望和大家一起思考。

——企业如何再造组织的新边界，用什么样的方式参加未来的数字化竞争？

——在丰裕时代来临之后，物质供给极大丰富，人们可以各取所需，那么生活是否还有意义？是否还需要完成马斯洛的自我实现呢？

——被大数据和人工智能加持之后，政府的职能部门具备了对市场和行业更准确和深刻的理解之后，计划经济和市场经济的平衡点在哪里？

——追求长寿和幸福是人类的终极愿望，那么人类的幸福公式和企业成功模式，能不能通过人工智能设计出来并指导人类？

——人工智能是不是潘多拉的盒子，有哪些负作用可能将会危及人类文明的延续？是否有合理的方法可以提前约束，降低相应的风险？

对于上述问题，也许我们不会找到答案。但是，在我们一起找寻的过程中，这本身便就是意义的所在吧。所以最后我想说两点：

（1）未来是变化与变革的集成。面对变化，组织和团队要主动适应变化和引导变化，而且必须要变得越来越快，越来越好。

（2）技术是手段与意义的博弈。我们到底是把数字化仅仅当成一个实现阶段目标的手段，还是从现在就做好顶层设计，利用它重新塑造人类文明新的意义呢？也许这将是一个更有趣的话题，让我们持续畅想和践行。

六、总结

关于金税四期和大数据税收征管，我们通过仰望星空式地畅想，从税收征管的历史起源和主体博弈，讲到经过大数据技术加持后的税收征管对企业边界和运作模式的再造重塑，再延展到未来人工智能对人类文明和经济模式的影响。

未来是如此神秘和美妙，它期待着我们一起去思考和探索。仅凭我们自己，不一定可以找到答案。但有了ChatGPT和即将出现的类人工智能工具，也许我们可以更快地逼近答案，并和答案一起向更远的未来奔跑，翱翔于天际。

第四篇

影响会计从业人员的信息技术专家解读

2022年影响会计从业人员的信息技术专家解读

主持人：刘梅玲，上海国家会计学院副教授
嘉　　宾：刘红建，益海嘉里金龙鱼集团财务专业总监、共享中心董事总经理
　　　　　沈雁冰，上海汉得信息技术股份有限公司财务总监兼董事会秘书
　　　　　张　苏，苏州众勤会计师事务所主任会计师
　　　　　郑开颜，Apollo智慧出行集团有限公司（港股简称AFMG）首席财务官
　　　　　周海平，复旦大学附属华山医院总会计师

　　2021年11月，财政部印发了《会计改革与发展"十四五"规划纲要》，明确提出了大力推动会计职能对内对外拓展；同年12月，财政部印发的《会计信息化发展规划（2021—2025年）》，也明确指出了以新技术为支撑，推动会计工作数字化转型，实现会计职能拓展升级。基于此，结合2022年发布的当前影响中国会计从业人员的十大信息技术与潜在影响中国会计从业人员的五大信息技术，论坛邀请了五位专家进行圆桌讨论。

　　每位嘉宾将基于对信息技术的认识和理解，结合自身的从业经历和工作经验，聚焦"对会计职能对内对外拓展的理解""2022年十大当前影响技术对会计职能拓展的支撑作用""2022年五大潜在影响技术对会计职能拓展的支撑作用"和"会计在新技术加持下的未来功能定位"四个问题，展开

讨论信息技术对企事业单位会计职能对内拓展（如管理会计、内部控制、业财融合等）的影响作用，以及对会计职能对外拓展反映国家宏观经济与资源配置的影响作用。其中，第一个问题聚焦职能拓展本身，第二、第三个问题聚焦新技术影响，第四个问题聚焦未来功能定位。下文将以这四个问题为主线、以入选技术和不同嘉宾为辅线，根据嘉宾的自由选择（表 4-1-1）和发言顺序，对嘉宾观点进行阐述和总结。

表 4-1-1　2022 年十大信息技术圆桌问题选择

序号	问题描述	发言嘉宾				
1	结合您所在企业和行业及从业经验，谈谈您对会计职能对内对外拓展的理解。（必答题）	刘红建	沈雁冰	张　苏	郑开颜	周海平
2	结合具体的应用场景和实务案例，谈谈 2022 年十大当前影响技术对会计职能拓展的支撑作用。（每人重点说 2 项技术）					
2.1	财务云					
2.2	电子发票		沈雁冰			周海平
2.3	电子会计档案		沈雁冰			
2.4	会计大数据分析与处理技术					
2.5	流程自动化（RPA 和 IPA）	刘红建				周海平
2.6	商业智能（BI）					
2.7	新一代 ERP				郑开颜	
2.8	在线审计与远程审计			张　苏		
2.9	在线与远程办公			张　苏		
2.10	中台技术（数据中台、业务中台、财务中台等）	刘红建			郑开颜	
3	结合具体的应用场景和实务案例，谈谈 2022 年五大潜在影响技术对会计职能拓展的支撑作用。（每人重点说 1 项技术）					
3.1	大数据多维引擎与增强分析	刘红建	沈雁冰			
3.2	业财税融合与数据编织					周海平

(续表)

序号	问题描述	发言嘉宾				
3.3	机器人任务挖掘与智能超级自动化		沈雁冰			
3.4	分布式记账与区块链审计			张 苏		
3.5	金税四期与大数据税收征管				郑开颜	
4	请尝试展望一下会计在新技术加持下的未来功能定位。（必答题）	刘红建	沈雁冰	张 苏	郑开颜	周海平

问题一：结合所在企业和行业及从业经验，谈谈对会计职能对内对外拓展的理解

1. 益海嘉里刘红建

会计的基本职能还是核算和监督，也称反映和控制。我认为，反映和控制职能更能体现当前环境下的会计工作，当然还有预测、评价等职能。

从我的快消行业经历来讲：始于会计，历时二十多年，在益海嘉里金龙鱼十八年，从做表的"表哥"到"单一产线财总""产线财总""信息技术常务副总""流程总""共享总"，也正是集团及会计信息化高速发展的三十多年。会计职能的对内对外拓展，我归纳为如下三个关键词。

一是"基建"。它是指内外部数据基础的建设，如主数据管理（会计科目、物料、客供）、物流信息（标准地址）、物料信息（长宽高等计量）等；搭建及运营财务共享服务中心。我常跟同事们开玩笑讲，我是集团"财务基建包工头"。

二是"连接"。它是指内外信息的连接，利用信息技术，如OCR（Optical Character Recognition，光学字符识别）、电子发票、API（Application Programming Interface，应用程序编程接口）、RPA（Robotic Process Automation，机器人流程自动化）、银企直连等技术，我们连接了大B端、商超、电商的信息，他们的采购信息就是我们系统中的订单信息，他们的银行收付款信息就是我们系统中的收付款信息，入账、商旅、物流等相关信息也是直连财务处理。

三是"标规"。它是指"标准、规则"，包括作业标准、标准流程、内控及规则的系统化、智能审核的设计及配置等，目前我们99%的记账凭证是自动转化的，提升了会计的核算效率及信息质量，从而促成集团会计从业人员向业财融合转型。

总之，所有这些拓展，其实质还是会计的基本职能——反映和控制，仅是内外范围更大，内容更多，边界越来越模糊，而且对技术及技术与业务场景融合的能力要求更高了。

主持人总结：刘总认为会计职能的对内对外拓展聚焦于"基建""连接"和"标规"，但会计本身的职能没有太大变化，只是关注的视角、作用的范围有所变化。

2. 汉得信息沈雁冰

在二十多年前大学毕业时，我就加入了汉得信息，在开始十几年主要的身份是一名ERP财务咨询顾问，曾经参与实施过甲骨文EBS的项目，也实施过SAP的项目。在财务系统实施方面，接触比较多的是集团型公司。比如，曾经实施了一个全球的项目，实施对象是一家大型公司，全球有一千多个法人，仅在中国就有一百多个，分公司数量更多。所以我们当时以中国为试点，制定了一个全球标准系统方案，在中国试点成功以后，这套方案升级后被推广到东南亚及全球。大概在2017年，我从前台财务咨询实施转入后台财务管理，接手汉得信息财务总监的职务直到现在。

我觉得在中国企业里面，会计职能的内容其实不少。战略支持、预算、控制、业务、核算、资金、税务、报表、数据分析等，都或多或少和会计有关。而由现代企业管理中的分工决定，会计部其实是接触信息最广的部门，虽然不在一线但是又和所有的一线部门有关系，最后经营结果还是需要会计进行统计和分析。

会计职能先需要解决自己作为后台部门应如何对业务部门进行支撑的问题，在这个点上，会计其实是一个服务的职能，所以如何有效地借助信息化的手段，解决好对业务进行服务的工作尤为重要；同时，会计又天然有内控的属性，通过对流程的控制、对数据的搜集和分析，向经营管理层反映实际的情况，为企业良好的运营和发展提供保障。如何充分利用信息化高效地实现会计职能，让会计信息自动进来（从业务到财务），同时让会计信息自动出去（从财务反馈给业务），就变成部门上上下下都需要关注并思考的问题。

主持人总结：沈总自身是从前台财务咨询实施专家转入财务总监进行后台财务管理的，他认为会计职能的拓展聚焦在"服务"和"内控"两方面。

3. 苏州众勤张苏

关于企业会计职能的对内拓展，由会计端发起的往往是管理会计的实践。十多年前，我们曾服务过一家电信运营商苏州公司全面预算管理项目的实施和软件定制开发，服务过一家500强制药公司作业成本项目的实施和软件系统开发。业务财务相互融合的过程能够更好地将一些会计的理念部署到业务前端，提升了企业合规水准和会计核算效率。同时，会计和其他职能部门达成目标共识、信息共享以及作业协同的过程，也是会计提升价值的过程。

关于会计职能向外拓展，更好地服务于国家经济社会，尚需要有一些制度性安排。

主持人总结：张总认为，职能的对内拓展体现在管理会计方面，重点提到服务过的全面预算管理项目和作业成本项目；会计职能的对外拓展体现在服务国家经济社会方面，目前还较为受限，尚需要一些制度性安排。

4. AFMG 郑开颜

财务整体的职能拓展与企业的发展阶段密切相关，如成熟型企业、处于大变革阶段的企业和处于创业阶段的企业。成熟型企业往往着眼于如何利用合适的技术工具，实现管理和流程的优化，进而提升效率；后两者更多是思考如何以新技术实现业务模式的创新和突破，重构或形成自身特色的竞争力。由于业务发展的诉求和面临的不确定性存在差异，身处其中的会计因职能也不同而且存在角色定位差异。

例如，对于处于创业阶段的企业，业财融合越来越前置，会计将从企业业务模式的创立和打磨阶段即开始介入，支持业务核心竞争力的建立，同时对未来发展进行风险预判,最终帮助企业形成业务闭环。其间需要提前布局会计核算系统与管理报告体系、内控与合规体系。

此外,由于当前信息技术的发展,大数据的应用越来越普遍,数据日渐成为企业的核心资产,会计从业人员还将参与从业务运营到数据形成的全过程,从资产安全、数据资产安全到整体财务回报,形成体系化管理的理念。

主持人总结:郑总表达了两个观点:一是财务整体的职能拓展与企业所处的发展阶段相关,二是会计从业人员要对数据资产进行体系化管理。

5. 华山医院周海平

华山医院是国家卫健委委属委管医院、复旦大学附属医院、中国红十字会总院,为综合性三级甲等医院,拥有总院及江苏路分部、东院、西院、北院多个院区以及华山医院福建医院。

华山医院是一家历史悠久的医院,2022年迎来建院115周年的历史时刻,也是医院面临数字经济浪潮,面临智慧医院建设的数字经济转型时刻。财务职能对内主要有四个方面的拓展:一是以业财融合为抓手,财务工作深入服务于医院运营管理的各个领域,推动公立医院高质量发展;二是以数字化转型为支撑,通过数据支撑及数字赋能,推动提升医院财务管理精细化水平;三是以医院内部控制体系建设为载体,通过长效机制建设,提升医院风险防控管控能力;四是以新技术应用为手段,通过审批流程上线服务于医护及管理人员,提高工作效率和员工满意度。

华山医院属公益二类事业单位,执行政府会计准则制度体系,财务职能相较企业有特殊属性,主要体现在对外职能的拓展上。第一是以贯彻政府会计改革各项举措、推动政府会计准则制度在医院的实施为抓手,扎实推进预算管理、提高成本核算水平,为政府部门(财政、医保、医政)政策制定提供坚实的数据支撑。第二是以数据标准建设为目标,推动建设医院各类数据指标体系及运营控制标准水平,促进不同医院财务核算口径一致、数据可比,从而服务医疗行业管理。第三是以财务专业服务能力提升为手段,通过新技术应用,如智能结算、电子票据、付费一件事等工作推进,切实减少患者排队等候时间、提高患者满意度,服务于社会,服务于患者。

主持人总结： 周总以华山医院为例，认为财务职能对内有"业财融合＋数字化转型＋内控体系＋新技术应用"四个方面的职能拓展，对外有"贯彻举措＋数标建设＋能力提升"三个方面的职能拓展。

问题二：结合具体的应用场景和实务案例，谈谈 2022 年十大当前影响技术对会计职能拓展的支撑作用

1. 益海嘉里刘红建

1）流程自动化（RPA 和 IPA）

机器人流程自动化（RPA）是可以记录人在计算机上的操作并重复运行的软件，可以按照事先约定好的规则，对计算机进行鼠标点击、键盘敲击、数据处理等操作。智能流程自动化（IPA）则将 RPA 与 AI 相结合。企业业务流程中需要涉及判断处理，当 RPA 无法做出灵活判断时，若能与 AI 相结合，则无需人工干预就能判断处理更加复杂的任务，从而解放更多的员工，使他们从事更有价值、更有创造性的工作。

以销售到回款的流程为例。现在的大中型企业、商超、电商都是有系统支撑的，受限于环境的影响，双方的信息不互通，但双方都开放系统给对方使用，基于此背景，我们采用了两种连接方式：双方能互连的直接打通信息；不能互联但有系统支撑的，则通过 RPA 和 IPA 的方式处理。流程自动化过程中，将对方的采购单信息抓取下来，匹配物料转换关系，直接生成我方的销售订单；将对方的收货单、对账单、扣费明细等信息抓取下来，同我方系统中的数据直接比对，产生的量差、价差通过 RPA 和 IPA 的方式触发相关差异处理流程、完成自动对账、实现金税自动开票；通过银企直连外加 RPA 和 IPA 的方式完成收款及系统的自动清账，提升了整个流程的效率，且大大提升了会计工作质量，退票少了，对账周期短了，销售回款快了，提高了企业的资金周转效率。

2）中台技术（数据中台、业务中台、财务中台等）

中台技术与前台和后台对应，是在一些信息系统中，被共用的中间件的集合。前台是面向客户的市场、销售和服务部门或系统，后台是技术支持、研发、财务、人力资源、内部审计等，中台则是介于前台和后台之间的一个综合能力平台，常见于网站架构、金融系统。中台包括数据中台、业务中台和财务中台。数据中台重构了企业数据系统的架构；业务中台则是企业的共享平台，集合了标准化和可以复用的功能模块；财务中台将企业的财务共性需求抽象、聚合，打造出平台化、组件化的系统能力和解决方案。

我们集团合并前有3 000多亿元的营业收入，企业经营所有的数据都在财务上有体现，若加上市场上的信息数据量就更大了。海量的数据，如何提取有用的信息？其标准是什么？如何清洗、存储？如何设计规则库？如何发布"场景+对象"的分析等，这些也是我们近期在做项目过程中碰到的问题。我们提出搭建财务数据中台，通过分析企业经营环节中各类数据字段，建立数据标准，完成数据资产的盘点，利用 AI 技术、算法等工具搭建数据仓库、规则库、场景库、指标库，从而完成财务数据中台建设，前端采用 Power BI 完成"场景+对象"的数据分析呈现，为业务及管理层提供时时可查询的信息，以便其分析及决策。

主持人总结：刘总以益海嘉里为例，分享了流程自动化（RPA 和 IPA）的典型运用场景和运用案例，即不能互联但有系统支撑的，则可通过流程自动化（RPA 和 IPA）的方式实现自动化处理。

刘总同时阐释了对中台的认识，分享了益海嘉里财务数据中台的搭建要点。

2. 汉得信息沈雁冰

1）电子发票

汉得信息后台用的是 SAP 的 ERP 系统，同时有大量中前台的系统帮助管理一万名员工。通过信息技术的充分使用，尽量实现财务数据获取的自动化、财务职能的服务化、财务信息共享的智能化。现在做到什么程度呢？我们属于服务业，在大陆地区我们控制范围内的公司前后累计大概是30家，每个季度的报销单很多，大概有七八万份，总共财务人员是33名，包括我自己。我们通过共享服务的机制，以及各种信息技术手段加持，实现会计职能拓展。

举个例子，在信息化改造之前，我们财务部门有一门热线电话一天到晚在响,一线的员工都不停地打电话来问,"XX 老师,我那份报销单到哪里了,有没有问题,钱付了没有……"背后的原因其实就是信息没有做到共享。我们称那门电话为"发了吗",所以第一件事情我一定要把电话取消掉。我们花了两年的时间在公司内部成功实现了流程再造,利用移动计算、大数据集成、电子发票、OCR 等技术,员工可以透明地看到整个流程,结果来看就像银行对账单一样,可以很容易地看到自己报销了多少费用,审核到了什么程度,钱到了没有,我就把这个模块叫"发了吗",它和总账系统是实时打通的。让会计数据走出财务部门、让信息沟通流程自动进行,可以让会计的服务职能自动地上一个台阶。

关于电子发票,我们一个季度差不多七八万份报销单,差不多十个人在处理。那么少的人就能处理掉,很重要的一个因素就是我们差不多有一半电子发票。电子发票对财务在效率上的提升是显而易见的。站在全世界的视角来看,普通发票的电子化进程,中国是遥遥领先的。在国外,类似新加坡、美国、日本都没有做到这种程度。所以我建议大家去拥抱电子发票,而且尽快地推进电子发票。

当然,现在的电子发票主要还停留在普票领域,专票领域还未正式开始。在此呼吁一下,税务局能不能在增值税专用发票的推进上再快一点点。2022 年上半年上海经历过新冠疫情,相信大部分财务总监都跟我有一样的焦虑,在没有物流运转的情形下,开出的增值税专用发票是一张纸,怎么寄出去?当时跟身边的税务局人员也一直在呼吁,他们也在积极推进,希望尽快可以看到增值税专用发票的电子化,希望涵盖各种票据类型的全电发票能够尽快在上海地区乃至全国全面铺开上线。

2) 电子会计档案

从财务上讲,电子会计档案其实就是会计凭证和单据的电子化。新修订的《档案法》,很好地推进了电子档案的拓展。发票和会计档案原来都是纸,现在加上了电子,就是电子化。电子化对效率的提升毋庸置疑。接下来的问题就是电子发票和电子会计档案如何在企业落地,配套的财税法规以及审计和外部监管是如何衔接的。例如,电子发票刚出来的时候,大家好像经历过一个很尴尬的阶段——很多公司要求员工把电子发票打印出来当纸质发票用,一个很重要的原因就是内外部政策的配套推进脱节了。

又如，当审计来的时候，审计是否认可档案是纯电子化的？当税务现场检查的时候，税务检查专员他们是否认可电子档案？整个电子化带来的效率、推进的步骤日新月异。我作为一家咨询公司的从业者，希望这块走得更快一点，尽快实现各自公司内部纸质和电子单据的有效共存和流转，因为这个可以带来很大的效率提升。

主持人总结：沈总关注到会计领域绿色发展的两个重要抓手——电子发票和电子会计档案。在电子发票方面，沈总分享了汉得信息电子普票处理效率的大幅提升（仅有0.3%的财务人员），也表达了对于电子专票的强烈期待；在电子会计档案方面，沈总认为配套的财税法规以及审计和外部监管等外部衔接，对于电子会计档案的落地至关重要。

3. 苏州众勤张苏

1）在线审计与远程审计

在线审计与远程审计，过去五年四度登上影响中国会计从业人员的十大信息技术评选榜单。它一直以来都是审计人的心之向往。不管是在线还是远程，在技术上都已经不是问题，难点在于审计的方法体系如何网络化集成应用，也就是软件如何封装审计专业方法体系并帮助审计人员提高工作效能。审计到底需要对什么负责？怎么理解这个问题决定着审计数字化转型发展的走向。审计本质上不只是数据和信息的中介，更是信任和信用的中介。数据和信息的中介的信息化，在CPA（Certified Public Accountant，注册会计师）行业已经有一定积累，信任和信用的中介的信息化还有待专业创新。

作为一名CPA，2022年我在十大信息技术评选中的提名包含银行函证电子平台和数据治理。银行函证电子平台是由财政部、银保监会、中银协和中注协等联合推动的面向CPA银行函证工作的网络化服务平台。这一平台集成了区块链、密钥分发、加密通信、网络ID认证、API、分布式数据库、SaaS、云计算等信息技术应用。这一平台系统性地提升了银行函证工作的专业合规和作业效率，惠及了广大的中小会计师事务所。在国家数据治理规制尚不太完善的情况下，这样的行业级基础设施来之不易。

数据治理问题涉及个人、企业、行业和国家等多个层面。在银行函证电子平台的建设过程中，注册会计师行业的数据权利始终是一项比技术更棘手的议题。事实上，注册会计师承担公共利益责任已是制度性的安排，其因执业需要的数据特权理应在国家数据治理进程中得到相应的制度性安排。当然，在享受在线和远程审计便利的同时，也必须注意我们处理的数据和信息往往是属于客户的，审计人员要始终将网络安全、数据安全、信息安全放在首位，并高度关注业务安全和国家安全。

在线审计、远程审计可以提高审计作业（DIKW 模型的数据层）的效率，但是不能提高审计本身（DIKW 模型的信息、知识、智慧层）的效率。其中，审计作业的效率，是指围绕特定目标的审计数据处理、专业处理，目标指向功能性的达成。审计本身的效率，是指专业目标设定的适当性，相关知识推理的合理性，目标指向满意度的提升。

2）在线与远程办公

通用 OA 类 SaaS 平台，如钉钉、企业微信、飞书、如流等，自新冠肺炎疫情以来就火了起来，成为企业部署轻量级业务应用的基础平台。"简单好用"且"上手快"是其主要特点。应用功能一般涵盖组织架构及通信录、即时通信、电子邮件、在线会议、文件传输及云盘、审批引擎等。

首先，通用的 OA 类 SaaS 平台的租户普遍应用程度较浅，不能满足复杂的、专业性较强的深度业务需求。虽然平台也提供了第三方应用市场以弥补原生应用的功能缺失，但是第三方应用市场目前普遍尚未发育成熟。低代码工具似乎是一个解决方案，但是需要有一定编程思维的人员才能"用起来"。期待未来下一代的低代码平台能够友好面向专业领域人员而不仅是信息技术人员，让会计、审计人员也可以自主参与结构化解析目标、自定义配置流程、快速部署专业事务、构建多维作业协同，并支持知识和经验可积累、可复用。

其次，通用 OA 类 SaaS 平台目前的设计思想隐含了一个内在矛盾，To B（To Business，面向企业客户）的封闭应用不能适应互联网本质上 To C（To Client，面向个人客户）的开放本意。钉钉、企微的组织租户授权个人获得组织成员的身份，成员身份绑定在组织，身份认证皆在组织的封闭系统内。所以，有没有可能做一个先有人、再有事的项目管理平台，再按需将项目绑定具体组织的 OA 系统？这样会更有利于实现跨组织协同，更有利于支持灵活就业等新业态。如果组织的人和个人的网络身份解开了传统通用 OA 的紧耦合模式，那么下一代的通用 OA 类 SaaS 就需要有一个全网可信的身份认证代理机制。

按照这样的新构想，苏州众勤搭建了"通用框架验证平台"，一个面向业务人员的项目管理低代码平台，同时即将启动的新一代审计作业系统研发，也将基于这一平台开展。

主持人总结：张总从一位注册会计师视角，分享了对于在线审计与远程审计、在线与远程办公两项技术的认识和实践。关于在线审计与远程审计，难点在于软件如何封装审计专业方法体系并帮助审计人员提高工作效能。关于在线与远程办公，从"通用 OA 类 SaaS 平台"的应用和设计出发，引出"先有人、再有事"的项目管理平台设计理念及相应产品——通用框架验证平台。

4. AFMG 郑开颜

1）新一代 ERP

新一代 ERP 依托包括大数据、人工智能、云计算等信息技术，一方面不断整合管理思想与企业管理，另一方面实现企业内部系统之间、企业系统与外部系统之间的整合。我在之前工作过的一家公司主导了类似项目。当时就是主要侧重于财务管理与供应链管理的整合，业务数据与财务数据联通，进而使决策过程数字化。

具体而言，该项目由财务部门发起，明确提出供应链的业务数据与财务数据连通，以对项目生命周期进行量化的可追溯的管理。业务场景包括立项审批—预算审批—采购需求审批—采购订单审批—订单的过程验收—差异决策—付款—记账—项目最终验收—供应商考核。首先我们通过将 SAP、SRM（Supplier Relationship Management，供应商关系管理）、BPM（Business Process Management，业务流程管理）、BMP（Budget Management Platform，预算管理平台）、RPA（用于发票处理）连通，打通上述业务流程，去除冗余事项和重复审批流程。其次，将业务处理过程事项数字化，而非仅仅抓取以"Y/N"表示的审批最终结果。这需要设置判断过程中的关键节点、关键字段、判断条件,从而实现过程信息流的数字化;打通这些数据,即可做到数据全链条可追溯和可视化,减少了信息孤岛和重复抓取,提升了流程效率和决策的效果。

该项目从管理角度,一方面,推动了公司主数据管理体系的建设;另一方面,改变了某些管理人员习惯基于经验和主观印象进行决策的粗放方式。更为重要的是从会计的管理职能角度,实现了业务数据与财务数据实时同步,使得项目预算管控更为有效。实施过程中,管理会计部门甚至成为引领者,有意识地将内控有效性的逻辑嵌入系统实施,甚至成为内部用户的体验方面的需求提出者。会计部门很明确地提出了财务人员转型为 BP(Business Partner,业务伙伴)的说法,这也得到了业务部门的高度认可。这个案例反映出,当技术发展到一定程度时,对整个财务管理的完善和提升有强大的支撑作用。

2) 中台技术(数据中台、业务中台、财务中台等)

中台技术与前台和后台对应,包括数据中台、业务中台和财务中台。数据中台重构了企业数据系统的架构;业务平台则是企业的业务共享平台,集合了标准化和可以复用的功能模块;财务中台将企业的财务共性需求抽象、聚合,打造出平台化、组件化的系统能力和解决方案。

我曾在一家企业力推财务中台,但遗憾的是由于工作变动,未能跟进全程。我认为,一般 To B 的企业,如果对于快速决策没有太高的时效和精度方面的要求,原有的前后台信息传输模式大体适用,不一定需要财务中台。当企业以 To C 为主要业务方向时,就将面临大量需要快速反应的商务决策或微观决策的场景。在高频和需要快速决策的场景下,财务人员如何能从信息流偏后端的环节进一步向前移动,更快地支持业务决策。这时需要考虑财务中台的设置,其中包括组织架构的中台和业务处理的中台。我考虑的是"财务共享中心 + 财务 BP"的组合。

首先,针对业务循环场景设置相应的中间系统,如 RPA 发票处理、支付平台、实时记账,这些技术或应用软件可以在财务共享中心运行,用以保证业务数据的及时传递和透明度以及完整性。其次,更为重要的是,财务 BP 如何参与微观决策流程,他不是基于 ERP 系统的滞后反映进行判断,而是通过前述打通的系统,在 BPM 或类似平台上对业务流程的相应节点进行快速判断，支持业务相关人员完成紧密衔接前台业务的部分决策，以快速满足C端客户的各类需求。

该模式下，财务中台参与大量的业务决策环节，财务中台对接业务中台，帮助业务部门做出应有的决策。这个过程中还有一些预设的风险把控和前端风险预判，更加凸显出业财融合在新零售、大数据等背景下会计职能拓展的重要性。我还是希望，在未来的工作场景中有机会继续实践中台这一理念。

主持人总结：郑总聚焦新一代ERP和财务中台，分享了自己的实操经验和宝贵心得。郑总主导的新一代ERP项目，实现了业务数据与财务数据的实时同步，使得项目预算管控更为有效、财务人员转型为业务伙伴，验证了技术发展对财务管理整体完善和提升的强大支撑作用。郑总主导的财务中台项目，体现为"财务共享中心+财务BP"的组合，对接业务中台，参与大量的业务决策环节，帮助业务部门做出应有的决策。

5．华山医院周海平

1）电子发票

电子发票自2017年起一直雄霸"影响中国会计从业人员的十大信息技术"第二位，本次评选结果中电子发票仍旧稳居前十。我们公立医院面向患者开具的是由财政部门监制的电子票据，未来还将面向增值税其他业务开具税务部门监制的电子发票。电子票据和电子发票不完全相同，但其特征和反映的趋势是基本一致的。

上海市市级医院电子票据的全面推广应用是在2020年。2020年年初发生的新冠疫情一直影响着我们的生活，也在持续不断地推动就医便捷化。疫情发生之初的2020年2月，上海市卫健委迅速批准第一批包括华山医院在内的六家医院为互联网医院。我院3天之内就完成信息系统研发、医保端口对接、医务人员操作细则制定，成为首家推出互联网医院在线医保支付服务的三级综合性医院。自此之后，上海市积极推进"医疗付费一件事"工程，2020年8月底实现全市400余家公立医疗机构电子票据全覆盖。

电子票据打通了医院支付结算的"最后一公里"。大家可以关注"复旦大学附属华山医院"微信公众号,我们将门诊的预约、挂号、付费、签到、就诊、报告、电子票据以及住院的预交金缴纳、出院结算、电子票据等全环节、全流程整合到手机端,患者不需要到窗口排队,免除现场建卡、挂号的排队之苦,改善患者就医体验。通过互联网医院的复诊功能,患者可以完成挂号、付费、诊疗、开药、线上开票和寄药到家的服务,实现足不出户看病就医。

电子票据的推广应用,推进财务数字化转型中的业务全上线、稽核全线上功能实现,为今后真正意义上的电子会计档案的实现打下基础;同时减少了医院收费窗口的压力,实现了减员、增效、降成本;促进财务人员转型到分析、管理和稽核岗位,拓展财务管理功能,服务医院高质量发展。

对全社会来讲,电子票据的推广应用能够促进节能减排,我院2021年电子票据开票数逾600万张,目前累计电子票据开票数逾1000万张。对社会来讲,电子发票的试点和推广使用,将是解决电子会计档案中相关外部票据电子化的重要一步,也将推动电子会计档案的广泛建立和应用。

2)流程自动化(RPA和IPA)

流程自动化,我们经常称为"财务机器人",目前主要分为两大类:一类是RPA,即机器人流程自动化;另一类是IPA,也就是智能流程自动化。

一方面,RPA旨在解决数据量大、重复度高、规则明确、跨业务系统、高人力成本的业务等问题,机器人在处理效率、准确率、使用成本上有无可比拟的优势,机器人的背后是财务数字化基础,数字化程度越高,机器人应用就会越深,不断放大机器人的优势;另一个方面,机器人应用越广泛,对提升效率、加强内控、防范风险的价值也会越来越大,两者相互促进、不断发展,为未来财务智能化乃至运营智慧化打好基础。

华山医院财务机器人应用,从发票机器人开始。比如,在药品管理流程中,引入发票机器人,机器人串联药品进耗存系统、医院信息系统(Hospital Information System,HIS)、财务系统等系统,代替人工处理订单、出库单、发票等,实现自动扫描、自动识别、匹配核查。如此一来,不仅发票处理环节的效率提升80%,准确率也大幅提升,同时还满足了风险管控的要求。

目前,华山医院正在和上海国家会计学院及智能财务研究院合作,规划华山医院财务数字化转型方案,机器人应用是其中重要的模块,我们在医疗收入管理流程、耗材管理流程、科研项目管理流程、财务处理流程、稽核流程中,都在规划机器人的应用。希望借助机器人,逐步提升财务工作效率,将财务人员解放出来,转向深入的财务分析、经济运营管理等工作,从事更有创造性、更有意义的工作,提升管理价值。也希望通过财务机器人的不断深化应用和知识积累,逐步从 RPA 过渡到"IPA + RPA",不断训练机器人对非结构化数据的处理能力,两者相互促进,不断提高财务管理能力。

主持人总结: 周总以华山医院为例,分享了使用电子票据和财务机器人已取得的成效。电子票据方面,打通了医院支付结算的"最后一公里",很好地支撑了互联网医院的发展,企业层面、社会层面的价值显著。流程自动化方面,华山医院已经做了尝试,在效率提升、准确率提升、满足风控要求方面成效显著,正打算进行系统性规划部署。

问题三:结合具体的应用场景和实务案例,谈谈 2022 年五大潜在影响技术对会计职能拓展的支撑作用

1. 益海嘉里刘红建:大数据多维引擎与增强分析

大数据多维引擎技术是充分利用大数据技术,能够使分析人员从多个方面理解信息的算法引擎,能够支撑对数据进行切片、切块、上卷、下钻、旋转等分析操作,极大提高了大数据处理的性能。增强分析(augmented analytics)其核心是利用机器学习将数据准备、数据洞察和洞察共享等过程自动化,降低数据分析的门槛,提升数据分析的效率。

益海嘉里处于快消行业,一年涉及的营销费用是亿元级,但是当我们的一个营销活动从方案策划到落地,再到经销商收款,周期至少 3 个月,这样极大地占用了经销商的资金。当我们分析历年的营销活动方案时,发现其实大部分是有规律的,通常是产品、市场、区域、数量、价格等的组合,活动完后,依成效给经销商活动费用,这个也是跟价量相关的。因此,我们目前在尝试使用数据湖,加"大数据多维引擎与增强分析"这项技术,将大部分规则、算法等事先配置好。一旦活动方案完成后,系统自动触发完成数据的筛选、下钻等提取关联的数据,加上算法库、规则引擎等,自动完成活动方案费用的计算。利用 RPA 技术,自动触发经销商模块经销商收到货物后开票、提交发票信息。系统从国税系统提取发票全量信息,共享中心收票后扫描识别,无需审核,这样基本可以做到活动一结束,款就到位,从而降低经销商的资金占用、提升同他们的粘性,做到生意共赢。

主持人总结：刘总以益海嘉里为例,分享了在营销活动中综合运用"大数据多维引擎与增强分析"与 RPA 技术的过程与效果,特别是对于经销商的利益考量与生意共赢理念。

2. 汉得信息沈雁冰

1) 大数据多维引擎与增强分析

会计数据的特点：一是复式记账法,包括会计科目余额、期间至今(Period-to-date,PTD)、季度至今(Quarter-to-date,QTD)、年度至今(Year-to-date,YTD)还有一个 PJTD(Project-to-date,项目至今)等专业概念;二是财务上有自己的一些约定,这牵涉专业知识,如 BS(Balance Sheet,资产负债)类的科目、PL(Profit and Loss,损益)类的科目,一般情况下没有接触过会计学原理的 IT 人员,可能一上来觉得很难理解,这个也很正常,因为会计是人文学科,这些是学科自身的约定。还有一个财务上重要的概念是核销或者清账,这又是很多业务端需要搞清楚的难点,只有做完核销才是一个业务流的结束。

同时,技术上,数据库又有行式数据库、列式数据库,分别对应了事务处理记录和分析,最近也出现部分领域想合二为一的尝试,旨在解决会计数据的明细化记录和汇总分析之间的矛盾。分布式数据库和财务希望获得的完整信息好像有点矛盾。财务和业务这两边怎么结合产生产品和解决方案、企业需要分析什么、应该用哪些合适的技术去解决特定的场景以提高效率,其实是值得我们去深思的。

2) 机器人任务挖掘与智能超级自动化

如前所言,为什么会计从业人员对电子发票、电子会计档案这么在意呢？也许未来有一天财务人员就没有线下的工作了,全部是线上的。然后也许到了未来某一天,一个很强的 AI 去扫描了所有财务人员的所有工作,比如,某一年的所有流程,分析了一下告诉我,你们这个工作好像有一半不需要做……很自然地,然后我就很焦虑了,财务会不会失业?

2021年10月底,我搜集关键词"会计失业",百度上是5 000多万条,我当时就很焦虑,我不是转财务了嘛,会不会失业?当时我马上联想到另外一个事情就是自动驾驶,自动驾驶会不会让司机失业?所以我买了一辆电动车,因为去年电动车也主要在讲自动驾驶。当我去体验了一阵子这个自动驾驶后,可以告诉大家我现在暂时心安,原来是辅助驾驶。

在某种程度上,因为现在的AI其实是一统计学的AI,并不是那种类似于自我意识的可进化AI,鹦鹉和乌鸦确实还是不一样的。所以暂时还好。当然眼下,我们财务人员应该思考技术如何让财务工作更轻松。

主持人总结:沈总认为会计数据有自己的专业特点,财务人员当下尚不会失业,应该思考如何将合适的技术应用到特定场景以取得预见成效,以及如何借助技术让财务工作更轻松。

3. 苏州众勤张苏:分布式记账与区块链审计

分布式记账并非新技术,有以中心化方式实现的,也有如比特币这样以去中心化方式实现的。区块链的思想,在两千多年前的佛学典籍中也有论述,只是太过美好的概念往往不太容易真正实现。

"区块链可以消除假账",很可能是审计人对区块链审计向往的源头,这一定程度反映了审计人对"真善美"特有的淳朴向往。但我认为,此账非彼账。关于区块链能做什么,不能做什么?推荐大家可以参考2018年中国人民银行的一篇工作论文《区块链能做什么,不能做什么?》。

审计工作从证据视角可以分为取证、整备、印证、证成和存证五个阶段。只有包含五个阶段的审计数字化生态发育充分了,基于数字技术的审计方法创新才可能有所突破。也就是说,未来的数字审计创新有待于水到渠成。审计印证和证成是最终形成审计结论和意见的关键,也是支撑审计逻辑推理和数理的核心,目前来看也是审计数字化最大的难题。审计工作的知识推理在逻辑和数理的底层均与人工智能知识图谱技术有相通之处,因此,未来审计方法创新的技术出路很可能在人工智能的知识图谱方向。

主持人总结：张总认为审计印证和证成是最终形成审计结论和意见的关键，是支撑审计逻辑推理和数理的核心，也是审计数字化最大的难题，或可以知识图谱为技术出路。

4. AFMG 郑开颜：金税四期与大数据税收征管

金税四期与大数据税收征管，将对未来会计职能拓展产生重大影响。相比金税三期，金税四期的最终目的是将企业经营账簿数据纳入税收系统，从而实现增值税申报和企业销售数据的结合。它是以数治税顺利实施的重要技术保障，从而推动大数据税收征管全面落地实施。这将产生以下几方面的影响。

（1）自动算税，报税的效率提升，更为核心的是企业业务数据对税务局透明。这表明对企业税务会计要求在质不在量。税务合规管理成为未来的重点，税务风险控制环节前置了。

（2）倒逼企业数字化建设。落后的系统需要升级，税务合规管理需要基于有效的财务管理体系。所以也会倒逼财务管理前置，全面了解经营状况，做好风险预判，尤其是新设业务。

（3）发票电子化、凭证电子化、会计档案电子化成为趋势，对会计从业人员的要求大幅度提升。事务处理型的会计从业人员将面临重大挑战，需要提升技能并转变理念，最终具备业财税综合能力的会计从业人员，才能适应各种重大变化带来的挑战。

主持人总结：金税四期与大数据税收监管对财务工作的主要影响聚焦在三个方面，一是税务合规管理将成为企业未来重点，二是倒逼企业进行数字化建设和风险预判，三是要求会计从业人员具备业财税综合能力。

5. 华山医院周海平：业财税融合与数据编织

华山医院正处在财务数字化转型的浪潮之中，财务信息化、数字化、智能化等智能财务建设逐步推进，数据、算法和应用场景三个要素很重要。只有这三个要素相互作用，才能不断推动智能财务的发展。数据是基础，数据编织是技术，两者结合对数据的应用场景和数据应用价值起到很大的促进作用。Gartner 认为数据编织是一种跨平台的数据整合方式，它不仅可以集合所有业务用户的信息,而且具有灵活、弹性的特征,使得人们可以更便捷、更灵活地加工、使用任意数据。

在数据技术的发展中,出现过数据仓库、数据湖、数据中台等概念,数据编制与数据中台,在某种角度具有相似性,区别是数据编织更强调人工智能和知识图谱的应用,解决依赖人工提供固定算法或数据关系的难题,实现数据的自我关联、不断进化。有专家提出"数据编织是数据中台的一下站。"

对于首席财务官(Chief Financial Officer,CFO)和总会计师来讲,需要看到这种技术趋势,并将新技术与自身实际业务结合,以促进财务管理发展进步,特别是业财税融合的发展,需要从业财融合到业财税融合,需要从企事业单位内部业务流程延伸到财务流程,需要从单位内部流程延伸到单位外部流程,实现全业务流程数字化融合。在这个发展过程中,数据编织技术,对于跨平台用户获取数据,把各个应用系统中零散的数据资产连接起来,让数据为单位所用,起到非常重要的推进作用。

而对于医院来讲,在医院信息系统长期建设过程中,持续投资巨大,面临异构系统,目前系统之间的数据共享、互联互通和数据引用、稽核需求巨大,数据编织技术也许是更好的技术。

主持人总结:周总认为数据、算法和应用场景是推进智能财务建设的三个要素,数据编织是一种跨平台的数据整合方式,是数据中台的下一站。CFO和总会计师需要看到新技术的发展趋势,并将新技术与自身实际业务相结合,促进业财税融合,实现全业务流程数字化融合。

问题四:请尝试展望一下会计在新技术加持下的未来功能定位

1. 益海嘉里刘红建

未来的会计,在基础的、易于标准化的工作都实现自动化之后,势必要进行转型,这代表对会计的要求的确提高了。我们不仅要懂财务,还要了解业务,熟悉整个业务的作业流程,同时还要熟知一些新技术。因为只有这样,才能在企业的运作中,找到具体业务场景和新技术的融合点,以配置规则,实现智能化及系统化,从而提升整个处理的效率和质量。有了数据之后,我们将花更多的时间在"业务场景+对象"上,以完成数字化应用设计及分析。因此,未来的会计,一定是流程的整合者、系统化标规的制定者、新技术和具体业务场景融合的推动者,数字化应用的设计师和分析师。

数字化转型无法一蹴而就,而是技术与业务匹配融合的过程,会是一个长相守的过程,需要时间和耐心,一步步做好,匹配适合的才能长久。

随着国家的数字强国建设的推进,国家层面将推进、定义及规范各层级的数据资产、应用及开放,我相信未来在数据获取上的时间投入将有所降低,但在数字运用上将投入更多的精力,业财将更紧密、更融合!

主持人总结：刘总认为在新技术的加持下,未来的会计应成为流程的整合者、系统化标规的制定者、新技术和具体业务场景融合的推动者,以及数字化应用的设计师和分析师。

2. 汉得信息沈雁冰

对于会计部门整体来说,采用信息技术提升会计工作的效率(无论是内部还是外部),是一个必然的选择。当然每家公司所处的行业不同、企业的生命周期不同,甚至信息化的现状不同,对新技术的采用也不完全一样,可能有些是推倒重来,有些是修修补补,确实需要和内外部顾问进行大量的交流和沟通,以及必要的信息化改造。

刚才一位朋友提到,人活着干什么,生活的意义是什么。我也开始反思：技术确实可以促进效率的提升,这种效率的提升,最终的表现是什么？也许会表现在人文方面。比如,当我们采用了这么好的技术以后,每家公司都有自己的特点,具体落地情况不一样,但是最终落地了以后,有没有可能让我们财务从业人员都不用做无谓的加班,这是我美好的期望。希望在接下来几年当中通过大家的一起努力慢慢实现。

主持人总结：沈总认为采用信息技术提升会计工作效率是必然选择,他期望财务从业人员在新技术的加持下,都不用再做无谓的加班。

3. 苏州众勤张苏

根据我的观察,拥有会计背景的首席执行官(Chief Executive Officer, CEO)在德日系公司鲜见而在美国公司则不少见,管理会计在美系公司的典型案例也相对较多。展望未来,多提拔会计背景的人走上重要的领导岗位,会计才有可能在新技术的加持下更好地拓展新的功能定位。新的功能定位需要借力数字技术实现超越。

主持人总结:张总认为在新技术的加持下,多提拔拥有会计背景的人走上重要领导岗位,有助于拓展会计的功能定位,而新的功能定位则需要借力数字技术来实现。

4. AFMG 郑开颜

成熟企业未来面临宏观形势的不确定性,创业企业在外部不确定性增加的背景下还需要寻求生存和发展空间以及创新机会,绝不能仅依赖经验和直觉,还需要扎实的数据分析能力和业务洞察能力,即决策层需要以一套可以量化的方法论来支持各类场景论证。这都要求会计的角色转换为财务 BP。会计从业人员需要深度了解业务的需求,理解产业发展趋势和不确定性、价值链的变化,明确外部技术对企业商业模式和竞争力的影响,知晓业务模式中闭环如何确定,判断商业模式对企业内部控制和管理效率、效果的影响,掌握基于这些信息搭建财务模型的能力,能够在企业运营期间搭建相应的信息系统和流程,确保会计核算系统获取并汇总真实及时的信息,并最终及时支持业务决策。以上种种趋势表明,会计从业人员将从事后记录总结分析进一步转型为"事前分析+事中控制+事后总结提升",做到全方位参与企业经营的各个业务循环,支持完整价值链的创造。这是职业理念的彻底变化。在新技术加持下,这也是时代给每一位会计从业人员带来的挑战与机遇。

主持人总结:郑总认为在新技术的加持下,会计将从事后记录总结分析进一步转型为"事前分析+事中控制+事后总结提升"。

5. 华山医院周海平

一是投身新经济。2022 年 7 月 25 日,中国政府网站发布《国务院办公厅关于同意建立数字经济发展部际联席会议制度的函》,即国办函〔2022〕63 号文件。国务院同意建立由国家发展改革委牵头的数字经济发展部际联席会议制度。数字经济是继农业经济、工业经济之后的经济新形态。数字经济是时代趋势,是新经济形势。财务数字化转型,技术驱动财务数据化、智能化升级,将是一种趋势和必然。我们只有抓住这种趋势,才能顺势而为,实现更大的发展。

二是拥抱新技术。新技术的发展推动社会发展,在财务工作上也推动财务管理能力的提升。财务人员应充分重视新技术应用,持续追踪影响中国会计从业人员的十大信息技术,并思考如何运用新技术推进财务功能实现。

三是拓展新功能。在新时代下,财务工作将围绕深入开展业财融合、做好成本核算等财务管理工作,推动管理会计理念贯彻以及推进内控体系等长效机制建设,以拓展财务功能,服务贡献社会。

主持人总结:周总认为会计在新技术的加持下,应该投身新经济、拥抱新技术、拓展新功能。

关于会计未来的功能定位,建议大家关注国务院国资委2022年2月18日印发的《关于中央企业加快建设世界一流财务管理体系的指导意见》,里面明确提出财务的五项功能定位,即"支撑战略、支持决策、服务业务、创造价值、防控风险"。

主要参考文献

［1］IBM CORPORATION. The IBM Data Governance Council Maturity Model：Building A Roadmap For Effective Data Governance［R］. 2007.

［2］KING. What Is Accounts Receivable（A/R）Automation And How Can It Help？［EB/OL］.（2022-05-07）［2022-09-04］. https：//www. invoiced. com/resources/blog/what-is-accounts-receivable-ar-automation-and-how-can-it-help.

［3］SEGAL. Decision Support System（DSS）［EB/OL］.（2022-07-04）［2022-09-03］. https：//www. investopedia. com/terms/d/decision-support-system. asp.

［4］MAURYA R. Role Of DSS For Decision-Making Process In Global Business Environment［EB/OL］.（2019-11-29）［2022-09-03］. https：//digitalgyan. org/role-of-dss-for-decision-making-process/.

［5］JENSON C，MECKLING H. Theory Of The Firm：Managerial Behavior，Agency Costs And Ownership Structure［J］. Journal Of Financial Economics，1976(3)：305-360.

［6］DAVENPORT，BARTH，BEAN. How "Big Data" Is Different［J］. MIT Sloan Management Review，2012，54(1)：43-46.

［7］MCAFEE，BRYNJOLFSSON E. Big Data：The Management Revolution［J］. Harvard Business Review，2012，90(10)：60-68，128.

［8］LEDNER A. Why Non-Linearity Is Important？［EB/OL］.（2022-05-03）［2022-09-03］. http：//ting. aussievitamin. com/why-non-linearity-is-important.

［9］JUDEN-BLOOMFIELD. Blue Prism Cafe — How Equinix Uses RPA And OCR To Optimize Accounts Payable［EB/OL］.（2022-09-01）［2022-09-11］. https：//www. blueprism. com/resources/blog/how-equinix-uses-rpa-and-ocr-to-optimize-accounts-payable/.

［10］Rahwan I，Cebrian M，Obradovich N，et al. Machine Behaviour［J］. Nature，2019，568(7753)：477-486.

［11］中国信通院.数据资产管理实践白皮书(4.0版)［R］.2019.

［12］DAMA 国际.DAMA 数据管理知识体系指南(原书第2版)［M］.DAMA 中国分会翻译组,译.北京：机械工业出版社,2020.

[13] 陈虎,孙彦丛,郭奕,等.财务数据价值链:数据、算法、分析、可视化[M].北京:人民邮电出版社,2022.

[14] 中兴新云.财务数字化白皮书 从财务走向财经[R].2022.

[15] 麦冠球.企业如何做好信息化安全规划建设[EB/OL].(2021-01-07)[2022-12-21].https://mp.weixin.qq.com/s/rI1KBC4vqPHKX-s3rZbq8w.

[16] 石秀峰.数据安全治理:数据的分类分级指南[EB/OL].(2021-07-12)[2022-12-21].https://mp.weixin.qq.com/s/FXv2bjt_1SbAVJjZszVHUg.

[17] 田高良,陈虎,郭奕,等.基于RPA技术的财务机器人应用研究[J].财会月刊,2019(18):10-14.

[18] 许子明,田杨锋.云计算的发展历史及其应用[J].信息记录材料,2018,19(8):66-67.

[19] 黄闽粤,杨泉.超级自动化赋能银行数字化转型[J].当代金融家,2022(03):90-93.

[20] 甲子光年.2021年中国RPA服务行业发展报告[R].2021.

[21] 上海国家会计学院会计信息调查中心.2021年中国智能财务应用现状调查报告[R].2021.

[22] 陈国青,曾大军,卫强,等.大数据环境下的决策范式转变与使能创新[J].管理世界,2020,36(02):95-105,220.

[23] RPA中国.中国RPA市场洞察与优秀实践案例解读[R].2022.

[24] 郝智伟.浙江大华:报销也智能[J].IT经理世界,2011(21):130-131.

[25] 王俊清,陈艳.物联网时代第四张报表驱动企业转型的研究——基于海尔共赢增值表的分析[J].商业会计,2020(22):19-22.

[26] 罗斯.财务管理(第10版)[M].北京:机械工业出版社,2021.

[27] 标普云.金税工程、金税一期、金税二期、金税三期、金税四期究竟是什么?[EB/OL].(2022-09-01)[2022-09-11].https://view.inews.qq.com/a/20220901A02AGR00.

[28] 朱渊媛,涂建明,庞琦.基于区块链审计平台构建的审计范式变革[J].中国注册会计师,2019(7):67-73.

[29] 潘金昌.基于"区块链+电子认证"的可信电子存证固证服务平台[J].网络空间安全,2019,10(3):85-88.

[30] 李远勤,黄玉,李婷,等.审计链:持续审计的区块链方案[J].财务与会计,2021(20):81-83.

[31] 陈耿,潘香,周诗琪.基于区块链技术的审计证据数字存证研究[J].财会月刊,2022(11):105-109.

[32] 薛开诚,陈耿.区块链技术助力审计发展[J].中国管理信息化,2020(1):41-43.

[33] 孙艳萍.论审计抽样风险及其控制[J].会计之友,2014(3):106-108.

[34] 陈旭,冀程浩.基于区块链技术的实时审计研究[J].中国注册会计师,2017(4):67-71.

[35] 魏艳,毛燕琴,沈苏彬.一种基于区块链的数据完整性验证解决方案[J].计算机技术与发展,2020,30(1):76-81.

[36] 财政部.关于印发《会计改革与发展"十四五"规划纲要》的通知[EB/OL].(2021-11-24)[2022-06-26].http://kjs.mof.gov.cn/gongzuodongtai/202111/t20211126_3769461.htm.

[37] 财政部.关于印发《会计信息化发展规划(2021—2025年)》的通知[EB/OL].(2021-12-30)[2022-06-26].http://kjs.mof.gov.cn/zhengcefabu/202201/t20220105_3780882.htm.

[38] 通用框架.通用框架简介[EB/OL].(2022-05-18)[2022-09-10].https://mp.weixin.qq.com/s/MN6x25IRy4x4A3Pw_edvKQ.

[39] 徐忠,邹传伟.2018年第4号区块链能做什么、不能做什么?[EB/OL].(2018-11-06)[2022-09-10].http://www.pbc.gov.cn/yanjiuju/124427/133100/3487653/3658001/index.html.

[40] 国务院国资委.关于中央企业加快建设世界一流财务管理体系的指导意见[EB/OL].(2022-02-18)[2022-09-10].https://mp.weixin.qq.com/s/c717mjZOGWgvY4KCyK1GCg.

2022 年报告二维码

本项目由以下机构共同支持

（排名不分先后）